Muttersprache *plus*

Sprach- und Lesebuch **6** *Sachsen*

Erarbeitet von
Brita Kaiser-Deutrich, Andrea Kruse, Sylvia Masur, Sylke Michaelis, Viola Oehme,
Elke Oll, Gerda Pietzsch, Bianca Ploog, Luzia Scheuringer-Hillus, Birgit Schmidt,
Adelbert Schübel, Wiebke Schwelgengräber, Marianne Thiele, Viola Tomaszek

Unter Beratung von
Veronika Amm, Simone Fischer, Viola Oehme, Katrin Paape

VOLK UND WISSEN

Inhalt

Was weißt du noch aus Klasse 5? 6

Sprechen, Zuhören, Schreiben, Lesen

Über mich und andere: Kinder hier und anderswo

Gespräche führen – eine Meinung vertreten 8
Sich im Alltag verständigen 8
Sich mit verschiedenen Meinungen auseinandersetzen 12
Was habe ich gelernt? 15
Gewusst wie: Bei einer Diskussion mitschreiben 16

Informationen sammeln 17
Sich in Zeitschriften informieren 17
Im Lexikon Informationen suchen 19
In Sachbüchern Informationen suchen 20
Was habe ich gelernt? 21
Gewusst wie: Im Internet Informationen suchen 22

Sachtexte erschließen 24
Einem Text Informationen entnehmen 24
Gewusst wie: Schwierige Textstellen entschlüsseln 32
Gewusst wie: Tabellen oder Grafiken erschließen 33
Teste dich selbst! 36

Berichten 38
Über das Leben von Kindern berichten 39
Über ein Ereignis berichten 43
Was habe ich gelernt? 44
Gewusst wie: Eine Schreibkonferenz durchführen 45

📖 **Lesestoff**
Nazif Telek: Sesamring-Verkäufer 47
Gerhard Schöne: Lass uns eine Welt erträumen 48
Karlhans Frank: Du und ich 49
Nasrin Siege: Juma. Ein Straßenkind aus Tansania 50
Benno Pludra: Jakob heimatlos 56

Entdeckungen: Helden und Idole

Helden und Idole in den Medien untersuchen 58
Was habe ich gelernt? 62

Beschreiben 63
Eine Person beschreiben 63
Einen Vorgang beschreiben 66
Was habe ich gelernt? 69

Mit Götter- und Heldensagen umgehen 70
Eine Sage nacherzählen 72
Eine Sage gestaltend vorlesen 74
Was habe ich gelernt? 74

Gewusst wie: Helden und ihre Handlungsmotive verstehen 75

Lesestoff
Hannes Hüttner: Herakles befreit Prometheus 76
Gretel und Wolfgang Hecht: Die Heldentaten des jungen Siegfried 79
Kurt Held: Die rote Zora und ihre Bande 82

Die Welt der Bücher: Autor und Buch

Mit Medien umgehen – Von der Idee zum Buch 85
Wie ein Autor arbeitet 86
Wie ein Buch entsteht 88
Was habe ich gelernt? 88

Präsentieren: Ein Buch vorstellen 89
Was habe ich gelernt? 94

Gewusst wie: Ein Buch im Partnerteam vorstellen 95

Lesestoff
Andreas Steinhöfel: Rico, Oskar und die Tieferschatten 96

Gewusst wie: Eine Rollenkarte erstellen 101
Annika Thor: Ich hätte Nein sagen können 102

Fantasie und Wirklichkeit: Abenteuer und Gruseliges

Mit literarischen Texten umgehen 108
Mit Gedichten umgehen 108
Abenteuer- und Gruselgeschichten lesen und verstehen 111
Was habe ich gelernt? 114

Erzählen 115
Eine Gruselgeschichte schreiben 115
Einen Erzählkern ausgestalten 118
Was habe ich gelernt? 119

Lesestoff
Christian Morgenstern: Die Trichter 120
Christian Morgenstern: Gruselett 120
Erich Weinert: Gespensterballade 121
Johann Wolfgang von Goethe: Erlkönig 122
Mark Twain: Die Abenteuer von Tom Sawyer 124
Cornelia Funke: Herr der Diebe 128

**Schritt für Schritt:
Wort – Satz – Text**

Über Sprache nachdenken

Wortarten und Wortformen 131
Nomen/Substantive 131
    Nominalisierte/Substantivierte Verben und Adjektive 133
    Pronomen als Stellvertreter und Begleiter von
    Nomen/Substantiven 135
Verben 137
    Finite und infinite Verbformen 137
    Zeitformen (Tempusformen) der Verben 139
    Aktiv- und Passivformen der Verben 142
Adjektive 145
Adverbien 147
Numeralien 148
Konjunktionen 149
Präpositionen 151
das oder *dass*? 154

Satzbau und Zeichensetzung 155
Der einfache Satz 155
Kommasetzung bei Aufzählungen 168
Der zusammengesetzte Satz 169
Zeichensetzung bei der direkten (wörtlichen) Rede 175

Wortbildung 177
Zusammensetzungen 177
Ableitungen 178
Wortfamilien 179

Wortbedeutung 180
Mehrdeutige Wörter 180
Synonyme 182
Redewendungen, Sprichwörter und feste Vergleiche 184
Was habe ich gelernt? 185
Teste dich selbst! 186

Richtig schreiben

Fehler erkennen – Fehler korrigieren 188
 Gewusst wie: Mit Fehlern umgehen 192

Häufig vorkommende Wortstämme richtig schreiben 194
Wörter mit langem Stammvokal 194
Wörter mit kurzem Stammvokal 200
Wörter mit *s, ss, ß* im Wortstamm 202
das oder *dass*? 205
Gleich und ähnlich klingende Laute 206

Worttrennung 208

Groß- und Kleinschreibung 210
Nominalisierte/Substantivierte Verben 211
Nominalisierte/Substantivierte Adjektive 213

Fremdwörter 215
Teste dich selbst! 218

Wahlpflicht

Vorhang auf – Lasst die Puppen tanzen

Einen szenischen Text gestaltend lesen 220
Einen Jugendbuchauszug zu einem szenischen Text umschreiben 227
Was habe ich gelernt? 227
 Gewusst wie: Kochlöffelpuppen herstellen 228
Gewusst wie: Tipps für Puppenspieler 229

Verknüpfte Geschichten

Eine verknüpfte Geschichte schreiben 230
Was habe ich gelernt? 232
 Gewusst wie: Einen Cluster entwerfen 233

Feste feiern – Traditionen wahren

Präsentieren: Sächsische Feste und Bräuche 234
Was habe ich gelernt? 241

Merkwissen 242   Lösungen zu den Tests 263
Quellenverzeichnis 266   Sachregister 269

Was weißt du noch aus Klasse 5?

1 Lies den folgenden Text.

Warum wird an der Uhr gedreht?

1 Noch ein paar Mal flackerte das Flämmchen, dann war die Kerze abgebrannt. Und Benjamin Franklin saß im Dunkeln. Der amerikanische Wissenschaftler wollte weiterarbeiten. Aber wie, ohne Kerzen? Grimmig ging er an diesem Frühlingsabend des Jahres 1784
5 zu Bett. Als er am nächsten Morgen erwachte, schien die Sonne. Franklin kramte nach seiner Uhr: Sechs Uhr – und schon so hell? Welch eine Verschwendung! In der Frühe, wenn er noch schlief, gab es Licht genug. Abends dagegen wurde es viel zu rasch dunkel! Vielleicht sollte man einfach die Uhren vorstellen. »Würde man
10 die Zeiger um eine Stunde weiterdrehen, wäre der Sonnenaufgang später – also um sieben. Abends ginge die Sonne dafür eine Stunde später unter. Es wäre abends länger hell – und ich könnte Kerzen sparen!«

2 Benjamin Franklin schrieb darüber einen Artikel für eine
15 Zeitung, den aber niemand beachtete. Erst gut 130 Jahre später wurde wirklich an der Uhr gedreht: Im Jahr 1916 führten die Deutschen, Engländer, Iren und Franzosen die Sommerzeit ein. Die Idee war dieselbe wie bei Franklin: Wird es später dunkel, schalten die Menschen auch später das Licht ein! Experten hatten ausge-
20 rechnet, dass man so Strom und Gas sparen kann.

3 Auch wenn die Zeitumstellung seither mehrfach abgeschafft und wieder eingeführt wurde – seit 1980 stellen im März alle Bürger in der Europäischen Union gleichzeitig ihre Uhren um! Und noch in weiteren Ländern, die ebenfalls auf Sommerzeit
25 umschalten, etwa in Russland, der Schweiz oder der Türkei.

4 Ob diese Aktion wirklich Energie spart, ist fraglich. Die Menschen schalten zwar abends später das Licht an, doch müssen sie morgens die Heizung aufdrehen, weil es im März und April in der Frühe noch kalt ist. In der Landwirtschaft werden die Kühe zu
30 anderen Zeiten als sonst gemolken – und brauchen eine Weile, um sich daran zu gewöhnen.

5 Einige Experten fordern, die Zeitumstellung abzuschaffen. Doch die meisten Menschen nehmen es gelassen: Sie lieben die langen, hellen Abende. Und im Oktober werden die Uhren schließlich
35 wieder um eine Stunde zurückgedreht – auf die Winterzeit.

Was weißt du noch aus Klasse 5?

2 Ordne die folgenden Überschriften den Textabschnitten zu. Schreibe die Nummer des Abschnitts und den dazugehörigen Buchstaben auf.

A Viele Länder einigen sich auf Zeitumstellung
B Helle Abende machen Menschen zufrieden
C Probleme mit der Zeitumstellung
D Benjamin Franklins Idee
E Sommerzeit wird das erste Mal eingeführt

3 Welche Länder führten als Erste die Zeitumstellung ein? Wähle die richtige Antwort aus.
1 Russland, Türkei, Deutschland, Irland
2 Deutschland, Frankreich, Irland, England
3 Deutschland, Irland, England, Schweiz
4 Frankreich, Türkei, Schweiz, Russland

4 Wähle eine Überschrift aus, die ebenfalls zum Text passt und begründe deine Entscheidung am Text.
1 Die geheime Zeitumstellung
2 Der Kampf zwischen Hell und Dunkel
3 Eine energiesparende Uhr
4 Eine Erklärung für die Zeitumstellung

5 Schreibe die Wörter aus der Wortschlange in dein Heft. Bestimme die Wortart.

sommerbürgerflackernhelllanglichtdunkeluhrabendflamme

6 Formuliere die Sätze so um, dass die angegebene Satzart entsteht.
1 Das Sonnenlicht fehlte den Menschen im Winter. (Fragesatz)
2 Stellt man die Uhr im Frühjahr eine Stunde vor? (Aussagesatz)
3 Du gibst mir eine rote Kerze. (Aufforderungssatz)
4 Gewöhnen sich Menschen und Tiere nach einer Weile an die Zeitumstellung? (Aussagesatz)

7 Bestimme in den Sätzen 1 und 3 der Aufgabe 6 die Satzglieder.

Über mich und andere: Kinder hier und anderswo

Gespräche führen – eine Meinung vertreten

Sich im Alltag verständigen

1 Sieh dir die Bilder genau an.

a Beschreibe, wie sich die Gesprächspartner vermutlich fühlen.

Als du dir mein Fahrrad ausgeborgt hast, war es in Ordnung. So will ich es auch wiederhaben!

Was heißt, du willst mitspielen? Mädchen und Fußball passen nicht zusammen!

b Überlege, wie sich der Junge für das kaputte Rad entschuldigen kann.

c Denke darüber nach, wie das Mädchen reagieren könnte, das gerne Fußball spielen möchte.

d Formuliere mögliche Antworten.

2

a Lies Lisas Entschuldigung. Stelle Vermutungen an, ob Tobias sie annehmen wird.

Tobias, ich muss dir was sagen. Ich habe aus Versehen dein Handy runtergeworfen. Der Bildschirm ist nun leider ein bisschen zerkratzt. Ist das sehr schlimm? Bitte sei mir nicht böse. Es tut mir wirklich leid!

b Lies die folgenden Entschuldigungen und ergänze eigene Beispiele.

Es tut mir leid, dass …
Entschuldige bitte, dass ich …

c Entschuldige dich bei deiner Lernpartnerin / deinem Lernpartner
- für ein zerbrochenes Lineal,
- für eine verletzende Bemerkung.

> **!**
>
> In manchen Situationen muss man sich für etwas **entschuldigen**.
> Dafür kann man bestimmte Wendungen nutzen, z. B.:
> *Entschuldige bitte, dass ich …*
> *Es tut mir leid, dass … Bitte sei mir nicht böse!*
> *Mir ist leider etwas Unangenehmes passiert: … Wie kann ich den Schaden ersetzen?*
> Die Entschuldigung sollte möglichst angenommen werden, z. B.:
> *Das war ja nicht mit Absicht.*
> *Das ist nicht so schlimm.*
> *Das ist schon in Ordnung.*

3

a Lest das folgende Gespräch mit verteilten Rollen.

Anja Suchst du eigentlich immer noch jemanden, der deine zwei Wellensittiche am Wochenende versorgt?

Paul Ja! Ich will sie nicht das ganze Wochenende alleine lassen. Futter und Wasser könnte ich zwar hinstellen, aber jemand müsste den Käfig ja auch sauber machen und die Vögel fliegen lassen.

Anja Ich glaube, ich könnte dir helfen.

Paul Na, ich weiß nicht recht. Hast du dir das wirklich gut überlegt? Was werden deine Eltern sagen, wenn du mit dem Vogelkäfig anrückst? Meine Wellensittiche haben gerade die Mauser – das heißt, sie verlieren Federn. Du wirst viel aufräumen müssen.

Anja Ach, das stört mich nicht. Meinen Eltern müssen wir eben erklären, dass es ja nur um ein Wochenende geht und dass es Nachbarschaftshilfe ist. Die kommt bei Mutti immer gut an.

Paul Ja, wenn du das so siehst! Das hört sich ganz gut an. Hast du denn schon eine Idee, wo der Käfig stehen könnte?

Anja Ich glaube, Mutti würde nichts dagegen haben, wenn die Wellensittiche in mein Zimmer kommen. Da dürfen sie auch ein paar Runden fliegen, ohne dass es Stress gibt.

Paul Super! Komm, wir fragen unsere Eltern um Erlaubnis!

b Anja und Paul gehen in ihrem Gespräch aufeinander ein.
Suche die entsprechenden Textstellen heraus.

c Übertrage die Tabelle in dein Heft. Ordne die Textstellen richtig ein.

Zustimmung	Ablehnung	Vorschlag
Ja!	…	Ich glaube, ich könnte dir helfen.

 Manchmal kann man weder zustimmen noch ablehnen. Dann muss man eine andere Lösung, einen **Kompromiss**, finden, bei dem alle von ihrer Meinung etwas abweichen und aufeinander zugehen.

 4 Anton hat Ellen schon öfter abschreiben lassen, aber nur Übungen oder Hausaufgaben. Nun fürchtet sich Ellen vor der Mathearbeit.

a Wählt passende Wendungen aus und vervollständigt das folgende Gespräch. Achtet darauf, dass es zu einem Kompromiss kommt.

Ellen Lässt du mich morgen bei der Mathearbeit abschreiben?
Anton ▬▬▬ (Du spinnst wohl! / Na klar! Ich trage auch gleich die Lösungen auf deinem Blatt ein! / Das ist keine gute Idee!)
Ellen Nun hab dich doch nicht so. ▬▬▬ (Das ist doch bloß ein kleiner Freundschaftsdienst. / Ich lade dich dafür auch ins Kino ein. / Ich gebe dir 10 Euro, wenn du mich abgucken lässt.) Du weißt genau, dass ich in Mathe schon auf Vier stehe!
Anton ▬▬▬ (Das ist doch kein Grund! / Was geht mich das an? / Das kann ich wirklich nicht für dich machen.)
Ellen ▬▬▬ (Du bist gemein! / Kannst du nicht ein Auge zudrücken? / Du bist nicht mehr mein Freund, wenn du mich hängen lässt.) Du lässt mich doch auch die Hausaufgaben abschreiben!
Anton Ja, Ellen, und nun hast du einfach nicht genug geübt.
Ellen Da hast du Recht! Aber morgen hilft mir diese Einsicht auch nicht weiter.
Anton ▬▬▬ (Ich erkläre dir nachher noch einmal ganz genau die Rechenwege, damit morgen alles klappt. / In Zukunft lasse ich dich gar nicht mehr abschreiben. / In Zukunft musst du dir eben Spickzettel machen.)

b Spielt das Gespräch.

Gespräche führen – eine Meinung vertreten **11**

 **5** Jan und Carla wollen den Samstag zusammen verbringen.
Jan möchte ins Hallenbad, Carla ins Kino.

a Überlegt euch ein Gespräch, in dem die beiden sich einigen.

b Spielt das Gespräch.

 6

a Fasse zusammen, welche gegensätzlichen Meinungen Ina und Tom im folgenden Gespräch vertreten.

Tom Sieh dir mal die Oma an! Die stellt sich in der Schlange einfach vorne an! – He, Sie da! Nicht vordrängeln!
Ina Ruhig! Hab dich doch nicht so. Sie ist alt, da wollen die Beine nicht mehr so recht.
Tom Dann soll die Alte doch am frühen Nachmittag einkaufen gehen, dann ist's hier auch nicht so rappelvoll!
Ina Nun mach aber mal einen Punkt! Willst du ihr vorschreiben, wann sie einkaufen darf und wann nicht? Hast du für mich etwa auch schon genaue Einkaufszeiten eingeplant? Oder für deine Mutti?
Tom Nee, also so hab ich das eigentlich nicht gemeint …

b Überlege, was an Toms Äußerungen stört.

c Suche die Textstellen heraus, mit denen Ina Toms Äußerungen zurückweist.

 Wenn man eine Äußerung seines Gesprächspartners **ablehnen** möchte, sollte man sachlich bleiben, z. B.:
Hast du dir das wirklich gut überlegt?
Bist du wirklich dieser Meinung?
Das meinst du doch sicherlich nicht ernst!
Das ist keine gute Idee!
Das ist doch kein Grund, sich zu streiten!

d Formuliere Inas Antworten anders. Nutze dazu den Merkkasten.

e An welcher Formulierung von Tom merkt man, dass es ihm leidtut?

Sich mit verschiedenen Meinungen auseinandersetzen

1 Sieh dir die beiden Illustrationen genau an.

a Überlege, welches der beiden dargestellten Probleme sich vermutlich leicht klären lässt. Begründe deine Meinung.

b Tauscht euch darüber aus, wie man die beiden Probleme am besten lösen könnte.

> Manche Probleme lassen sich nur in einer **Diskussion** klären. Sie kann im kleinen Rahmen, z. B. in der Familie oder im Freundeskreis, oder im größeren Rahmen, z. B. in der Schule oder im Sportverein, stattfinden. Größere Diskussionen führt meist ein **Diskussionsleiter**, der sie eröffnet, ihren Verlauf lenkt und die Ergebnisse zusammenfasst.
> Bei Diskussionen sollte man zuerst bedenken:
> • Welches Problem soll gelöst werden?
> • Welche einzelnen Fragen sind dazu zu klären?

2 Formuliere die beiden in Aufgabe 1a dargestellten Probleme. Ergänze dazu die folgenden Fragen.

Ist es ungerecht, dass …?
Ist es sinnvoll, 100 Euro …?

Gespräche führen – eine Meinung vertreten **13**

3 Tina hat sich auf ein Gespräch mit Oliver und ihren Eltern vorbereitet. Sie hat einige Fragen notiert, die in der Diskussion zu klären sind.

a Lest die Fragen und tauscht euch darüber aus, ob sie für das Gespräch hilfreich sind. Begründet eure Meinung.

1. Warum musste Oliver noch kein einziges Mal helfen?
2. Warum habe ich ihn nicht einfach um seine Hilfe gebeten?
3. Hatte Oliver andere Aufgaben?
4. Welche Aufgabe war schwieriger und zeitaufwändiger?
5. Ist Hausarbeit nur Mädchensache?

→ S.17 Informationen sammeln

b Überlegt, welche Fragen in der Klassendiskussion zur Rettung der Sibirischen Tiger besprochen werden sollten. Schreibt einige auf.

Warum sterben die Sibirischen Tiger aus? …

Vor einer Diskussion sollte man sich überlegen, welche Meinung man zu dem Thema hat und wie man diese **Meinung begründen** kann. Dazu kann man Sätze mit *weil*, *da*, *denn* verwenden.

4 Olli wünscht sich schon seit Langem einen eigenen Computer. Leider haben seine Eltern Bedenken.

a Olli überlegt sich, wie er die Eltern überzeugen könnte. Lies die Gründe, die ihm einfallen.

1 Ich kann den Computer für meine Hausaufgaben nutzen, zum Schreiben und zum Üben.
2 Ich könnte lernen, mit Programmen zu arbeiten, z. B. mit PowerPoint.
3 Ich werde für den Computer mein Sparschwein knacken und mich an den Kosten beteiligen.

b Beurteile Ollis Begründungen. Sind sie überzeugend?

c Überlege dir weitere Gründe, mit denen Olli seine Eltern überzeugen könnte.

14 Gespräche führen – eine Meinung vertreten

> **!** In einer Diskussion muss man sich **mit den Meinungen** der anderen **auseinandersetzen**. Dabei sollte man auf andere eingehen, z. B.:
>
> | Zustimmung: | Du hast Recht. Das gefällt mir. Da stimme ich dir zu. Ich bin ganz deiner Meinung. |
> |---|---|
> | Ablehnung: | Da bin ich anderer Meinung. Ich sehe das anders. Du hast nicht daran gedacht, dass … |
> | Entschuldigung: | Entschuldige bitte! Es tut mir leid, dass … |
> | Kompromiss: | Ich bin nicht ganz einverstanden. Das ist in Ordnung, wenn … Ich stimme zu, wenn … |

5 Übertrage die Tabelle in dein Heft. Ordne die Sätze und Satzteile richtig ein.

Zustimmung	Ablehnung	Entschuldigung	Kompromiss
…	…	…	…

1 Tut mir leid! **2** Ich bin völlig deiner Meinung. **3** Ich wäre dafür, wenn … **4** Das überzeugt mich nicht, weil … **5** Ich bin dagegen, weil … **6** Entschuldigung, das wollte ich nicht. **7** Deine Idee finde ich gut. **8** Soll nicht wieder vorkommen! **9** Das ist in Ordnung, wenn …

6

a Ergänzt Ollis Antworten. Nutzt seine Begründungen aus Aufgabe 4 a.

Vater Gegen einen Computer ist nichts einzuwenden, wenn er als Arbeitsgerät genutzt wird.
Olli ▬.
Mutter Ich mache mir trotzdem Sorgen. Am Ende sitzt du doch stundenlang davor, um zu spielen. Das kann süchtig machen!
Olli ▬.
Vater Im Prinzip hast du Recht. Aber ein Computer ist nicht billig! Höchstens 200 Euro könnten wir dafür ausgeben.
Olli ▬.
Mutter Ich schlage euch einen Kompromiss vor: Wir geben dir 200 Euro, du legst was dazu. Und vielleicht fragst du noch Oma?
Olli ▬.

b Spielt das Gespräch mit verteilten Rollen.

Gespräche führen – eine Meinung vertreten **15**

  **7** Olli muss noch die Oma überzeugen, dass sie ihm Geld gibt. Er ruft sie an. Überlegt, wie das Gespräch verlaufen könnte, und spielt es nach.

8 Sucht euch eine der folgenden Situationen aus und stellt die Gespräche spielerisch dar. Überzeugt eure Gesprächspartnerin / euren Gesprächspartner von eurem Standpunkt.

1. Du willst am Wochenende mit einer Freundin / einem Freund im Garten zelten und bittest deine Mutter um Erlaubnis.
2. Du möchtest unbedingt ein Skateboard haben. Dein Vater ist nicht gerade begeistert.
3. Du wünschst dir zwei Wellensittiche zum Geburtstag. Deine Mutter befürchtet, die Vögel könnten zu viel Arbeit machen.

9 Bereitet eine Klassendiskussion zu folgendem Problem vor: Sollen wir 100 Euro für die Rettung der Sibirischen Tiger spenden?

TIPP
Nutzt auch eure Ergebnisse zu Aufgabe 3 b (S. 13).

a Bildet euch Meinungen zu dem Thema und sucht geeignete Begründungen. Notiert sie stichpunktartig.

b Wählt einen Diskussionsleiter und diskutiert das Problem. Einigt euch auf eine gemeinsame Meinung oder findet einen Kompromiss.

10 Wählt ein anderes Problem aus, über das ihr in der Klasse diskutieren wollt. Bereitet die Diskussion vor und führt sie durch.

Was habe ich gelernt?

11 Fasse zusammen, was du über Gespräche und Diskussionen gelernt hast. Fertige ein Merkblatt an.

Wichtige Gesprächsregeln:
1. Höre aufmerksam zu. Gehe auf das ein, was gesagt wurde.
…

Geeignete Formulierungen:

Zustimmung	Ablehnung	Entschuldigung	Kompromiss
…	…	…	…

Gewusst wie

Bei einer Diskussion mitschreiben

 Das **Mitschreiben** dient dem schriftlichen Festhalten von Gehörtem. Dabei kommt es darauf an, dass man:
- genau und konzentriert zuhört,
- Wesentliches von Unwesentlichem unterscheidet,
- Aussagen schnell und genau zusammenfasst.

Um schnell mitschreiben zu können, sollte man **Stichpunkte** formulieren. Schreibe unvollständige Sätze auf, z. B. ohne Subjekt oder mit einem Verb im Infinitiv, z. B.:
zu teuer, Oma um Geld bitten.
Man kann auch **Abkürzungen** benutzen, z. B.: *u., ca., usw.*

 1 Überlegt, was folgende Abkürzungen bedeuten, und sucht weitere.

bzw. – m. E. – ca. – u. a. – d. h. – usw. – z. B. – u. Ä.

TIPP
Bereite dich immer gut vor: Lege Stifte und Papier bereit. Schreibe das Thema auf und überlege, wie du deine Notizen übersichtlich gestalten kannst.

2 Deine Mitschülerinnen und Mitschüler spielen die Diskussion zwischen Olli und seiner Oma vor (S. 15, Aufgabe 7) und du willst die wichtigsten Meinungen und Begründungen mitschreiben.

a Übertrage die folgende Tabelle in dein Heft. Ergänze eine Überschrift.

Olli	Oma
…	…

b Höre genau zu. Schreibe alle wichtigen Aussagen stichpunktartig mit.

c Prüfe und korrigiere deine Stichpunkte.

TIPP
Konzentriere dich auf ein oder zwei Schülerinnen/ Schüler.

3 Schreibe eine Diskussion in eurer Klasse mit. Notiere, wer welche Meinung vertritt. Halte auch das Ergebnis der Diskussion fest.

 So kannst du mitschreiben
1. Schreibe lieber mehr mit als zu wenig. Streiche und ordne später.
2. Notiere möglichst Stichpunkte.
3. Verwende Abkürzungen.
4. Schreibe übersichtlich, lass einen breiten Rand für Ergänzungen und Bemerkungen.

Informationen sammeln

Sich in Zeitschriften informieren

1
a Überlegt, für welche Zwecke ihr im Alltag nach Informationen sucht.

b Welche Quellen nutzt ihr zur Informationssuche? Tauscht euch aus.

2 Für Kinder gibt es viele verschiedene Zeitschriften.

a Tragt zusammen, welche Kinderzeitschriften ihr kennt und gerne lest.

b Wie geht ihr beim Lesen dieser Zeitschriften vor? Tauscht euch aus.

3 Eine bekannte Kinderzeitschrift ist GEOlino.

a Betrachte die Titelseite der Zeitschrift und sage, welche Inhalte du erwartest.

b Lies das Inhaltsverzeichnis. Überlege, welche Textinhalte du erwartest. Welches Thema interessiert dich besonders? Begründe, warum.

c Lies noch einmal das Inhaltsverzeichnis aus Aufgabe b.
Nenne die Seiten, auf denen du etwas über Kinder aus aller Welt erfahren könntest. Begründe deine Entscheidung.

> **!** **Zeitschriften** erscheinen **regelmäßig** (einmal pro Woche, einmal pro Monat usw.) und richten sich an bestimmte Leser, z. B. an Kinder. Bei einer Zeitschrift erkennt man meist schon am **Titelbild**, welche Leitthemen in der Ausgabe behandelt werden.
> Das **Inhaltsverzeichnis** hilft dabei, sich einen schnellen Überblick über den Inhalt der Zeitschrift zu verschaffen und gezielt nach Informationen zu suchen.

4 Sieh dir die Titelbilder der folgenden Zeitschriften an. Überlege, in welcher von ihnen du Informationen über das Leben in anderen Ländern findest.

5 Neben GEOlino gibt es weitere Zeitschriften, die viele interessante Themen und Fakten für Kinder bereithalten.

a Nimm deine Lieblingszeitschrift und beschreibe das Titelbild. Welche Inhalte erwartest du in diesem Heft?

b Lies und untersuche das Inhaltsverzeichnis. Bestätigt sich deine Vermutung, die du beim Betrachten des Titelbildes hattest?

Im Lexikon Informationen suchen

 Ein **Lexikon** (Plural: Lexika) ist ein alphabetisch geordnetes Nachschlagewerk. Darin werden Begriffe und Namen aus allen Wissensgebieten erklärt. Auch Wörterbücher gehören zu den Lexika, da in ihnen die Bedeutung von Wörtern erklärt wird.

1 Beschreibe den Aufbau des folgenden Lexikonartikels.

Ländersteckbrief Peru

Fläche: 1 285 216 km²
Einwohner: 27,9 Millionen = 22 je km²
Hauptstadt: Lima

Landesnatur: Die Anden nehmen fast zwei Drittel von Peru ein. Sie gliedern sich im Süden in zwei z. T. vulkanische Ketten (Misti 5842 m, Nudo Coropuna 6613 m), die an der Grenze nach Bolivien ein trockenes Hochbecken, das *Altiplano* mit dem Titicacasee, einschließen, während im Norden drei Ketten ausgebildet sind. Nach Osten senkt sich das Land über die Hügellandschaft der *Montaña* zum Amazonastiefland *(Selva)*. – Das Gebirge *(Sierra)* trägt überwiegend Kältesteppen, das Küstenland *(Costa)* ist teilweise wüstenhaft. Die Montaña und Selva werden von tropischen Regenwäldern eingenommen.

2 Suche aus einem Lexikon Informationen über Peru heraus.

a Übertrage die folgende Tabelle in dein Heft und ergänze sie.

Information über Peru	Lexikon, Verlag, Erscheinungsjahr
Staat in Südamerika, 27,9 Millionen Einwohner, ...	Bertelsmann Jugendlexikon, Wissen Media Verlag, 2008 ...

b Beschreibe, wie du bei der Suche im Lexikon zum Thema »Peru« vorgegangen bist.

 c Formuliert *W*-Fragen zu Peru. Stellt und beantwortet sie euch gegenseitig. Nutzt dazu die Informationen aus dem Lexikon.

→ S. 38 Berichten **3** Sucht in verschiedenen Lexika Informationen zu Kinderrechten.

a Tragt die Informationen in einer Tabelle wie in Aufgabe 2 a zusammen.

b Tauscht euch darüber aus, welche Informationen ihr gefunden habt.

In Sachbüchern Informationen suchen

 1 Sachtexte informieren den Leser über ein bestimmtes Thema.

a Stellt Vermutungen darüber an, was Sachbücher sein könnten.

b Nennt Sachbücher, die ihr kennt und gerne lest.

2 Du möchtest dich in einem Sachbuch über Kinderrechte informieren.

a Beschreibe, wie du bei der Suche vorgehen würdest.

 b Tragt zusammen, welche Möglichkeiten es gibt, schnell zu erkennen, über welche Themen ein Sachbuch informiert.

 Sachbücher vermitteln in allgemein verständlicher Sprache Wissen für eine breite Leserschaft. Um Informationen zu einem bestimmten Thema zu finden, muss man geeignete Sachbücher suchen. **Inhaltsverzeichnis**, **Klappentext** und **Register** helfen, sich einen ersten Überblick über die im Buch behandelten Fragen zu verschaffen.

c Wähle ein Sachbuch aus und beschreibe seinen Aufbau.

3 Im Sachbuch »Die Kinder-Uni 2: Forscher erklären die Rätsel der Welt« können sich Kinder über wissenschaftliche Themen informieren.

a Stelle mithilfe des Klappentextes Vermutungen an, ob du in diesem Buch Informationen zum Thema »Kinderrechte« finden wirst.

> Start frei für das zweite Semester an der Kinder-Uni!
> Warum dürfen Erwachsene mehr als Kinder?
> Warum sind die griechischen Statuen nackt?
> Warum bin ich Ich?
> Warum fallen die Sterne nicht vom Himmel?
> Ein geistreiches und unterhaltsames Wissensbuch nicht nur für junge Leser.

b Lies das Inhaltsverzeichnis auf S. 21. In welchem Kapitel könntest du Informationen über Kinderrechte finden?

Inhalt

Vorwort 7
Warum wachsen Pflanzen? 11
Warum träumen wir? 35
Warum können wir hören? 61
Warum darf man Menschen nicht klonen? 87
Warum dürfen Erwachsene mehr als Kinder? 111
Warum sind die griechischen Statuen nackt? 139
Warum bin ich Ich? 167
Warum fallen die Sterne nicht vom Himmel? 189
Anhang 212

 4 Sucht weitere Sachbücher für Kinder, in denen ihr Informationen über Kinderrechte finden könntet.

a Lest den Klappentext. Stellt Vermutungen an, ob die gesuchten Informationen hier zu finden sind.

b Seht euch das Inhaltsverzeichnis und das Register an. Prüft, ob ihr das Gesuchte findet.

> **!** Wenn man einem Buch **Informationen** zum gesuchten Thema **entnommen** hat, muss man die genaue Quelle angeben.
> Eine **Quellenangabe** muss Folgendes enthalten:
> - Autorin/Autor: *Janßen, Ulrich und Steuernagel, Ulla:*
> - Titel: *Die Kinder-Uni 2: Forscher erklären die Rätsel der Welt.*
> - Ort, Verlag, Jahr: *München: Deutsche Verlagsanstalt, 2004,*
> - Seitenzahl, woher die Information stammt: *S. 54–58.*

c Wenn ihr in eurem Buch Material gefunden habt, stellt eine Quellenangabe nach dem folgenden Muster zusammen.

Autorin/Autor: Titel. Ort: Verlag, Jahr, Seitenzahl.

Was habe ich gelernt? **5** Was hast du in diesem Kapitel Neues gelernt? Tausche dich mit deiner Lernpartnerin / deinem Lernpartner darüber aus.

Gewusst wie

Im Internet Informationen suchen

 1 Ihr könnt auch im Internet Material über Kinderrechte suchen.

a Nennt Suchmaschinen, die ihr schon benutzt habt.

b Wählt eine Suchmaschine aus. Gebt die Adresse in das Adressfeld des Internetfensters ein.

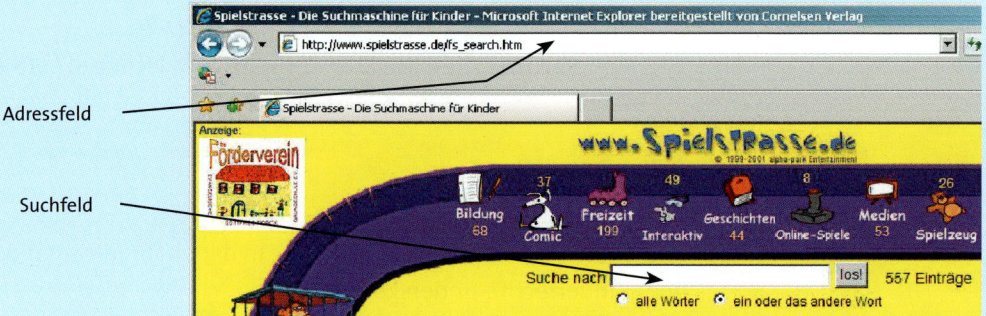

Adressfeld

Suchfeld

c Überlegt euch Schlagwörter zum Thema »Kinderrechte«, die ihr ins Suchfeld eingeben könnt.

Kinderrechte, Kinderschutz, …

 Wenn man Informationen und Textstellen **aus dem Internet** entnimmt, muss man, wie bei Büchern auch, die **Quellenangabe** notieren. Sie sollte folgende Angaben enthalten:
- Autorin/Autor (wenn möglich): *Eichholz, Reinald:*
- Titel und Untertitel des Beitrags: *Die Rechte des Kindes.*
- »Online im Internet« sowie die Internetadresse:
  Online im Internet: http://kindersache.de/
- Abrufdatum, z. B.: [14.08.2012]

d Schreibt die Informationen zum Thema »Kinderrechte« auf und notiert dahinter die Quelle.

– Jeder Mensch hat das Recht zu leben, auch jedes Kind.
– …
Aus: Eichholz, Reinald: Die Rechte des Kindes. Online im Internet: http://kindersache.de/bereiche/deine-rechte/rechte-fuer-kinder/buch/die-rechte-der-kinder [14.08.2012]

Gewusst wie: Im Internet Informationen suchen

> **!** Du kannst auch ohne Suchmaschine im Internet nach Informationen zu interessanten Themen suchen. Dazu musst du geeignete Internetseiten kennen. Bekannte **Internetadressen für Kinder** sind z. B.:
>
> logo!   http://www.tivi.de
> GEOlino   http://www.geo.de/GEOlino
>
> Wenn man eine bestimmte Internetseite häufiger und schnell aufsuchen möchte, kann man sie auch in seinem Internetbrowser als Lesezeichen bzw. Favorit speichern.

2
a Gib die Adresse von *logo!* in das Adressfeld ein. Beschreibe die geöffnete Internetseite.

b Suche im Nachrichtenlexikon oder über die Suchfunktion mindestens einen Text zum Thema »Kinderrechte«.

c Schreibe die Informationen, die du gesammelt hast, in dein Heft. Notiere auch die Quellenangabe.

So kannst du Informationen suchen
1. Überlege dir Schlüsselwörter zum Thema.
2. Lies den Klappentext, das Inhaltsverzeichnis und das Register von Zeitschriften und Büchern.
3. Gib die Schlüsselwörter im Internet in eine Suchmaschine ein.
4. Blättere die gefundenen Seiten durch und überfliege den Text.
5. Überprüfe, ob er die gesuchte Information enthält.

TIPP
Sammelt Informationen zu möglichst vielen Kinderrechten.

→ S. 89 Präsentieren
→ S. 38 Berichten

3 Wähle dir ein Kinderrecht aus und informiere dich darüber, wie es mit der Umsetzung dieses Rechts in der Welt aussieht.

a Suche in allen möglichen Informationsquellen nach Informationen: in Lexika, Kinderzeitschriften, Sachbüchern und dem Internet.

b Bereite einen kurzen Vortrag vor und halte ihn in der Klasse.

c Gestaltet mithilfe der gesammelten Informationen eine Wandzeitung zum Thema »Kinderrechte in der ganzen Welt«.

Sachtexte erschließen

Einem Text Informationen entnehmen

 Um einen Sachtext richtig und vollständig zu verstehen, kann man die **5-Gang-Lesetechnik** nutzen:
1. Den Text überfliegen:
- sich einen ersten Eindruck vom Inhalt verschaffen
- auf Überschriften, Einleitungen, Grafiken oder Bilder achten

2. Fragen an den Text stellen:
- überlegen, welche Fragen der Text beantworten kann

3. Den Text gründlich lesen:
- den Text in Abschnitte gliedern und Teilüberschriften formulieren
- unbekannte Wörter erschließen oder nachschlagen

4. Das Wichtigste zusammenfassen:
- abschnittsweise lesen, wichtige Informationen markieren oder notieren

5. Den Text noch einmal lesen:
- kontrollieren, ob alles Wichtige erfasst wurde

Den Text überfliegen

1 Um zu erfassen, worüber ein Text etwas aussagt, können dir vorhandene oder selbst gebildete Überschriften helfen.

a Lies die Überschrift des Textes auf S. 25 und leite Vermutungen zum Thema und zum Inhalt des Textes ab.

 b Tauscht euch über eure Erwartungen zum Textinhalt aus.

 **c** Erkläre, warum die Überschrift des Textes unterschiedliche Erwartungen zum Textinhalt hervorruft.

d Suche dir die Art des überfliegenden Lesens aus, die dir am leichtesten fällt und die du verwenden möchtest:
- Diagonallesen,
- Slalomlesen oder
- Zickzacklesen.

e Überfliege den Text und überprüfe, ob deine Erwartungen zutreffen.

Die Feste feiern, wie sie fallen?

Bei uns in Deutschland ist der Geburtstag für jedes Kind eines der schönsten Ereignisse im ganzen – und vor allem in jedem – Jahr! Jeder freut sich über die vielen Geschenke und eine große Torte mit Kerzen. Mit ein bisschen Glück bekommt man noch nicht
5 einmal Hausaufgaben auf! Oder vielleicht steht ja auch ein besonderer Geburtstag an, denn der 6., 12. und 13. sind etwas ganz Besonderes. Wichtige Ereignisse stehen an: Die Kinder dürfen dann in die Schule, mehr Kinofilme ansehen oder das erste Geld durch das Austragen von Zeitungen verdienen.
10 Aber nicht in allen Ländern der Welt werden Geburtstage jedes Jahr gefeiert, oder sie laufen ganz anders ab. In Japan zum Beispiel feiert man nicht jedes Jahr mit Geschenken und Kuchen.
Die Menschen dort berechnen das Alter sogar ganz anders: Neugeborene sind direkt ein Jahr, wenn sie auf die Welt kommen,
15 und werden dann am folgenden Neujahrsfest zwei Jahre, also völlig unabhängig von ihrem tatsächlichen Alter und ihrem wirklichen Geburtstag. Es kommt daher auch vor, dass ein Kind im Dezember »ein Jahr wird« und kurz darauf an Neujahr schon zwei Jahre. An jedem Neujahrstag feiert somit das ganze Land
20 zusammen Geburtstag.

Also gibt es in Japan kein Fest für ein einzelnes Geburtstagskind? Genau. Dafür finden einmal im Jahr für Kinder eines bestimmten Alters spezielle Veranstaltungen statt. So zum Beispiel am 15. November das »7-5-3-Fest« (shichi-go-san). An diesem Tag
25 ziehen alle siebenjährigen Mädchen, fünfjährigen Jungen und die dreijährigen Kinder beiderlei Geschlechts zu den heiligen Schreinen der Shinto-Gottheiten. An diesen religiösen Stätten danken sie dafür, dass sie gesund sind, und beten für die Zukunft. Das Fest kommt also aus einer religiösen Tradition. Die Mädchen
30 ziehen dafür ihre schönsten Kimonos an. Für die Jungen war shichi-go-san früher der Tag, an dem sie das erste Mal eine Hose anziehen durften. Noch heute ist es Sitte, den Kindern rot-weiße Zuckerstangen namens Chitose-ame zu schenken.
Anders als in Japan feiern die Kinder in Mexiko jedes Jahr
35 Geburtstag. Es gibt einen Brauch, der auf keinem Kinderfest in Mexiko fehlen darf: die Piñata, ein aus Ton und Pappmaschee gebautes Gefäß, dessen Bauch ganz viele Süßigkeiten enthält. Die Piñata wird an einem Baum angebracht, und die Kinder müssen mit verbundenen Augen und einem Stock in der Hand
40 gegen sie schlagen, bis sie zerbricht und der Inhalt herausfällt.

26 Sachtexte erschließen

2 Du suchst Informationen, wie in anderen Ländern der Welt Geburtstag gefeiert wird.

Fragen an den Text stellen

a Überlege dir Fragen, die du vom Text beantwortet haben möchtest.

Welche unterschiedlichen Geburtstagsbräuche gibt es? …

b Stelle zu diesen Fragen Schlüsselwörter zusammen, nach denen du beim Lesen gezielt suchen kannst.

Geburtstag, Fest, Geschenke, …

Den Text gründlich lesen

3

a Der Text auf S. 25 ist in vier Abschnitte unterteilt. Lies diese gründlich.

b Notiere unbekannte Begriffe. Schlage ihre Bedeutung nach, wenn du sie nicht aus dem Zusammenhang erschließen kannst.

TIPP
Orientiere dich bei der Suche nach Antworten an deinen Teilüberschriften.

c Formuliere für jeden Abschnitt eine passende Teilüberschrift.

d Beantworte folgende Fragen schriftlich.
  1 Welche Geburtstage sind in Deutschland besonders und warum?
  2 Was ist shichi-go-san und wie wird es gefeiert?
  3 Welcher Brauch wird an Kindergeburtstagen in Mexiko gepflegt?

e Überlege, worin sich Geburtstagsfeiern in Deutschland, Japan und Mexiko ähneln. Notiere deine Antwort in Stichpunkten.

Das Wichtigste zusammenfassen

4

a Lies den Text noch einmal und markiere die wichtigsten Informationen.

TIPP
Wenn das Buch nicht dir gehört, lege eine Folie über den Text.

b Fasse mit eigenen Worten zusammen, was das Wichtigste in jedem Abschnitt ist. Notiere Stichpunkte in deinem Heft.

Den Text noch einmal lesen

5 Lies den Text noch einmal und überprüfe, ob du alle wichtigen Informationen erfasst hast.

6 Lies den folgenden Text mithilfe der 5-Gang-Lesetechnik.

Den Text überfliegen

a Lies die Überschrift und betrachte das Bild. Überfliege den Text und nenne das Thema, um das es geht.

Menu à la carte

Kinder in der westlichen Welt lernen, vier grundlegende Geschmacksrichtungen zu unterscheiden: sauer, bitter, salzig und süß. Für chinesische Kinder kommt der beißend-scharfe Geschmack und für indische Kinder der feurig-scharfe hinzu.
⁵ Die individuellen Vorlieben und Abneigungen sind also auch von dem jeweiligen Kulturkreis geprägt. Gewürze, die auf uns oft sehr intensiv wirken, sind aus der traditionellen Küche anderer Länder nicht wegzudenken.
So dürfen in den unterschiedlichsten Ländern, vom Balkan
¹⁰ über Amerika bis nach Afrika, bei der Essenszubereitung Chili und Paprika, ob zerstoßen, gemahlen oder zerkaut, auf keinen Fall fehlen: Das Gewürz zieht sich wie ein roter Faden durch die verschiedensten geschmacklichen Erfahrungswelten der frühesten Kindheit. In Indien und Südostasien lässt
¹⁵ sich übrigens am Grad der Schärfe ausmachen, aus welcher Gegend der Koch stammt.
In China lehrt man die Kinder, die einzelnen Regionen des Landes anhand der kulinarischen Vorlieben zu unterscheiden: Im Osten isst man mild und süß, im Westen scharf und würzig, im Norden
²⁰ salzig und gehaltvoll und im Süden frisch und leicht.
Jedes Land besitzt eine einzigartige Kunst, die Geschmacksnerven mit Gewürzen zu stimulieren.

Fragen an den Text stellen

b Überlege, was du zum Thema des Textes weißt und was du erfahren möchtest. Stelle Fragen an den Text.

Den Text gründlich lesen

c Lies den Text gründlich und kläre die Bedeutung unbekannter Wörter.

d Entscheide, ob die folgenden Aussagen richtig oder falsch sind.

1 Alle Kinder weltweit lernen, zwischen nur vier Geschmacksrichtungen zu unterscheiden: sauer, bitter, salzig und süß.
2 Was einem Kind schmeckt, steht von Geburt an fest.
3 Was einem Kind schmeckt, hat mit der Kultur, in die es hineinwächst, zu tun.
4 In ganz China liebt man feurig-scharfe Gerichte.

 **e** Beantworte folgende Fragen schriftlich.

1. Zwischen welchen Geschmacksrichtungen lernen die Kinder in China und Indien zu unterscheiden?
2. Wovon hängt es ab, was einem Kind schmeckt und was nicht?
3. Woran kann man erkennen, aus welcher Gegend in Indien und Südostasien ein Koch kommt?

Das Wichtigste zusammenfassen

f Notiere das Wichtigste aus jedem Abschnitt in Stichpunkten in deinem Heft.

Den Text noch einmal lesen

g Lies den Text noch einmal. Überprüfe, ob du alle wichtigen Informationen erfasst hast.

> Durch **Randnotizen** kennzeichnet man Textstellen, die einem wichtig oder bemerkenswert erscheinen. Man kann dabei einzelne Wörter oder Wortgruppen an den Rand des Textes notieren oder die Informationen in eigenen Worten zusammenfassen.
> Das erleichtert das Auffinden von wichtigen Textstellen.

7 Der folgende Text wurde bereits mit Randnotizen und Markierungen versehen.

a Überfliege den Text und verschaffe dir einen Überblick über den Inhalt.

Für eine Inuit-Mutter ist es wahrlich eine Herausforderung, mit ihrem Kind an die frische Luft zu gehen, ohne dass es friert. Doch die Mütter dort fertigen
5 bereits seit Tausenden von Jahren Kleidung aus Fell, in die sie ihre Kinder von Kopf bis Fuß einpacken: ob kleine Anzüge aus der Haut eines Seehundfötus oder aus weichem,
10 Wasser undurchlässigem Leder des Karibus für die Neugeborenen oder dicke Mäntel und Stiefel für die älteren Kinder, die im Freien spielen möchten.

Die Fertigung von Kleidung beruht bei
den Inuit auf zwei Prinzipien:
Isolierung und Erhaltung von Wärme.
Sie haben bereits dreihundert Jahre
früher als wir verstanden, dass die Luft
bestens isoliert, und begonnen, ihre
Kleidung wie eine Doppelscheibe zu
entwerfen, aus zwei Lagen mit einer
wärmenden Luftschicht dazwischen.
Als Material dient das Fell des Karibus,
einer wilden Rentierart, die nicht nur
ein Sommer- und Winterfell liefert,
sondern auch Fleisch, Knochen und
Werkzeug sowie Nähfäden, die aus den
getrockneten Sehnen hergestellt
werden. Auch Bärenfelle finden
Verwendung, aber sie wiegen mehr,
und die Jagd der Tiere ist gefährlicher.
Das Winterfell der Karibus wird für
die Oberbekleidung verarbeitet;
die Strichrichtung des Fells muss
nach unten zeigen, damit der Schnee
abgleiten kann. Das kurzhaarige
Sommerfell dient für die Bekleidung,
die auf der Haut getragen wird.
Das Fell liegt auf der Haut, die
Strichrichtung zeigt nach oben,
damit der Schweiß abgeleitet wird.
Die Borte aus Fuchs- oder Wolfspelz,
mit der die Kapuze eingefasst ist, soll
das Gesicht vor Schneeflocken
schützen und Schweiß kristallisieren,
damit das Gesicht nicht einfriert. Um
die dichte Vermummung im Falle
eines dringenden Bedürfnisses
problemlos öffnen zu können, arbeiten
die Schneiderinnen ein raffiniertes
Reißverschlusssystem ein.

wichtig!

Luftschicht zwischen zwei Kleidungsschichten = Doppelscheibe
→ Isolation durch Luft

Karibu = Rentierart (Fell, Fleisch, Werkzeug, Nähfäden)

Kapuze
– aus Fuchs- oder Wolfspelz
– schützt Gesicht vor Schneeflocken
– lässt Schweiß kristallisieren

b Formuliere eine Textüberschrift und notiere sie in deinem Heft.

a Sieh dir die Markierungen, Randnotizen und Anmerkungen genau an. Prüfe, wie sie dir helfen, den Text besser zu verstehen.

 b Tauscht euch über die Möglichkeiten aus, Wichtiges im Text oder am Rand kenntlich zu machen.

c Fasse die wichtigsten Informationen des Textes abschnittsweise zusammen und notiere sie unter der Überschrift im Heft.

d Lies den Text noch einmal und überprüfe, ob du alle wichtigen Informationen erfasst hast.

 Oft muss man aus Sachtexten **Informationen herausschreiben**, um sie in anderen Zusammenhängen verwenden zu können. Achte dabei auf:
- **Lesbarkeit**: sauber und nicht zu klein schreiben,
- **Übersichtlichkeit**: z. B. Unterstreichungen vornehmen, verschiedene Farben nutzen, Wörter einrücken, Abkürzungen und Zeichen bzw. Pfeile verwenden, Wichtiges groß oder fett schreiben,
- **Kürze**: Formulierung genau überlegen, nicht zu viel aufschreiben.

a Verschaffe dir durch Überfliegen des Textes einen Überblick über den Textinhalt. Nenne das Thema, um das es geht.

In Deutschland wird Fußball hauptsächlich mit zwei echten Toren auf richtigen Sportplätzen gespielt, auf Rasen oder manchmal auch auf Schotter. Meist kicken die Spieler im Verein: In Deutschland trainieren über sechs Millionen Menschen in Klubs. Dabei ist
5 eigentlich weder ein Verein noch ein Sportplatz nötig, um das Runde ins Eckige zu befördern. Es kann auch eine Straße sein. Diese Spieler, die sich dort ihr fußballerisches Können beigebracht haben, werden »Straßenfußballer« genannt. Es gibt sie in vielen südamerikanischen Ländern, wie Brasilien und Argentinien, oder
10 in afrikanischen, wie Nigeria und Kamerun. Dort sind Kinder und Jugendliche lange Zeit Straßenfußballer, bevor sie in einem Klub spielen. Anders als beim Vereinstraining können die jungen Kicker das Spiel ohne Anleitung von Erwachsenen frei erlernen und ihre Regeln selbst aufstellen. Regeln, wie beispielsweise »Letzter Mann
15 hält« oder »Nur einmal berühren«.

In den armen Straßenvierteln, beispielsweise den südamerikanischen Slums, schießen die Sportler mit leeren Cola-Dosen, weil sie kein Geld für einen echten Fußball haben. Oder sie treten barfuß auf staubigen Plätzen gegen alles, was sich irgendwie als Ballersatz eignet – aus Plastik, Leder oder verknoteten Lumpen geformte Knäuel. Äste, Mülltüten oder Waschpulvertonnen markieren die Tore. So kann man doch kein guter Fußballspieler werden? Falsch! Dort, wo die Kinder ihre eigenen Regeln aufstellen und keine vorgegebene Taktik befolgen, können sie jede Menge Tricks üben. Wer hat die besten Kniffe drauf? Wer ist der beste Knipser? Übersteiger, Hackentrick, Lupfer und Fallrückzieher sind bald kein Problem mehr – siehe Maradona, Ronaldo, Ronaldinho und Marcelinho. Leidenschaftlich wie kaum ein Vereinsspieler wollen die Straßenfußballer in den Slums um jeden Preis gewinnen und sehen den Ball nicht bloß als Spielgerät: Für sie ist es das Leder, das die Welt bedeutet – denn sie träumen davon, wie ihre großen Vorbilder als Fußballprofi den Weg aus der Armut zu finden.
Brasilianischer Samba-Fußball und afrikanische Spielfreude haben gerade auf solchen Straßen ihren Ursprung. Es muss also nicht unbedingt der Verein sein [...]: Schnapp dir ein paar Freunde und einen Ball – Tore könnt ihr euch notfalls auch selbst basteln – und los geht's! Ein Tipp für Mädchen: Der deutsche Frauenfußball ist zurzeit sehr erfolgreich!

b Schreibe eine passende Überschrift zum Text in dein Heft.

TIPP
Wenn das Buch nicht dir gehört, lege zum Arbeiten eine Folie über den Text.

c Lies den Text noch einmal gründlich. Markiere wichtige Textstellen, und mache dir Randnotizen.

d Notiere zu jedem Abschnitt eine Teilüberschrift in Form einer Frage.

1. Wie spielt man in Deutschland hauptsächlich Fußball?
2. …

e Notiere zu den Teilüberschriften Antworten in Form von Stichpunkten.

f Lies den Text noch einmal und überprüfe, ob du alle wichtigen Informationen erfasst hast.

Gewusst wie

Schwierige Textstellen entschlüsseln

1

a Lies den folgenden Satz mehrmals laut.

Kathleen Wermke und ihre Mitarbeiter vom Würzburger Zentrum für vorsprachliche Entwicklung und Entwicklungsstörung haben nach der Untersuchung von 20 Stunden Babyschreien die bisherige Annahme widerlegt, dass Babygebrüll instinktiv sei und allein durch den Atemdruck strukturiert werde.

b Schlage die dir unbekannten Wörter im Wörterbuch nach, wenn du sie nicht aus dem Satzzusammenhang erschließen kannst.

c Löse den Satz in mehrere einfache Sätze auf. Gehe dabei so vor:
- Überlege, welche Aussagen zusammengehören.
- Trenne diese Sinneinheiten mit einem Schrägstrich voneinander ab.
- Bilde aus den Sinneinheiten jeweils einen vollständigen Satz.

Kathleen Wermke und ihre Mitarbeiter arbeiten am Würzburger Zentrum für vorsprachliche Entwicklung und Entwicklungsstörung. Sie haben …

2 Löse den folgenden Satz in vier einfache Sätze auf. Schreibe diese in dein Heft.

Bereits in den ersten Lebenstagen tönen französische Säuglinge, die eine ansteigende »Schreimelodie« haben, anders als deutsche Babys, welche meist laut und hoch beginnen, bevor der Ton abfällt.

Bereits in den ersten Lebenstagen …

So kannst du schwierige Textstellen entschlüsseln
1. Lies den Text mehrmals, auch laut.
2. Markiere die Textstellen, die du nicht verstehst. Lies sie mehrmals.
3. Schlage Wörter, die du nicht aus dem Textzusammenhang erschließen kannst, im Wörterbuch nach.
4. Zerlege längere Sätze in mehrere einfache Sätze.

Gewusst wie

Tabellen oder Grafiken erschließen

> ! In Sachtexten sind häufig grafische Schaubilder, z. B. **Tabellen** oder **Grafiken**, enthalten. Sie informieren die Leser in anschaulicher Form über Zahlen, Vorgänge und Entwicklungen.

a Lies den folgenden Text.

Und, was machst du so nach der Schule?

Rausgehen, Computer spielen oder lieber Fernsehen? Etwas mit Freunden oder der Familie unternehmen? Medienpädagogen interessieren sich dafür, wie ihr eure Freizeit am liebsten gestaltet, und führen dazu regelmäßige Untersuchungen durch. Die folgende Tabelle zeigt die beliebtesten Freizeitaktivitäten von Kindern und Jugendlichen im Alter von 6 bis 13 Jahren.

Spalte →
Zeile →

Liebste Freizeitaktivität 2008	Mädchen	Jungen
Freunde treffen	44	49
Draußen spielen	39	49
Fernsehen	32	30
Sport treiben	14	32
Computer nutzen	13	23
Mit Tier beschäftigen	27	9
Drinnen spielen	14	15
Tragbare Spielkonsole	11	16
Familie/Eltern	15	10
Malen/Zeichnen/Basteln	17	4
Buch	11	5
Videospiele/Spielkonsole	2	12

Bis zu drei Nennungen – von 100 Befragten

b Erfasse den Inhalt der Tabelle. Beantworte folgende Fragen.

1. Was wird in der Tabelle dargestellt?
2. Welche Daten werden aufgeführt? Lies dazu die Überschriften der Spalten.
3. Welche Information wird in den Zeilen der Tabelle dargestellt?

c Richtig oder falsch? Entscheide mithilfe der Tabelle.

1. Jungen und Mädchen treffen sich am liebsten mit ihren Freunden.
2. Mädchen beschäftigen sich häufiger mit Tieren als Jungen.
3. Jungen und Mädchen nutzen gleich gerne den Computer.

d Beantworte mithilfe der Tabelle die folgenden Fragen.

1. Welche Freizeitaktivitäten sind bei Jungen deutlich beliebter als bei Mädchen?
2. Was macht Mädchen deutlich mehr Spaß als Jungen?
3. Womit beschäftigen sich Jungen und Mädchen etwa gleich gerne?

e Denke dir für deine Mitschülerinnen und Mitschüler weitere Fragen zur Tabelle aus.

2

a Sieh dir das folgende Diagramm an.

Sportliche Aktivität von Jungen und Mädchen im Alter von 11 bis 13 Jahren

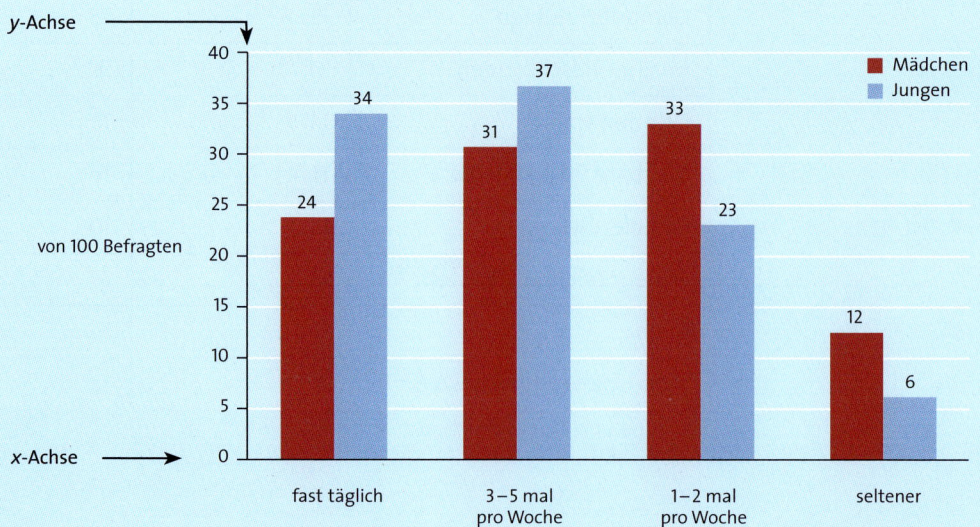

b Erfasse den Inhalt des Diagramms. Beantworte folgende Fragen.

1. Was ist im Diagramm dargestellt?
2. Welche Größen kannst du der x-Achse des Diagramms entnehmen?
3. Welche Größen kannst du der y-Achse des Diagramms entnehmen?

c Beantworte mithilfe des Diagramms die folgenden Fragen.

1. Treiben Mädchen oder Jungen häufiger Sport?
2. Gibt es mehr Mädchen oder mehr Jungen, die seltener als ein- bis zweimal in der Woche Sport treiben?
3. Wie viele Jungen von 100 Befragten treiben fast täglich Sport?
4. Worauf bezieht sich der höchste Wert im Diagramm?

So kannst du Informationen aus Tabellen und Grafiken entnehmen
1. Lies die Überschrift. Welches Thema wird behandelt?
2. Lies die Bezeichnungen der Achsen des Diagramms bzw. der Spalten und Zeilen der Tabelle. Was wird jeweils angegeben?
3. Entnimm den Darstellungen die konkreten Werte.
4. Vergleiche die Werte miteinander.
5. Ziehe Schlussfolgerungen aus dem Vergleich.

❸ Sieh dir die folgende Grafik an. Welche Informationen kannst du ihr entnehmen? Schreibe eine Zusammenfassung in dein Heft.

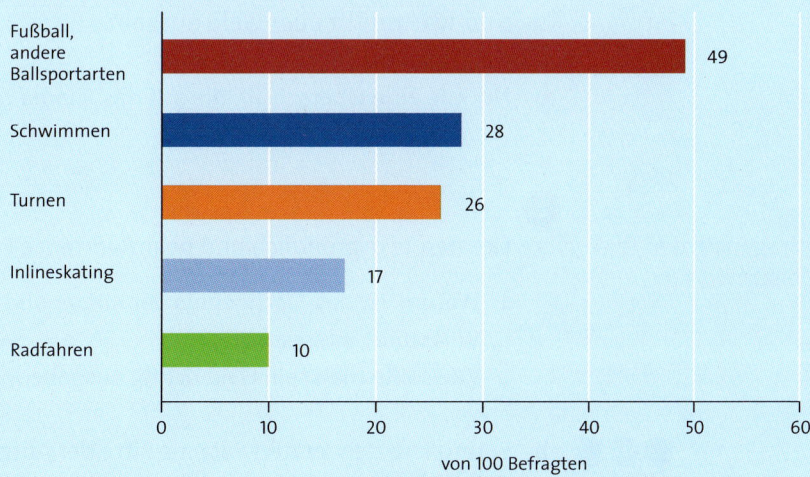

Welche Sportarten Kinder betreiben

Teste dich selbst!

Den Text überfliegen

1

a Überfliege den folgenden Text und erfasse das Thema.

Einmal Milliardär sein – wer wünscht sich das nicht? So verwegen ist der Wunsch gar nicht, denn tatsächlich verfügen deutsche Kinder und Jugendliche über viel Geld. Zusammen besitzen sie über 6,4 Milliarden Euro! 3,8 Milliarden davon liegen auf Spar-
5 konten. 2,6 Milliarden aber bringt ihr für Kino, Klamotten, Naschen usw. wieder unters Volk.
Ihr investiert euer Geld, das heißt, ihr gebt es für etwas aus, und das ist auch in Ordnung. Denn so wird die Wirtschaft am Laufen gehalten. Wenn alle nur sparen, ist das sogar schlecht für die
10 Volkswirtschaft.
Doch ihr müsst auch gut überlegen, wie ihr euer Geld ausgebt. Wer wenig Taschengeld hat, kennt dieses Problem nur zu gut. Ein Taschengeldplan hilft, dass das Portmonee nicht schon Mitte des Monats wieder leer ist.
15 Richtig Geld auszugeben, ist fast so schwierig wie Geld zu verdienen. Denn eure vielen Milliarden geben euch auch Macht. Deshalb überlegt gut: Wen und was wollt ihr damit unterstützen? Zum Beispiel sind Bioprodukte oder fair gehandelte Waren zwar teurer als Billigwaren, aber [...] besser für Umwelt und Gesellschaft.
20 Wer dagegen nur nach der Devise »Je billiger, desto besser« kauft, darf sich nicht wundern, wenn seine Waren unter unwürdigen Bedingungen in Dritte-Welt-Ländern hergestellt wurden – und das kleine Geschäft um die Ecke, in dem einen die Verkäufer wirklich noch beraten, verschwindet. Es lohnt sich also zu überlegen, wofür
25 und warum ihr euer Geld ausgebt.

b Notiere eine Überschrift, die auf das Thema des Textes hinweist.

2

Fragen an den Text beantworten

a Lies den Text gründlich und beantworte die Fragen schriftlich.

1 Warum ist das Taschengeld der Kinder und Jugendlichen für die Wirtschaft interessant?
2 Wie sollte man sein Geld richtig ausgeben?

 b Formuliere den letzten Satz als Bitte der Autorin.

c Überlege, warum die Autorin ihren Text nicht gleich mit dem zweiten Abschnitt begonnen hat. Notiere mindestens einen Grund.

Das Wichtigste zusammenfassen

3
a Lies den Text Abschnitt für Abschnitt und überlege, was das Wichtige in jedem Abschnitt ist. Notiere es in Stichpunkten.

b Lies den Text noch einmal und überprüfe, ob du alle wichtigen Informationen erfasst hast.

Einzelne Informationen finden

4 Wie viel Geld besitzen deutsche Kinder?

a Suche den Abschnitt, der die Antwort auf diese Frage enthält.

b Lies diesen Abschnitt gründlich. Antworte in ein bis zwei Sätzen.

Ein Diagramm auswerten

5
a Welche Größen beinhalten die beiden Achsen des Diagramms?

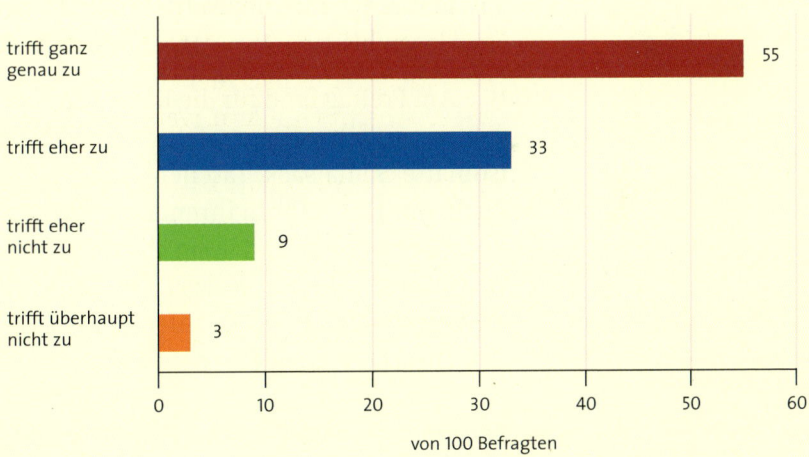

Werden schon Kinder durch Werbung dazu verleitet, Dinge zu kaufen, die sie nicht brauchen?

b Entscheide mithilfe des Diagramms, ob die folgenden Aussagen richtig oder falsch sind.

1 Die Mehrheit der Befragten meint, dass die Werbung Kinder nicht dazu verleitet, Dinge zu kaufen, die sie nicht brauchen.
2 33 von 100 Befragten meinen, die Aussage trifft ganz genau zu.
3 Nur 3 von 100 Befragten glauben, dass die Werbung einen geringen Einfluss darauf hat, was Kinder kaufen.

Berichten

1 Vielleicht hat deine Klasse auch schon eine Lesenacht durchgeführt.

a Lies die beiden folgenden Texte.

A Endlich! Am Freitag war es so weit. Wir, die Schüler der Klasse 6a, blieben über Nacht in der Schule. Mit Isomatte, Schlafsack, Taschenlampe und Unmengen von Chips und Trinkerei stürmten wir ins Klassenzimmer, um einen guten Platz zu ergattern. Nach
5 30 Minuten hatte sich endlich jeder bequem zurechtgelegt. Unsere Lehrerin las aus einem Buch vor und erklärte uns, warum es ihr so gefällt.
Dann waren wir an der Reihe. Jeder hatte sein Lieblingsbuch mit, das war Pflicht. Wir bekamen fünf Minuten Zeit, um unser Buch
10 vorzustellen. Es war schon interessant, was da jeder so mitgebracht hatte. Dann durften wir in unseren Büchern allein weiterlesen. Manchmal lachte plötzlich jemand oder sagte: »Oh, wie gruselig!« Gegen 24:00 Uhr machte unsere Klassenlehrerin das Licht aus, da doch schon einige müde waren. Die »Starken« durften aber mit
15 Taschenlampe ihre Bücher durchschmökern. Lisa, Benedikt und Nico lasen bis 1:30 Uhr. Dann holte auch sie die Müdigkeit ein.

B Am Freitag fand für die Klasse 6a eine Lesenacht statt. Die Schüler und ihre Klassenlehrerin trafen sich, bestückt mit Isomatte, Schlafsack, Taschenlampe, Essen, Trinken und einem Buch, um 18:30 Uhr in ihrem Klassenzimmer. Die Schüler stellten
5 kurz ihr Buch vor und lasen ab 20:00 Uhr still für sich weiter. Gegen 24:00 Uhr wurde das Licht ausgemacht, aber drei Schüler schafften es, bis 1:30 Uhr aufzubleiben. Die Meinung war einheitlich: Eine Lesenacht gibt es wieder.

b Bestimme, welcher Text eine Erzählung und welcher ein Bericht ist.

c Tragt zusammen, woran man einen Bericht erkennt.

> **!** Ein **Bericht** informiert knapp und sachlich über Ereignisse. Er beantwortet meist die wichtigsten *W*-Fragen. Die Auswahl der Informationen und die Gestaltung eines Berichts hängen davon ab, worüber, in welcher Situation, für welchen Zweck und für wen man berichtet.

Berichten **39**

Über das Leben von Kindern berichten

1 In eurer Klasse soll eine Wandzeitung über »Kinder in aller Welt« entstehen. Du sollst dafür einen Bericht verfassen.

a Lies den folgenden Text.

Peru: Leben auf dem See

Bei jedem ihrer Schritte sinken Marias Füße ein bisschen in den Boden ein. Auf den Uros-Inseln im Titicacasee, dem größten See in Südamerika, läuft man wirklich so weich wie auf einem Waldboden. Denn jede der rund 40 Inseln im Nordwesten Perus besteht
5 aus einer dicken Matte Schilf! Marias Vorfahren haben solche schwimmenden Teppiche schon vor 500 Jahren geflochten, um sich vor Feinden zu schützen. Ständig werden die Matten ausgebessert und erneuert.
Maria lebt hier seit ihrer Geburt. Die Zwölfjährige verlässt die Insel
10 nur, um zur Schule zu gehen. Jeden Morgen setzt sie mit fünf anderen Kindern in einem kleinen Schilfboot zum Ufer über. Nach dem Unterricht kehrt sie zur Insel zurück und hilft ihrer Mutter bei der Arbeit. Marias Eltern leben von den Touristen, die ihre Insel besuchen. Sie verkaufen ihnen »Artesanias« –
15 zu Deutsch: Kunsthandwerk. Nachmittag für Nachmittag verzieren Maria und ihre Mutter Decken und Wandteppiche. Die Motive, die sie sticken, zeigen das traditionelle Leben ihres Volkes.
Einen Hauch von Fortschritt und Modernität genießt das Mädchen am Abend mit ihrem Bruder. Dann läuft in der Ecke der Schilf-
20 hütte ein winziger Fernsehapparat, der mit Batterien betrieben wird. Einen Anschluss an das Stromnetz gibt es auf der Insel nämlich nicht.

Den Bericht planen

b Stelle eine Liste mit *W*-Fragen für einen Bericht zusammen.

Wer? Wo? Was? …

c Beantworte die *W*-Fragen mithilfe des Textes stichpunktartig.

Wer? Maria
Wo? Uros-Inseln im Titicacasee (Nordwesten Perus) …

Den Bericht entwerfen

d Schreibe den Bericht über das Leben von Maria mithilfe deiner Notizen. Lass einen breiten Rand für spätere Überarbeitungen.

Den Textentwurf überarbeiten

→ S. 45 Eine Schreibkonferenz durchführen

e Überarbeite deinen Entwurf. Nutze dazu die Arbeitsschritte und Tipps im Merkkasten.

> ### ❗ Einen Bericht überarbeiten
>
> **1. Die Schreibaufgabe überdenken**
>
> | | |
> |---|---|
> | • Warum und für wen soll berichtet werden? | Lege vor dem Überarbeiten eine Pause ein. |
>
> **2. Den Inhalt überarbeiten**
>
> | | |
> |---|---|
> | • Sind alle wichtigen *W*-Fragen beantwortet?
• Was müsste ergänzt, was könnte gestrichen werden?
• Sind alle Aussagen verständlich?
• Passt die Überschrift?
• Sind die Aussagen gut geordnet? | Überlege, welche Fragen die Leser deines Berichts haben könnten.

Formuliere Teilüberschriften und ordne die Aussagen zu. |
>
> **3. Die Wortwahl überprüfen**
>
> | | |
> |---|---|
> | • An welchen Stellen könnte anders formuliert werden?
• Welche Wortwiederholungen sind vermeidbar?
• Sind alle Begriffe (Namen, Bezeichnungen, Fachbegriffe) richtig verwendet?
• Welche Zeitform ist sinnvoll? | Bilde Wortfelder. Probiere aus, welche Wörter/ Wendungen am besten in deinen Text passen.  |
>
> **4. Den Satzbau kontrollieren**
>
> | | |
> |---|---|
> | • Sind alle Sätze vollständig?
• Sind die Sätze gut miteinander verbunden?
• Wurden abwechslungsreiche Satzanfänge verwendet? | Oft lässt sich die Satzverbindung durch Umstellung der Satzglieder verbessern. |
>
> **5. Die Rechtschreibung korrigieren**
>
> | | |
> |---|---|
> | • Welche Wörter muss ich nachschlagen?
• Sind alle Satzschlusszeichen und Kommas richtig gesetzt? | Lies deinen Text Wort für Wort und Satz für Satz.  |

TIPP
Schriftliche Berichte werden meist im Präteritum verfasst.

Berichten **41**

2 Schreibe für die Klassenwandzeitung einen weiteren Bericht über das Leben von Kindern in Ecuador.

Informationen sammeln

a Lies den folgenden Text.

Gefährliche Arbeit auf Müllkippen

Rund ein Fünftel aller arbeitenden Kinder in Ecuador schuftet unter extrem harten und gefährlichen Bedingungen. Für tausende Familien ist das Sammeln und Sortieren von Müll die einzige Einnahmequelle. Häufig arbeiten die Eltern schon seit Jahren als
5 Müllsammler, die Kinder müssen früh mithelfen. Zur Schule gehen die Kinder – wenn überhaupt – nur wenige Jahre. Bei der Arbeit auf den Müllkippen droht ständig Gefahr: Die Lastwagenfahrer nehmen keinerlei Rücksicht auf Kinder. Im Abfall lauern zudem Glas- und Metallsplitter, chemische Giftstoffe oder nicht
10 getrennt entsorgter Abfall aus Krankenhäusern. Durch verschmutztes Wasser oder Schädlinge kommt es häufig zu Haut- und Augen-
15 infektionen oder Darmkrankheiten.
Das Bewusstsein für Kinderrechtsverletzungen ist gering: Viele Plantagenbesitzer oder
20 Müll-Aufkäufer ignorieren, dass Kinder unter 15 Jahren nicht arbeiten dürfen. Verstöße werden bisher kaum geahndet.

Den Bericht planen

b Beantworte mithilfe des Textes stichpunktartig die *W*-Fragen.

Wer? Wo?   Kinder in Ecuador
Was?   arbeiten auf Müllkippen …

Den Bericht entwerfen

c Schreibe anhand deiner Notizen einen Entwurf des Berichts. Lass einen breiten Rand für spätere Überarbeitungen.

Den Textentwurf überarbeiten

d Überarbeite deinen Entwurf mithilfe der Arbeitsschritte auf S. 40. Ihr könnt auch eine Schreibkonferenz (vgl. S. 45) durchführen.

3 Weltweit müssen Kinder arbeiten, um ihre Familie zu versorgen.

Informationen sammeln

→ S.33 Tabellen oder Grafiken erschließen

a Sieh dir das folgende Diagramm an und ordne die entnommenen Informationen.

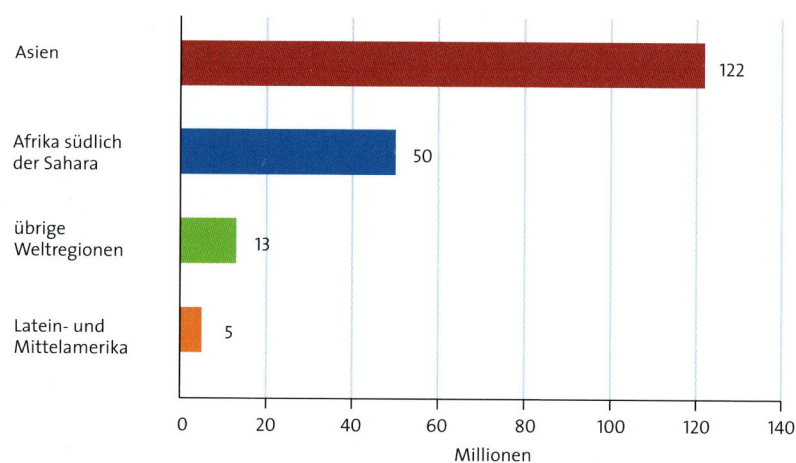

Kinderarbeit im Alter von 5 bis 14 Jahren

- Asien: 122
- Afrika südlich der Sahara: 50
- übrige Weltregionen: 13
- Latein- und Mittelamerika: 5

(Millionen)

Textteile formulieren

b Formuliere die Informationen, die du dem Diagramm entnehmen kannst, in zusammenhängenden Sätzen.

In Asien arbeiten ... Im Vergleich dazu ...

4 Schreibe für die Wandzeitung einen Bericht zum Thema »Kinder in aller Welt«. Nutze dazu die Ergebnisse der Aufgaben 1 bis 3.

5 Informiere dich genauer über das Thema »Kinderarbeit«. Verarbeite die Informationen zu einem Bericht für die Wandzeitung.

> **So kannst du einen Bericht schreiben**
> 1. Denke über die Schreibaufgabe nach (Wem berichtest du worüber? Zu welchem Zweck?).
> 2. Ordne die Fakten, die du berichten möchtest, in der richtigen Reihenfolge. Nutze dazu z.B. die W-Fragen.
> 3. Schreibe einen Entwurf. Lass einen breiten Rand zum Korrigieren.
> 4. Überarbeite den Entwurf.
> 5. Schreibe die Endfassung.

Berichten

Über ein Ereignis berichten

Berichte untersuchen

1 In welcher Zeitform hast du deine Berichte über Kinder in aller Welt verfasst? Begründe, warum du diese Zeitform verwendet hast.

2 Untersuche, in welcher Zeitform der folgende Bericht verfasst ist. Begründe, warum diese Zeitform gewählt wurde.

Konferenz der Kinder

Letzte Woche fand an unserer Schule eine Kinderkonferenz statt. Zuerst wurden internationale Kinderrechte vorgestellt und diskutiert. Anschließend einigte man sich auf Möglichkeiten ihrer Umsetzung an der Schule. Zum Schluss wurde ein Arbeitsplan besprochen und der nächste Konferenztermin beschlossen.

TIPP
Informiere dich genauer über Kinderrechte.

→ S. 17 Informationen sammeln

3 Untersuche, welche Zeitformen im folgenden Bericht vorkommen. Begründe, warum diese Zeitformen gewählt wurden.

Internationale Kinderrechte

Vor einigen Jahren wurden internationale Kinderrechte verfasst. Zwar hat man sie in den reichen Industriestaaten oft diskutiert, nicht alle wurden jedoch verwirklicht. Auch hier werden manche Kinder ungerecht behandelt oder vernachlässigt, wie man
5 jüngsten Meldungen entnehmen konnte. In vielen ärmeren Ländern sind die Kinderrechte aber überhaupt nicht bekannt. Das Leben der Kinder hat sich dort nur in einigen Regionen verbessert.

! Welche Zeitform in Berichten verwendet wird, hängt von ihrem Inhalt und ihrem Zweck ab. **Schriftliche Berichte** über vergangene Ereignisse werden meist im **Präteritum** verfasst.

4
a Diese Sätze wurden mündlich vorgetragen. Bestimme die Zeitform.

1 Gestern hat an unserer Schule eine Kinderkonferenz stattgefunden.
2 Die meisten Schülerinnen und Schüler haben daran teilgenommen.
3 Yildiz und Tanja haben über Schulen in ihrer Heimat berichtet.

b Schreibe die Sätze für einen schriftlichen Bericht im Präteritum auf.

TIPP
Untersuche die Verbformen.

44 Berichten

→ S. 142 Aktiv- und Passivformen der Verben

! Berichte, in denen es unwichtig ist, wer handelt, werden in **unpersönlicher Ausdrucksweise** verfasst, z. B.:
- *Ein Zeitplan wurde beschlossen.* (Verbform im Passiv)
- *Man hat einen Zeitplan beschlossen.* (*man*-Form)

5

a In den Berichten der Aufgaben 2 und 3 wurden Mittel der unpersönlichen Ausdrucksweise verwendet. Schreibe sie heraus.

TIPP
Nutze Verbformen im Passiv und die *man*-Form.

b Formuliere die folgenden Sätze in unpersönliche Ausdrucksweise um.
1. Sie besprachen Maßnahmen zur Durchsetzung von Kinderrechten.
2. Sie überlegten, wie sie Kindern helfen könnten.
3. Sie beschlossen, Expertengruppen zu bilden.

1. Es wurden Maßnahmen zur ...

Einen Bericht verfassen

6 Berichte für die Schülerzeitung, nutze dazu die folgenden ungeordneten Stichpunkte. Achte besonders auf das Präteritum und überlege, an welchen Stellen du unpersönlich formulieren solltest.

TIPP
Halte dich an die Arbeitsschritte auf S. 42.

Internationaler Kindertag an unserer Schule
- Spiele, Sport, Kuchenbasar, internationale Snacks
- Höhepunkte: internationales Bühnenprogramm, Völkerball gegen Lehrer
- Teilnehmer, Gäste
- 1. Juni, Schulhof, Turnhalle geschmückt
- von Schülerinnen/Schülern organisiert

7 Berichte für die Schülerzeitung über ein Ereignis an eurer Schule, z. B. über eine Sportveranstaltung oder einen Klassenausflug.

Was habe ich gelernt?

8 Was hast du über das Berichten gelernt? Beantworte die Fragen.
1. In welchen Situationen und zu welchen Zwecken wird berichtet?
2. Was muss man beim Berichten beachten?
3. Wie kann man beim Überarbeiten eines Berichts vorgehen?
4. Was ist dir in diesem Kapitel leicht- oder schwergefallen?

Gewusst wie

Eine Schreibkonferenz durchführen

! In einer **Schreibkonferenz** werden Texte gemeinsam überarbeitet. Dabei überlegt und berät man in Gruppen, welche Stärken und Schwächen ein Text hat und welche Verbesserungsvorschläge unterbreitet werden können.

1 Besprecht, welche Vorteile es hat, Texte gemeinsam zu überarbeiten. Überlegt auch, welche Schwierigkeiten dabei auftreten können.

2 Begründet, warum man folgende Regeln einhalten sollte.

> **Regeln für eine Schreibkonferenz**
> – Kein Text wird lächerlich gemacht.
> – Zuerst werden immer die Stärken genannt.
> – Kritik wird immer mit Verbesserungsvorschlägen verbunden.
> – Jede/Jeder entscheidet selbst, was sie/er ändern möchte.

3 Der Erfolg eurer Schreibkonferenz hängt davon ab, wie gut ihr die Gruppenarbeit organisiert. Wiederholt, was man dabei beachten sollte. Gestaltet ein Plakat mit den wichtigsten Regeln.

4 Seht euch die folgenden Karteikarten an. Tauscht euch darüber aus, warum sie für eine Schreibkonferenz hilfreich sein können.

Wortwahl
Wurden genaue Bezeichnungen (Nomen, Adjektive, Verben) gefunden? Welche Wortwiederholungen könnte man vermeiden?

Rechtschreibung/Zeichensetzung
Welche Fehler sind zu korrigieren? Welche Wörter sollten nachgeschlagen werden? Sind alle Satzschlusszeichen und Kommas richtig gesetzt?

Inhalt
Was könnte man ergänzen oder streichen? Passt die Überschrift?

Schreibaufgabe
Warum und für wen ist der Text geschrieben? Wurde die richtige Form gewählt?

Sätze
Sind die Sätze vollständig? Welche Satzanfänge sollte man ändern? Welche Satzglieder könnte man umstellen?

5 Probiert eine Schreibkonferenz aus.

→ S. 40 Einen Bericht überarbeiten

a Wiederholt zuerst, was man beim Überarbeiten von Berichten beachten sollte.

TIPP
Beachtet die unten stehenden Arbeitsschritte.

b Notiert Hinweise und Verbesserungsvorschläge für Ella, die folgenden Entwurf für einen Bericht in der Schulzeitung geschrieben hat.

Diskussion über den neuen Schulhof

Letzten Dienstag hat eine Diskussion über unseren Schulhof stattgefunden. Ich sollte teilnehmen und unsere Meinung sagen. Zuerst hat aber unser Schuldirektor seine Meinung gesagt. Danach waren einige Eltern dran, die ich nicht kenne. Danach hat noch jemand
5 von der Baufirma geredet. Dann war ich endlich dran. Ich habe gesagt, was unsere Klasse von dem Vorschlag hält. Außer mir sind auch noch andere Klassensprecher zu Wort gekommen. Alle waren der gleichen Meinung. Am Schluss wurde abgestimmt.

So könnt ihr eine Schreibkonferenz durchführen
1. Bildet Gruppen und richtet eure Arbeitsplätze ein.
2. Schreibt wichtige Arbeitsschritte zum Überarbeiten von Texten auf Karteikarten.
3. Besprecht, in welcher Reihenfolge ihr vorgehen wollt. Ordnet eure Karteikarten entsprechend. Beginnt immer mit dem Nachdenken über die Schreibaufgabe.
4. Einigt euch, welcher Textentwurf zuerst überarbeitet werden soll. (Ihr könnt auch losen.)
5. Lest die Texte mehrfach laut vor und macht euch beim Zuhören Notizen. Konzentriert euch am besten immer auf eine der Karteikarten.
6. Vergleicht eure Notizen und formuliert Hinweise und Vorschläge für die Schreiberin / den Schreiber.
7. Am Schluss überarbeitet jede/jeder den eigenen Text und entscheidet selbst, welche Vorschläge sie/er aufnehmen möchte.

TIPP
Ihr könnt auch anonym (unerkannt) bleiben. Schreibt eure Texte mit dem Computer, legt sie in einen Karton und zieht dann Text für Text.

6 Wählt jetzt eigene Textentwürfe aus, die ihr gemeinsam überarbeiten wollt. Ihr könnt z. B. schon verfasste Erzählungen, Beschreibungen oder Berichte überarbeiten.

Nazif Telek

Sesamring-Verkäufer

Einige Kinder sind Schuhputzer
von morgens bis abends.
Einige sind Sesamring-Verkäufer
auf den Straßen.
5 Einige sind Schneiderhelfer
in Schweiß gebadet bei der Arbeit.
Einige sind Teppichweber,
auch wenn sie krank sind.
Einige sind verkauft worden
10 für die Lust einiger Leute.
Welche sind Obstpflücker
in heißen Obstfeldern.
Einige sind im Krieg,
können gar nicht spielen.
15 Einige sind gestorben,
denn sie hatten nichts zu essen.
Einige haben von allem zu viel.

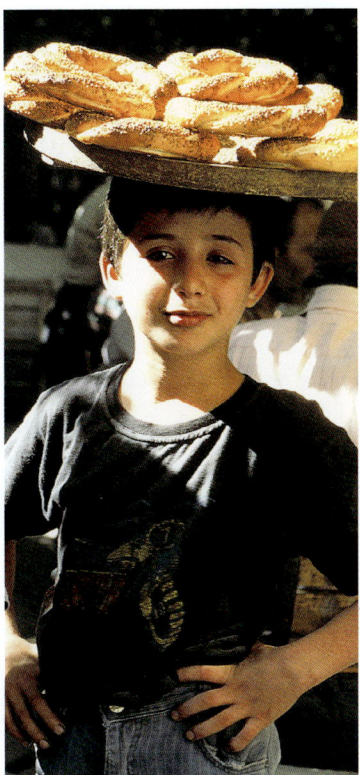

1 Welche Gefühle ruft dieses Gedicht in euch hervor? Tauscht euch darüber aus.

2 Notiere, wie das Leben von Kindern in diesem Gedicht beschrieben wird.

3 Überlege, was Nazif Telek mit seinem Gedicht aussagen möchte. Achte besonders auf die letzte Verszeile.

4 Schreibe ein Parallelgedicht zu »Sesamring-Verkäufer«. Überlege dir zunächst, was du über die Kinder in deiner Umgebung weißt.

Gerhard Schöne

Lass uns eine Welt erträumen

Lass uns eine Welt erträumen, die den Krieg nicht kennt,
wo man Menschen aller Länder seine Freunde nennt.
Wo man alles Brot der Erde teilt mit jedem Kind,
wo die letzten Diktatoren Zirkusreiter sind.

5 Lass uns eine Welt erträumen, wo man singt und lacht,
wo die Traurigkeit der andern selbst uns traurig macht.
Wo man trotz der fremden Sprache sich so gut versteht,
dass man alle schweren Wege miteinander geht.

Lass uns eine Welt erträumen, wo man unentwegt
10 Pflanzen, Tiere, Luft und Wasser wie einen Garten pflegt.
Wo man um die ganze Erde Liebesbriefe schreibt
und dann lass uns jetzt beginnen, dass es kein Traum bleibt.

1 Fasse zusammen, von welcher Welt der Liedermacher Gerhard Schöne träumt.

2 Beschreibe die Welt, die du dir erträumst.

3 Besorgt euch in der Bibliothek die CD von Gerhard Schöne »Kinder-Lieder-Galerie« und singt das Lied gemeinsam.

Karlhans Frank

Du und ich

Du bist anders als ich,
ich bin anders als du.
Gehen wir auf-
einander zu,
5 schauen uns an,
erzählen uns dann,
was du gut kannst,
was ich nicht kann,
was ich so treibe,
10 was du so machst,
worüber du weinst,
worüber du lachst,
ob du Angst spürst bei Nacht,
welche Sorgen ich trag,
15 welche Wünsche du hast,
welche Farben ich mag,
was traurig mich stimmt,
was Freude mir bringt,
wie wer was bei euch kocht,
20 wer was wie bei uns singt …
Und plötzlich erkennen wir
– waren wir blind? –,
dass wir innen uns
äußerst ähnlich sind.

1 Vergleiche die Aussage am Anfang des Gedichts mit der Schlussaussage.

2 Erkläre, wie es im Laufe des Gedichts zu dieser Veränderung der Aussage kommt.

3 In dem Gedicht lernen sich zwei Menschen anhand von Fragen kennen. Schreibe fünf Fragen heraus, die dir besonders wichtig sind.

4 Stelle deine fünf Fragen Menschen, von denen du wenig weißt. Überprüfe anhand der Antworten, worin sie dir ähneln.

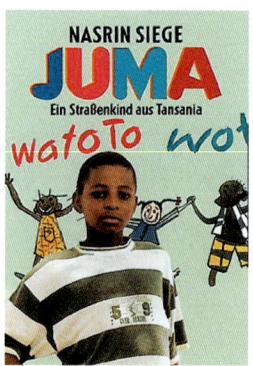

Nach dem Tod seiner Mutter ändert sich für Juma alles:
Mit der Stiefmutter versteht er sich nicht, der Vater wird zum Trinker.
Juma läuft schließlich von zu Hause weg und sucht in der Hafenstadt
Daressalam sein Glück. Doch das Leben als Straßenkind ist nicht leicht.

Nasrin Siege

Juma. Ein Straßenkind aus Tansania

Ich habe neue Freunde gefunden. Nyota und Muhamedi, die wir schon in den ersten Tagen getroffen haben, sind unzertrennlich – so wie Akbar und ich. Nyota ist kleiner als Muhamedi und sieht ganz pfiffig aus. Einmal habe ich beobachtet, wie er einen Mann anbettelte. Während er ihn ablenkte, hat Muhamedi versucht, dem Mann das Portmonee aus der Hosentasche zu ziehen. Der hat das aber gemerkt und Muhamedis Hand gepackt. Da hat Nyota ihn, so stark er konnte, ans Schienbein getreten und der Mann ließ Muhamedi sofort los. Wie der Blitz sind die zwei dann losgesaust. So schnell konnte ich nicht einmal gucken.
»Wenn du willst, kannst du mit uns kommen«, sagten sie heute Morgen. Aber ich bin lieber allein. Eines Tages werden sie bestimmt beim Klauen erwischt und dann möchte ich nicht dabei sein, denn ich weiß, was ihnen dann blüht. Sie werden von den Leuten an Ort und Stelle verprügelt und können nur hoffen, dass die Polizei eingreift und sie mitnimmt.
Ein paarmal habe ich gesehen, wie Polizisten Diebe festgenommen und abgeführt haben. Und die sind auch nicht gerade zimperlich mit ihnen umgegangen. Wenn mehrere Gefangene zur Polizeistation, zum Gericht oder ins Gefängnis abgeführt werden, knoten die mit Gewehren bewaffneten Polizisten die Diebe an ihren Hemden zusammen. So kann keiner weglaufen. Viele Leute bleiben dann stehen, und manche lachen sie aus und verspotten sie. Ich jedenfalls will von keinem Menschen verprügelt und niemals so durch die Stadt getrieben werden!
Während Moussa jeden Tag vor dem Gefängnis auf seinen Bruder wartet, bewacht Akbar seit zwei Tagen parkende Autos in der Samora Avenue. [...]
Mein Bauch ist ein tiefes Loch. »Njaa inauma« – »der Hunger tut weh«, bettle ich die Passanten an. Zurzeit habe ich kein Glück.

Zwei größere Jungen haben mich vertrieben, als ich wie Akbar Autos bewachen wollte, und niemand bleibt stehen und gibt mir was. Müde setze ich mich an den Straßenrand.
Wie es wohl ist, wenn man reich ist? Auf alle Fälle hat man nie
35 Hunger. Hier in Dar[1] gibt es viele reiche Leute. Die meisten leben außerhalb der Innenstadt in prächtigen Häusern mit großen Gärten und hohen Mauern drum herum, und sie haben Autos. Damit fahren sie bestimmt jede Woche ins Kino, und weil sie Eintrittskarten kaufen, können sie den Film auch hören. Ihre
40 Kinder haben bestimmt alle möglichen Spielsachen und Fahrräder und gehen in die Schule, weil sie das Schulgeld und die Schuluniform bezahlen können.
Der Hunger treibt mich hoch und ich laufe weiter. [...]
Auf dem Markt sehe ich Doto, der mit seinem Jutesack über der
45 Schulter auf mich zukommt.
»Hast wohl Hunger?«, fragt er mich. Er öffnet den Sack, greift hinein und zieht eine halbe Karotte hervor.
»Hier, iss! Schmeckt gut und hilft!«
»Danke«, sage ich und beiße in die Karotte.
50 Doto nickt mir zu, hängt sich seinen Jutesack wieder um und will weitergehen.
»Warte auf mich«, sage ich hastig und laufe neben ihm her, obwohl mir Moussa erzählt hat, dass Doto am liebsten allein unterwegs ist. »Ich komme mit.«
55 »Wenn du willst«, sagt Doto zögernd und setzt seinen Weg fort. Immer wieder bleibt er an den verschiedenen Marktständen stehen und fast überall bekommt er etwas zugesteckt, mal eine angefaulte Gurke, woanders drei Kartoffeln und eine Zwiebel, dann wieder ein paar weiche Bananen.
60 »Die Leute kaufen das nicht mehr, ist ihnen zu schlecht. Und das ist mein Glück!«
Ich bleibe noch eine Weile bei Doto. Als er sich zu einem alten Mann an dessen Stand setzt und sich unterhält, winke ich ihm zu und verschwinde. [...]

[1] *Abkürzung für Daressalam*

1 Notiere, was du über den Alltag der Straßenkinder erfährst.

2 Achte beim Weiterlesen darauf, wie die Kinder mit ihrem Hunger und ihrer Angst umgehen.

Am Hafen treffe ich Nyota und Muhamedi.

»Hast du Geld?«, fragt Nyota, und als ich ihm meine leeren Hände zeige, zieht er strahlend einen Tausender hervor.

»Komm, ich lad dich ein«, sagt er.

»Wo hast du den her?«

»Hab gearbeitet«, behauptet er und beide kichern. An einem Stand kauft er uns zwei Fleischspieße, drei Portionen gebratene Kartoffeln und eine Cola.

»Was hast du gearbeitet?«, frage ich.

»Hab was verkauft«, sagt er mampfend.

»Und was?«

»Geht dich nichts an«, sagt Muhamedi lässig.

Dann laufen wir zum Strand, ziehen uns aus und rennen ins Wasser. Es tut so gut, nicht hungrig zu sein, Freunde zu haben und im Meer zu baden. Als wir dann faul im Sand liegen, erzählt Nyota, dass er einen Autoscheinwerfer gestohlen und verkauft hat. Muhamedi liegt halb zusammengekrümmt im Sand und riecht ab und zu an einer blauen Plastikdose. Er hat die Augen geschlossen und lächelt.

»Ich schnüffel nicht«, meint Nyota. »Davon wirst du nur blöd im Kopf.«

»Lügner!«, schreit Muhamedi. »Glaub ihm kein Wort! Er schnüffelt auch, und er raucht Bhangi[2]!«

Nyota stürzt sich auf ihn und laut schimpfend prügeln sie aufeinander ein.

»Hört auf!«, sage ich und versuche dazwischenzugehen, aber es dauert eine Weile, bis sie einander loslassen.

Wir waschen unsere Kleider im Meer und wollen so lange am Strand bleiben, bis sie trocken sind. Muhamedi ist inzwischen eingeschlafen.

»Ich bin nicht aus Dar. Ich komme aus Dodoma«, erzählt Nyota. »Das ist mehr als vierhundert Kilometer entfernt von hier und fast in der Mitte von Tansania. Meine Mutter hat noch zwei kleine Kinder. Sie wohnt auf der Pugu Road und bettelt die Autofahrer an. Ich besuche sie manchmal und bringe ihr Geld oder Essen.«

»Meine Mutter ist tot«, sage ich. »Und auch mein kleiner Bruder ...«

»Mach dir nichts draus«, tröstet Nyota mich. »Sterben muss jeder. Vielleicht sterbe ich ja morgen oder nachher. Das weiß nur Gott.«

»Wenn du weiter so klaust, lebst du bestimmt nicht lange.«

»Man muss sich nur nicht erwischen lassen, das ist alles!«

---

[2] *suaheli* Marihuana, eine pflanzliche Droge

[3] obdachloser Junge, der beim Stehlen erwischt und verprügelt wurde

[4] Abrisshaus, in dem Juma die Nächte mit anderen obdachlosen Kindern und Jugendlichen verbringt

Ich erzähle ihm von Msafiri[3].
»Na und? Wenn sie mich totprügeln, dann bin ich eben tot! Alle Menschen sterben, also auch ich. Tot sein ist tot
110 sein. Es ist egal, wie du stirbst!«
Später ziehen wir unsere fast trockenen Sachen an und schlendern durch die Straßen.
»Ich hab Hunger«, sagt Nyota.
115 »Hier, nimm!«, sagt Muhamedi und hält ihm die blaue Klebstoffdose unter die Nase.
Nyota atmet tief ein. »Das hilft gegen den Hunger«, erklärt er mir dann.
120 »Solltest du auch probieren.«
»Ich denk, du schnüffelst nicht!«
»Ach ja? Hab ich das gesagt?« Nyota lacht.
Zwei Mädchen betteln eine Ausländerin an, die ihr Auto vor einem Café parkt. Sie lächelt sie freundlich an und schüttelt den Kopf.
125 Dann sieht sie uns und fragt, ob wir ihr Auto bewachen könnten.
»No problem, yes, Madam, no problem!«, sagt Nyota strahlend und die Frau läuft eilig auf die andere Straßenseite, gefolgt von den Mädchen, die sie immer noch anbetteln.
»Toyota«, sagt Nyota, während er und Muhamedi den Wagen von
130 allen Seiten fachmännisch betrachten. »Sehen gut aus, die Scheinwerfer.«
Sie lachen, als sie mein erschrockenes Gesicht bemerken.
»Keine Sorge«, beruhigt mich Nyota, »wir klauen sie schon nicht. Wir passen auf, dass niemand anders sie klaut.« Als die Frau
135 zurückkommt, gibt sie jedem von uns hundert Shilling.
Wir bewachen hier noch andere Autos. Am Abend habe ich so insgesamt neunhundert Shilling verdient. Das war also doch kein Pechtag heute!
Später nehme ich Nyota und Muhamedi mit zum Nyumba mbovu[4],
140 wo ich Akbar und Moussa treffe. Heute ist einiges los hier. Ich sehe viele neue Gesichter und mehr Mädchen als zuvor.
Moussa ist müde und traurig. Er hat Hunger und wir geben ihm etwas zu essen. Als es dunkel wird, machen wir ein Feuer, und Muhamedi holt wieder seinen Klebstoff hervor.
145 »Probiert doch mal«, sagt Nyota zu Akbar. »Das ist gut! Du vergisst deine Sorgen, nichts stört dich, du vergisst sogar, dass du eben noch Hunger gehabt hast!«

Als Moussa nach der Dose greifen will, tritt Akbar gegen seine Hand und Moussa schreit auf.
150 »Dieses Mistzeug!«, schreit Akbar wütend. »Weißt du denn nicht, dass du dabei dein Gehirn verlierst? Und dann vergisst du alles! Wenn du Saidi⁵ vergessen willst, dann nimm das Zeug! Aber lass mich dann in Ruhe!«
Moussa guckt ihn mit großen Augen an, und als Nyota ihm
155 die Dose erneut hinhält, schüttelt er den Kopf.
Schweigend beobachten wir, wie Nyota und Muhamedi abwechselnd schnüffeln. Bald scheinen sie uns vergessen zu haben. [...]
Das Gewitter hat uns im Schlaf überrascht, und nun kauern wir unter einem Mauervorsprung und warten darauf, dass es endlich
160 aufhört. Bald ist das Nyumba mbovu innen nur noch eine einzige Schlammbrühe. Als wir uns gegen Morgen auf den Weg zur Arbeit machen, sind wir nass bis auf die Haut.

⁵ Moussas großer Bruder, der im Untersuchungsgefängnis für Kinder sitzt

3 So wie Nyota und Muhamedi schnüffeln viele Straßenkinder oder nehmen Drogen. Suche Textstellen, an denen deutlich wird, warum sie das tun.

4 Schreibe zu jedem der sechs Straßenjungen auf, was du über seine Situation erfährst.

5 Trage deine Ergebnisse geordnet in eine Tabelle ein: Familiensituation, Freunde, Beschaffen von Geld oder Lebensmitteln, Drogen, Kriminalität.

6 Suche aus dem Text heraus, welche Gegenstände für die Kinder wichtig sind, und zeichne sie zu den Namen.

7 Sucht aus dem Text Beispiele für den Zusammenhalt der Jungen heraus. Wie helfen sie sich gegenseitig?

8 Informiert euch genauer über das Land Tansania, in dem Juma und die anderen Kinder leben. Sucht im Internet, in Sachbüchern, Zeitschriften oder in Lexika nach Informationen. Gestaltet anschließend ein Plakat, auf dem ihr die Informationen über Tansania anschaulich präsentiert.

Straßenkinder

Für Kinder, die auf der Straße leben, sorgen keine Eltern. Sie haben kein bequemes Bett an einem sicheren Ort. Sie leben zumeist in Bahnhöfen und leerstehenden Gebäuden, auf Bürgersteigen,
5 an Bushaltestellen und in U-Bahn-Schächten. Sie versuchen, Geld und Lebensmittel zu erbetteln oder mit Gelegenheitsjobs Geld zu verdienen. Manche werden kriminell und stehlen, andere müssen mit Prostitution Geld
10 verdienen. Aufgrund ihrer ungesunden Lebensweise sind Straßenkinder häufig von Krankheiten bedroht. Außerdem sind sie oftmals Opfer von Gewalt. Von der Polizei werden sie nicht selten gejagt, geschlagen und eingesperrt. Um den Hunger und die Angst zu
15 vergessen, nehmen viele Straßenkinder Drogen. Sie schnüffeln zum Beispiel Klebstoff, um sich zu betäuben.

Weltweit gibt es über 100 Millionen Straßenkinder. Diese Kinder und Jugendlichen unter 18 Jahren haben entweder keine Eltern mehr oder sind von zu Hause fortgelaufen. Meist sind sie
20 obdachlos und müssen um ihr Überleben kämpfen. In den großen Metropolen finden sich die Straßenkinder oft in Gruppen zusammen. Diese Gruppen helfen, die fehlende Familie zu ersetzen. Sie dienen aber auch als Schutz vor Gefahren von außen. In vielen Städten gibt es inzwischen aber auch Einrichtungen von
25 Hilfsorganisationen, die Straßenkindern eine Unterkunft anbieten und ihnen eine Ausbildung ermöglichen. Allerdings ist es nicht einfach, das Vertrauen dieser Kinder zu gewinnen. Denn Erwachsene haben ihnen schon viel Leid zugefügt.

Straßenkinder gibt es zwar vor allem in armen Ländern, aber auch
30 in Deutschland leben schätzungsweise 7 000 Minderjährige zeitweilig auf der Straße, über die Hälfte davon in Berlin.

1 Trage zusammen, was du über das Leben der Straßenkinder erfährst.

2 Vergleicht, was davon auf Juma zutrifft.

3 Suche im Internet weitere Informationen zu den Lebensbedingungen von Straßenkindern.

Seit Jakobs Vater seine Arbeit verloren hat, gibt es in der Familie Probleme. Schließlich läuft Jakob von zu Hause weg. Am Berliner Bahnhof Zoo lernt er Hugo kennen. Dieser alte Obdachlose wird für kurze Zeit so etwas wie ein Freund.

Benno Pludra

Jakob heimatlos

Vom Café aus, vor den breiten, teilweise schon geöffneten Türen, hat man runde Tische über den halben Gehsteig verteilt, Stühle aus Rattanrohr dazu, auf denen erste Gäste sitzen. Kaffeeduft weht, Löffelchen klimpern und die blauen Schürzchen von drei
5 Serviererinnen sind emsig unterwegs.
»Guck nicht so hin«, sagt der alte Hugo zu Jakob. »Sonst denken die noch, du willst ein Kringelchen haben, geschenkt«, aber Jakob, am U-Bahn-Gitter aufrecht neben dem alten Hugo, hat nur Spaß daran gehabt, wie die Serviererinnen liefen und liefen, ein Lächeln
10 übrig für jeden Gast.
Mareike, denkt Jakob, könnte das auch, freundlich zu jedem, der es verdient. Aber weiß man das hier, wer Freundlichkeit verdient? Der Kerl dort hinten bestimmt schon nicht: Dreitagebart und tätowierte Arme, sein Blick in die Runde ist finster.
15 Der alte Hugo bemerkt schon wieder, wohin denn Jakob so ausdauernd guckt, und sagt: »Den lass mal zufrieden, den Herrn.«
»Herrn?«, sagt Jakob.
»Setz dich mal, setz dich hin.«
Aber Jakob setzt sich nicht hin. Zu neugierig ist er auf alles, was da
20 an ihm vorübertreibt: Leute und Leute, eine bunte Herde ohne Ende. Gemächlich die meisten, auf Bummeltour oder so, an ihnen links oder rechts vorbei die Unruhegeister, Mädchen jetzt mit grünen, gelben, roten Haaren, hochgetürmt wie Hühnerfedern – kaum gesehen, schon entschwunden – nur ihr Gegacker noch sekunden-
25 lang vor seinen Ohren.
In Hellersdorf draußen hat Jakob das auch schon gesehn, und Sabine, die kleinere Schwester, hat gesagt, dass sie ihre Haare später zweifarbig machen wird, Violett vielleicht mit Grün, und Mareike, fünf Jahre älter, hat ihr einen Vogel gezeigt.
30 Mareike, denkt Jakob, Sabine. Was werden sie sagen jeden Abend? – Jakob wieder nicht da? Ob er noch kommt? Was ist ihm eingefallen, weiß das einer? – Verschwunden einfach und weg. Ohne Spur.

Mareike, denkt Jakob, Sabine, und kämen sie jetzt mal beide hier
an ihm vorbei, in dieser bunten Herde, dann könnte wohl sein,
er ginge mit. Tschüss zu Hugo und mit Mareike und Sabine mit.
Aber das sind Wunschgedanken, die Jakob keinem sagen würde.
Er steht alleine hier, niemand kommt vorbei. [...]
Er könnte aber ruhig ein Stück mal selber gehen, denn es gibt
nichts zu tun für ihn den ganzen Tag, hier am U-Bahn-Gitter bei
Kranzler. Bisschen aufpassen kann er, hat Hugo gesagt. Nicht mit
Stielaugen aber, sondern mehr wie nebenbei, auf Kerle achten,
die vielleicht mit der alten Seemannsmütze abhauen wollen,
gegen Mittag ungefähr, wenn das abgetragene Innenfutter von
silbrigen Münzen bedeckt sein wird.
»Gibt's das?«, hat Jakob gefragt. »Abhauen einfach mit deinem
Geld?«
»Was glaubst du wohl«,
hat der alte Hugo gesagt.
»Nicht mal Respekt vor
meinen Jahren.«
Also aufpassen
bisschen, mehr bleibt
für Jakob nicht zu tun.
Die Leute bemustern und
einschätzen lernen, was sie an
Hartgeld in der Tasche tragen und

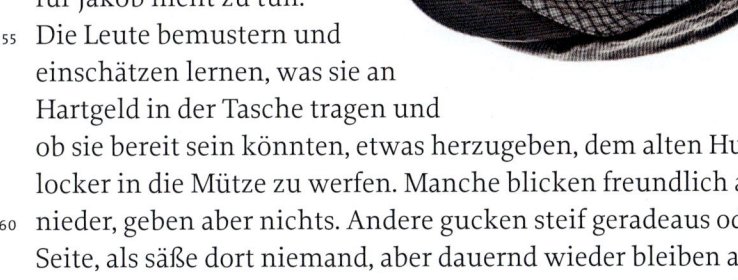

ob sie bereit sein könnten, etwas herzugeben, dem alten Hugo
locker in die Mütze zu werfen. Manche blicken freundlich auf ihn
nieder, geben aber nichts. Andere gucken steif geradeaus oder zur
Seite, als säße dort niemand, aber dauernd wieder bleiben auch
Leute stehn, jüngere, ältere, mehr Frauen als Männer, und fingern
Geld hervor, werfen es in die Mütze, und vom alten Hugo folgt
dann jedes Mal eine leise Geste, gräflich beinah, mit der er sich
bedankt.

1 Trage zusammen, was du über Jakobs Familie erfährst.

2 Vergleiche die Lebensbedingungen von Jakob und Juma (S. 50–54). Nenne Gemeinsamkeiten.

3 Überlegt euch Dialoge zwischen Mareike und Sabine zu Jakobs Verschwinden.

Entdeckungen: Helden und Idole

Helden und Idole in den Medien untersuchen

1

→ S. 233 Einen Cluster entwerfen

a Woran denkst du, wenn du das Wort »Held« liest? Sammle deine Ideen in einem Cluster.

b Erkläre mit eigenen Worten, was das Wort »Held« bedeutet.

2

a Lies die folgende Erklärung für das Wort »Held« aus einem Lexikon. Übertrage sie in dein Heft und markiere die Schlüsselwörter.

> **Held** (der), *allg.*: jemand, der sich mit Unerschrockenheit und Mut einer schweren Aufgabe stellt oder eine ungewöhnliche, bewunderungswürdige Tat vollbringt

b Vergleiche deine eigene Erklärung mit dem Lexikoneintrag. Welche Gemeinsamkeiten und Unterschiede gibt es?

 c Tauscht euch darüber aus, ob es auch heute noch Helden gibt.

→ S. 33 Tabellen oder Grafiken erschließen

3 Laut einer Untersuchung hat jedes zweite Kind im Alter von 6 bis 13 Jahren ein Vorbild oder Idol.

a Sieh dir die folgende Grafik an. Welche Informationen kannst du ihr entnehmen? Notiere Stichpunkte in dein Heft.

Vorbilder und Idole 2008
Gibt es eine Person/Gruppe, für die du besonders schwärmst?

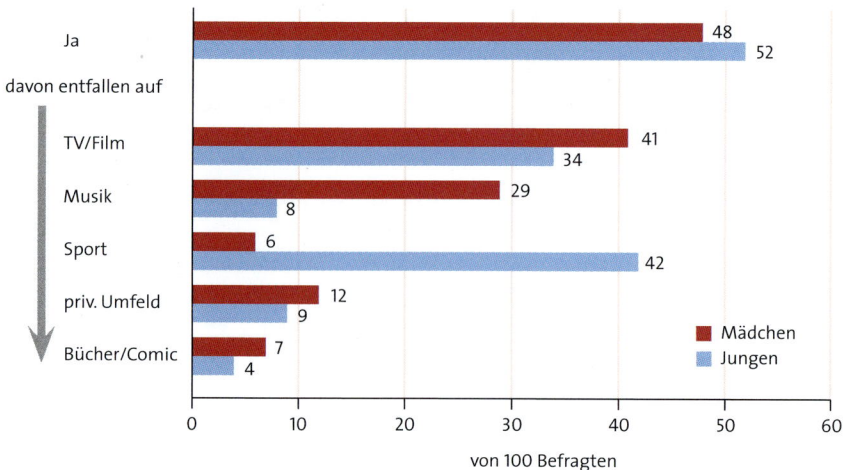

b Welche Informationen habt ihr erwartet? Was hat euch überrascht? Tauscht euch aus.

c Hast du selbst ein Vorbild oder Idol? Überlege, was diese Person auszeichnet und warum du ihr nacheiferst.

d Gestalte einen Personensteckbrief zu deinem Vorbild oder Idol.

4 Weltweit engagieren sich Kinder und Jugendliche unter 18 Jahren als UNICEF-Juniorbotschafter für die Rechte von Kindern.

a Lies den folgenden Text.

Eine UNICEF-Juniorbotschafterin berichtet

Nana Yaa Nyantakyi (12): »Angefangen hat es damit, dass ich die Bilder von dem Tsunami in Asien im Fernsehen sah. Da wollte ich helfen. Ich habe mir überlegt: Schleifen symbolisieren Solidarität und Zusammengehörigkeitsgefühl, und die Farbe Weiß steht bei
5 den Hindus für Trauer, aber auch für Hoffnung. Wie wär's, wenn du weiße Schleifen herstellen und verkaufen würdest?
Zunächst habe ich diese Schleifen selbst gemacht und verkauft. Und dann habe ich Sponsoren gefunden. Mittlerweile haben sich auch andere Kinder von der Idee anstecken lassen, und heute
10 könnte ich gar nicht mehr sagen, wie viele Schleifen es im Lauf der Zeit geworden sind. Sehr viele. Und alle Einnahmen gehen an UNICEF.
Es ist einfach schön, zu erfahren, dass Menschen geholfen wird, die alles verloren haben, dass es ihnen wieder besser geht und dass
15 man selbst dazu beigetragen hat.«

b Beantworte folgende Fragen schriftlich.

1 Warum hat sich Nana dafür entschieden, sich ehrenamtlich zu engagieren?
2 Welche ehrenamtlichen Arbeiten kennst du noch?
3 Sind Menschen, die anderen helfen, in deinen Augen Helden? Begründe deine Antwort.

c Denke darüber nach, welches Ehrenamt du jetzt oder zu einem späteren Zeitpunkt gern übernehmen würdest. Schreibe es auf und erkläre, warum du es gerne machen möchtest.

5 Eure Klasse möchte ein Projekt zum Thema »Helden und Idole in den Medien« durchführen. Verständigt euch zunächst, wie ihr dabei vorgehen und zusammenarbeiten wollt. Sammelt gemeinsam Vorschläge, Ideen und Fragen zum Thema.

a Übertragt den Cluster auf ein Plakat. Ergänzt eigene Ideen.

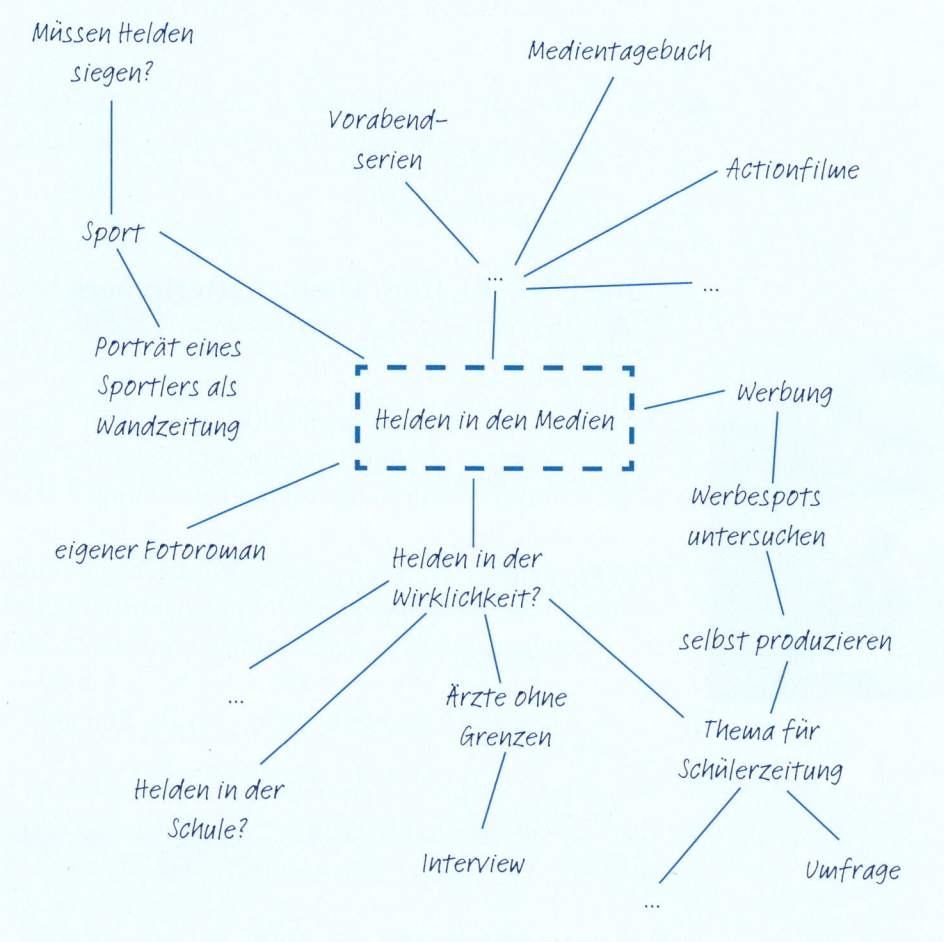

b Entscheidet, welche der Aktivitäten ihr tatsächlich durchführen möchtet. Auf den folgenden Seiten findet ihr Vorschläge, wie ihr bei der Erarbeitung der einzelnen Themen vorgehen könnt.

c Bildet Gruppen, die die Teilprojekte durchführen.

d Überlegt, wie die einzelnen Gruppen ihre Ergebnisse präsentieren sollen, z. B. als Wandzeitung oder Kurzvortrag.

Helden und Idole in den Medien untersuchen **61**

6 Gestaltet einen Fotoroman, in dem die Geschichte eines modernen Helden oder einer modernen Heldin erzählt wird.

a Sammelt zunächst Ideen für die Handlung eures Fotoromans. Notiert euch dafür die Antwort auf folgende Fragen in Stichpunkten.

1 Was könnte diesen modernen Helden auszeichnen?
2 In welcher Situation soll sie/er sich als Held zeigen?

b Einigt euch auf eine Geschichte, die ihr erzählen wollt.

c Entscheidet, welche Szenen eurer Geschichte ihr auf Fotos darstellen wollt und wie die Kameraperspektive bei diesen Bildern sein muss.

d Klärt gemeinsam folgende Fragen.

1 Wo nehmen wir die Fotos auf? Ist es dort hell genug?
2 Wie verteilen wir die Rollen?
3 Welche Kostüme und Requisiten brauchen wir?

e Gestaltet mithilfe eurer Ergebnisse einen Fotoroman.

7 In Werbespots treten häufig Helden und Idole auf.

a Tauscht euch darüber aus, weshalb das so ist.

b Untersucht die Darstellung von Helden und Idolen in der Werbung genauer. Wählt passende Werbespots aus und entwerft einen Beobachtungsbogen.

	1. Szene	2. Szene
Kameraperspektive Musik/Geräusche Aussage ...	...	

c Seht euch die Werbespots mehrfach an. Füllt für jeden einen Beobachtungsbogen aus.

d Beurteilt abschließend, ob es sich bei den dargestellten Personen tatsächlich um moderne Heldinnen und Helden handelt.

8 Um herauszufinden, welche Rolle die verschiedenen Medien in eurem Alltag spielen, könnt ihr ein Medientagebuch anlegen.

a Schreibt einen Tag lang ganz genau auf, wann euch welche Medien an welchen Orten begegnen.

Zeit	Ort	Medium
6:45 Uhr	im Bett	Radiowecker
7:05–7:15 Uhr	Frühstückstisch	Comic
...		

b Haltet eine Woche lang in einer Tabelle fest, welche Sendungen ihr im Fernsehen gesehen habt.

Tag	Titel	Art der Sendung	Uhrzeit	Mit wem?
Mo.	Marienhof	Vorabendserie	18:25–18:50	alleine
Mo.	Länderspiel	Sport	19:00–20:45	Familie
Di.	...			

c Wertet abschließend eure Tabellen aus. Errechnet die Durchschnittszeit, die ihr täglich vor dem Fernseher verbringt.

d Entwickelt Fragen zu eurem Fernsehverhalten, die ihr mit der Klasse diskutieren wollt.

> 1. Wie werden Heldinnen und Helden in unseren Lieblingssendungen dargestellt?
> 2. Was haben wir mit diesen Helden gemeinsam?
> 3. Welchen Einfluss nehmen die Medien darauf, was wir unter einer Heldin oder einem Helden verstehen?
> ...

e Diskutiert die Fragen in der Klasse.

Was habe ich gelernt?

9 Überprüfe, was du in diesem Kapitel gelernt hast. Ergänze dazu die folgenden Sätze.

1 Ein Held oder eine Heldin ist für mich ...
2 An der Gruppenarbeit hat mir gefallen / nicht gefallen ...
3 Das möchte ich bei der nächsten Projektarbeit anders machen: ...

Beschreiben

Eine Person beschreiben

1 Tragt zusammen, in welchen Situationen ihr schon einmal jemanden beschreiben musstet. Was war jeweils wichtig bei der Beschreibung?

2 Leonie war im Kino. Der Hauptdarsteller des Films hat sie begeistert. An seinen Namen kann sie sich allerdings nicht erinnern.

a Lies, was Leonie ihrer Freundin erzählt.

Der Hauptdarsteller hat echt wahnsinnig gut ausgesehen. Auch die Klamotten, die er im Film getragen hat, waren cool. Er hatte eher so klassische Sachen an, ich glaube Anzüge oder Mäntel. Und diese Augen! Die waren echt krass. In denen hätte ich mich total
5 verlieren können. Ich könnte jetzt gar nicht mehr sagen, welche Farbe die hatten. Einen süßen Haarschnitt hatte er auch und eine tolle Figur! Er wirkt ziemlich groß und hat braune Haare, nicht lang, und ist ziemlich blass.

Eine Personenbeschreibung untersuchen

b Lily hat den Film auch gesehen und kann den Hauptdarsteller beschreiben.

Der Hauptdarsteller ist ungefähr zwanzig Jahre alt, ziemlich groß und schlank. Sein hellbraunes, etwas längeres Haar, das er aus der Stirn gekämmt trägt, wirkt immer ein wenig zerzaust, so als wäre er eben erst aufgewacht. Er hat ein eckiges Gesicht und hohe
5 Wangenknochen. Seine Haut ist auffällig blass und wirkt beinahe so, als könnte man hindurchsehen. Im Film trägt er unterschiedliche farbige Kontaktlinsen, sodass seine mandelförmigen Augen in einigen Einstellungen gelblich braun leuchten, in anderen tiefschwarz wirken. Seine Augenbrauen sind buschig und etwas
10 dunkler als sein Haar. Er hat eine gerade Nase und schmale Lippen. Seinen Kleidungsstil würde ich als klassisch beschreiben: dunkles Jackett, Stoffhose und Hemd, in gedeckten Farben wie dunkelbraun, grau oder dunkellila. Darüber trägt er häufig einen grauen halblangen Mantel.

c Überlege, welche Personenbeschreibung besser geeignet ist, sich den Schauspieler bildlich vorzustellen. Begründe deine Meinung.

Eine Personenbeschreibung planen

3 Ein Steckbrief kann dir bei der Personenbeschreibung helfen.

a Übertrage die folgende Tabelle in dein Heft. Suche aus Aufgabe 2b die für eine Beschreibung wichtigen Angaben heraus und trage sie in die rechte Spalte ein.

Merkmal	Beschreibung
Alter	ca. 20 Jahre
...	groß und schlank

b Ergänze in der linken Spalte das beschriebene Merkmal.

Beim **Beschreiben einer Person** informiert man andere über die **äußeren Merkmale** eines Menschen, sodass die Person wiedererkannt werden kann. Umfang und Inhalt einer Personenbeschreibung hängen vom Adressaten und vom Zweck der Beschreibung ab. Folgende Angaben sollten enthalten sein:

• **Gesamterscheinung:**	Geschlecht, Alter, Größe, Figur
• **Einzelheiten:**	Gesicht, Augen, Nase, Mund, Haare, Arme, Beine, Kleidung, Schmuck, ...
• **besondere Merkmale:**	Narben, Leberfleck, ...

Eine Personenbeschreibung darf niemanden lächerlich machen oder beleidigen.

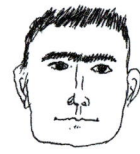

4 Übertrage die folgende Liste in dein Heft und ergänze sie.

Figur: breitschultrig, groß, schmächtig, ...
Gesicht: bleich, eckig, länglich, pausbäckig, ...
Augen: braun, mandelförmig, groß, Kulleraugen, ...
Augenbrauen: buschig, schmal, zusammengewachsen, ...
Nase: lang, krumm, Stupsnase, ...
Lippen: breit, dünn, ...
Zähne: schief, strahlend weiß, sichtbare Plomben, ...
Haare: blond, kurz, lockig, ...
Ohren: abstehend, groß, spitz, ...
Kinn: breit, vorspringend, mit Grübchen, ...

Beschreiben **65**

5 Bei einer Untersuchung aus dem Jahr 2008 wurden Kinder und Jugendliche gefragt, wer ihr Vorbild oder Idol ist. Die Personen auf den Fotos wurden häufig genannt.

Eine Personenbeschreibung planen

a Suche dir aus, welche der Personen du beschreiben möchtest.

Michael Ballack

Heidi Klum

Bill Kaulitz

b Fertige zunächst einen Steckbrief an. Nutze den Merkkasten auf S. 64 und deine Aufzeichnungen von Aufgabe 3 und 4.

Einen Textentwurf schreiben

c Formuliere deine Personenbeschreibung in zusammenhängenden Sätzen.

Bill ist ein junger Mann, der ...

Den Entwurf überarbeiten

d Lest euch gegenseitig eure Personenbeschreibung vor und gebt euch Hinweise zur Verbesserung der Beschreibung.

e Was würden Kinder und Jugendliche auf die Frage »Wer ist dein Vorbild oder Idol?« wohl heute antworten? Tauscht euch aus.

6 Du hast die Aufgabe, zum Thema »Helden und Idole« eine weitere Person zu beschreiben. Suche dir in einem Buch oder im Internet ein passendes Foto und beschreibe die Person.

Einen Vorgang beschreiben

 1 Im Alltag stoßt ihr auf verschiedene Anleitungen zum Handeln.

a Tragt zusammen, in welchen Situationen ihr schon jemandem eine Handlungsanleitung gegeben habt. Was war dabei zu beachten?

b Überlegt, was ihr beachten müsst, wenn ihr jemandem beschreibt, wie man einen Kuchen bäckt.

Informationen sammeln und ordnen

2 Die italienische Schauspiellegende Sophia Loren verrät in einem Kochbuch, wie sie ihre Lieblings-Pastasoße zubereitet.

a Das folgende Rezept ist durcheinandergeraten. Lies es.

Tomaten, Basilikum, Zucker, Salz und Pfeffer nach Geschmack in das Öl geben, 6 EL Olivenöl, 4 Knoblauchzehen (gehackt), Pasta *al dente* kochen, abtropfen lassen und in der Soße wenden, 750 g geschälte, zerdrückte reife Tomaten, frische Basilikumblätter,
5 Olivenöl in einen Topf geben und auf starke Hitze schalten, Salz, Pfeffer, mit Käse bestreuen, 675 g Spaghetti, Parmesan, Knoblauch hinzufügen, hellbraun braten, herausnehmen und wegwerfen, Soße unter gelegentlichem Rühren bei schwacher Hitze etwa 30 Min. köcheln lassen, 1 TL Zucker

b Schreibe die Zutaten heraus.

Zutaten: 6 EL Olivenöl, …

c Schreibe die Handlungsanleitung in der richtigen Reihenfolge auf.

Zubereitung: 1. Olivenöl in einen Topf geben und auf starke Hitze schalten …

d Formuliere das Rezept neu und schreibe es in dein Heft.

 Vorgangsbeschreibungen, wie Rezepte, Spiel- oder Bastelanleitungen, beginnen mit einer Materialliste, danach folgt die Handlungsanleitung. Die Handlung wird so beschrieben, dass man sie nachvollziehen kann. Deshalb ist es wichtig, die einzelnen Teilhandlungen in der richtigen Reihenfolge zu beschreiben.

Eine Vorgangsbeschreibung untersuchen

3 Einen alten Stuhl kann man toll aufmöbeln: Streiche ihn z. B. in den Farben deiner Lieblings-Fußballmannschaft und klebe ein Starfoto auf.

a Lies die folgende Handlungsanleitung.

Du benötigst:

– einen alten Stuhl
– seidenglänzende Latexfarbe
– farbiges Papier
– einen 4 cm breiten Pinsel
– mittelfeines Schleifpapier
– einen Holzklotz
– Weißleim
– ein großes Bild zur Dekoration

Zuerst reinigst du den Stuhl mit Wasser und Seife. Anschließend schleifst du den Stuhl ab. Wickle dazu das Schleifpapier um einen Holzklotz. So kannst du es besser festhalten. Frage deine Eltern, wenn du Hilfe benötigst. Dann streichst du die erste Farbschicht
5 auf und lässt sie trocknen. Beim Auftragen der zweiten Farbschicht solltest du sehr sorgfältig sein. Nimm wenig Farbe, trage sie gleichmäßig auf und lass sie trocknen.
Dann schneidest du das Papier in 4–5 cm breite Streifen. Klebe die Streifen mit Weißleim auf und drücke sie glatt.
10 Zum Schluss kannst du ein Bild an die Stuhllehne leimen.

b Schreibe alle Teilhandlungen in Form von Stichpunkten auf.

1. Stuhl mit Wasser und Seife reinigen
2. …

4 Um Vorgänge und Handlungen möglichst genau zu benennen, verwendet man treffende Verben. Untersuche den Text in Aufgabe 3 a.

a Suche alle Verben heraus und überprüfe, ob sie die Vorgänge und Handlungen genau genug benennen.

→ S. 137 Finite und infinite Verbformen

b Bestimme Person und Zahl der finiten Verbformen. Nenne auch die infiniten Verbformen.

c Wähle ein passendes Verb aus und setze es ein.

1 Zuerst musst du das Material (besorgen, holen, zurechtlegen).
2 Deinen Arbeitsplatz solltest du immer (pflegen, aufräumen, ordnen).
3 Du kannst den Stuhl in mehreren Farben (ausmalen, anmalen).
4 Zum Bemalen solltest du Handschuhe (überwerfen, anziehen).

5 Die Sätze einer Handlungsanleitung müssen sinnvoll miteinander verknüpft werden, sodass die Reihenfolge der Teilhandlungen deutlich wird.

a Beurteile die Verknüpfung der folgenden Sätze.

Zuerst reinigt ihr den Stuhl mit Wasser und Seife. Dann schleift ihr den Stuhl ab. Dann streicht ihr die erste Farbschicht auf. Dann lasst ihr die Farbe trocknen. Dann tragt ihr vorsichtig die zweite Farbschicht auf. Dann lasst ihr die zweite Farbschicht trocknen.

TIPP
Sammle zuerst weitere Wörter, mit denen du die Sätze verknüpfen kannst, z. B.: *danach, ...*

b Überarbeite die Sätze, indem du unterschiedliche Wörter zur Satzverknüpfung verwendest. Schreibe in dein Heft.

 **c** Probiere aus, ob sich die Satzverknüpfung durch Umstellung der Satzglieder verbessern lässt.

 **d** Untersuche die Satzverknüpfungen im Text von Aufgabe 3 a (S. 67). Welche Verknüpfung würdest du ändern? Begründe deine Meinung.

 Vorgangsbeschreibungen/Handlungsanleitungen werden meist im Präsens verfasst.
Man kann sich entscheiden, wie man eine Beschreibung formuliert:
• **persönlich**, z. B.:
Zuerst reinigst du den Stuhl mit Wasser und Seife.
Anschließend schleift ihr den Stuhl ab.
• **unpersönlich**, z. B.:
Dann streicht man die erste Farbschicht auf. (man-Form)
Dann wird die erste Farbschicht aufgestrichen. (Verbform im Passiv)

→ **S. 142** Aktiv- und Passivformen der Verben

6

a Untersuche, wie die Handlungsanleitung in Aufgabe 3 a (S. 67) formuliert ist.

b Formuliere die Handlungsanleitung von Aufgabe 3 a um. Verfasse sie in unpersönlicher Ausdrucksweise.

Zuerst reinigt man den Stuhl ...

Beschreiben

7 Verfasse jetzt eine Handlungsanleitung. Beschreibe, wie du einen Bilderrahmen für dein Lieblingsbild mit einer Collage gestalten kannst.

Eine Vorgangsbeschreibung planen

a Ordne die Stichpunkte in der richtigen Reihenfolge. Beginne mit der Materialliste.

Bleistift – Sportstars, Bilder der Lieblingsband oder Filmmotive sauber ausschneiden – ein großes Stück Pappe – Klebestift – die Streifen auf den Rahmen kleben und die Enden zur Rückseite umschlagen – Schere – Schnur auf der Rückseite als Aufhängung befestigen – verschiedene Zeitschriften – Lineal – ca. 8 cm breiten Rahmen auf der Pappe vorzeichnen – Cutter – den Rahmen mit Cutter und Lineal ausschneiden – bunte Bilder aus Zeitschriften in Streifen reißen – die ausgeschnittenen Motive obendrauf kleben – reißfeste Schnur

Einen Textentwurf schreiben

b Formuliere die Vorgangsbeschreibung und schreibe sie in dein Heft. Entscheide dich für die persönliche oder die unpersönliche Form.

Den Entwurf überarbeiten

c Überarbeite deine Vorgangsbeschreibung. Achte besonders auf die Zeitform und auf abwechslungsreiche Satzverknüpfungen.

→ S. 45 Eine Schreibkonferenz durchführen

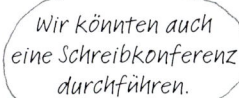
Wir könnten auch eine Schreibkonferenz durchführen.

8 Wähle ein Spiel, das dir gut gefällt, und beschreibe es. Überlege, was du bei einer Spielanleitung alles bedenken musst.

Name des Spiels, Anzahl der Spieler, …

Was habe ich gelernt?

9 Überprüfe, was du über das Beschreiben gelernt hast. Beantworte dazu die folgenden Fragen.

1. Warum beschreibt man z. B. Personen oder Vorgänge?
2. Welche der Beschreibungen sind dir leichtgefallen?
3. Was ist dir in diesem Kapitel schwergefallen?
4. Wie kann man eine Personenbeschreibung gliedern?
5. Worauf musst du bei einer Vorgangsbeschreibung/ Handlungsanleitung achten?

Mit Götter- und Heldensagen umgehen

a Tragt zusammen, was ihr bereits über Sagen wisst. Welche Sagen kennt ihr?

b Die Geschichte von Odysseus ist eine der ältesten Sagen der Welt. Der blinde griechische Dichter Homer soll sie im 8. Jahrhundert v. Chr. verfasst haben. Lies die Sage in der Fassung von Dimitar Inkiow.

Das trojanische Pferd

Um die Stadt Troja wurde ein Krieg geführt. Odysseus' Leute versuchten zehn Jahre lang erfolglos, Troja zu erobern.

»Oh, großer König«, sagte Odysseus, nachdem sie alle gut gegessen und getrunken hatten. »Wir kämpfen und kämpfen, aber Troja fällt nicht. Ich will endlich siegen, wenn ich schon so lange
5 gekämpft habe!« »Das wollen wir auch, Odysseus, wir auch!«, riefen viele. »Aber leider geht es nicht!« »Nicht mit roher Gewalt. Aber wir können Troja mit List erobern.« Alle spitzten die Ohren: »Was schlägst du vor?«
10 »Wir sollten ein Pferd aus Holz bauen. Ein sehr, sehr großes Pferd. Die besten unserer Krieger verstecken sich dann im Bauch des Pferdes. Wir erklären in einem Schreiben feierlich den Krieg für beendet und bieten den Trojanern das Pferd als Geschenk und Entschuldigung an.«
15 »Und was meinst du, wird weiter geschehen?« »Was wohl? Ich hoffe, sie werden das Geschenk annehmen und das Pferd in die Stadt bringen. Und dann fällt Troja wie ein überreifer Apfel in unsere Hand. Jetzt brauchen wir strengste Geheimhaltung, schönes festes Holz, Geduld und Fleiß. Das Pferd muss
20 wunderschön werden. Denn ich bin mir sicher – falls wir Troja damit besiegen, wird das Trojanische Pferd in die Geschichte eingehen. Auch nach tausend Jahren wird man darüber sprechen.« Die Griechen machten sich an die Arbeit. Holz wurde herangeschafft, Künstler und Handwerker geholt. Das Pferd wurde auf
25 einer Holzplattform mit vier Rädern gebaut. Eine Geheimtür, die sich nur von innen öffnen ließ, führte in seinen Bauch.

Es war eine dunkle, geheimnisvolle Nacht – auch die Götter schliefen, als Odysseus sich zusammen mit dreißig seiner Krieger im Bauch des Pferdes versteckte.

30 Am nächsten Tag berichteten Kundschafter König Priamos von Troja: »Die griechische Flotte segelt aufs offene Meer hinaus. Kein Grieche ist in der Nähe der Stadt zu sehen. Nur ein großes Holzpferd steht da. Wir haben neben dem Pferd ein versiegeltes Schreiben gefunden. Hier ist es.«

35 König Priamos öffnete es und las: »An König Priamos. Wir geben auf, weil die Götter auf eurer Seite stehen. Der Krieg ist zu Ende. Als Zeichen der Versöhnung, damit ihr nicht an Rache denkt, schenken wir euch das hölzerne Pferd. Wir haben es euch zu Ehren das *Trojanische Pferd* genannt.«

40 König Priamos begab sich vor das Tor Trojas und betrachtete lange das hölzerne Pferd. Er befahl, es in die Stadt zu bringen und auf dem Marktplatz aufzustellen. Rundherum sollte ein Fest stattfinden.
So geschah es. Alle Trojaner kamen, um zu feiern. Ziegen, Lämmer, Gänse und Hühner wurden gebraten. Viele Fässer Wein wurden
45 geöffnet und getrunken. Die leckeren Düfte kamen auch bis in den Bauch des Pferdes, wo die griechischen Krieger mucksmäuschenstill, verschwitzt und hungrig, eng gedrängt einer neben dem anderen lagen. Das Wasser lief ihnen im Munde zusammen. Aber keiner gab auch nur einen Mucks von sich.

50 Mitten in der Nacht, als die Trojaner betrunken in tiefen Schlaf gefallen waren, schlichen die Griechen aus ihrem Versteck heraus. Odysseus öffnete die Stadttore. Das griechische Heer war in der Zwischenzeit zurückgekehrt. Die Krieger strömten in die Stadt und eroberten Troja.

c Beschreibe kurz, welchen Eindruck der Text auf dich gemacht hat.

d Begründe, warum dieser Text eine Heldensage ist.
Nutze den Merkkasten.

! **Heldensagen** sind ursprünglich mündlich überlieferte Erzählungen, die vom Anfang der Welt, von Göttern, Helden und deren Taten handeln. Oft geht es in ihnen um Sieg und Niederlage, um Kampf und Bewährung und um abenteuerliche Reisen. Die Helden stehen häufig in Kontakt mit den Göttern, haben magische Helfer oder übernatürliche Kräfte. Trotzdem enthalten viele Heldensagen einen wahren historischen Kern.

Eine Sage nacherzählen

1 Erzähle die Heldensage auf den Seiten 70–71 nach.

a Wiederhole zuerst, was man beim Nacherzählen einer Geschichte beachten sollte.

> **!** Vor dem **Nacherzählen** einer Geschichte muss man den Text genau lesen oder gut zuhören. Man teilt den Text in Abschnitte ein und notiert jeweils Stichpunkte zum Ablauf der Handlung. Dabei muss man auf die zeitliche Reihenfolge, auf den Ort der Handlung und auf die handelnden Personen und ihre Gedanken und Gefühle achten. Man erzählt die Geschichte anschließend **mit eigenen Worten** nach.

b Beurteile, ob sich der folgende Stichpunktzettel zum Nacherzählen der Geschichte eignet. Überarbeite ihn, wenn er nicht deinen Vorstellungen entspricht.

- Griechen: können Troja nicht im Kampf besiegen
- Odysseus Idee: scheinbar Frieden erklären, riesengroßes Holzpferd als »Versöhnungsgeschenk« bauen, in dem sich eigentlich Krieger verstecken
- Griechen bauen Pferd, Flotte zieht ab
- König Priamos: fällt auf List herein, lässt Pferd in Stadt, Trojaner feiern
- nachts: griechische Krieger steigen aus Versteck, Odysseus öffnet Tor für Heer, Griechen erobern Troja

c Erzähle die Sage mithilfe des Stichpunktzettels nach.

Mit Götter- und Heldensagen umgehen 73

Aus einer anderen Perspektive erzählen

2 Erzähle die Sage aus der Sicht einer anderen Person (Odysseus, König Priamos, griechischer oder trojanischer Krieger) nach.

    a Tauscht euch darüber aus, wie sich der Stichpunktzettel und die Nacherzählung verändern werden.

> **!** Man kann eine Geschichte **aus einer anderen Perspektive**, das heißt aus der Sicht einer anderen Person, **erzählen**.
> Dabei kann der Erzähler ein **Ich-Erzähler** oder eine **Sie-Erzählerin** / ein **Er-Erzähler** sein.
> Ein **Ich-Erzähler** ist am Geschehen selbst beteiligt, erzählt aus seiner Sicht und gibt seine Gedanken und Gefühle wieder, z. B.:
> *Schon lange versuchen wir, die Trojaner im Krieg zu besiegen. Aber wir …*
> Eine **Sie-Erzählerin** / ein **Er-Erzähler** ist nicht selbst beteiligt, sondern beobachtet von außen, z. B.:
> *Schon lange versuchten die Griechen, Troja im Kampf zu besiegen. Aber sie …*

Die Erzählung planen

    b Wähle eine Person aus, aus deren Sicht du erzählen möchtest, und schreibe den Stichpunktzettel aus Aufgabe 1b neu.

Einen Textentwurf schreiben

    c Schreibe die Erzählung aus der Sicht dieser Person in dein Heft. Lass einen breiten Rand für spätere Überarbeitungen.

Den Entwurf überarbeiten

    d Überarbeite deinen Textentwurf. Achte besonders auf abwechslungsreiche Satzanfänge.

Die Endfassung schreiben

    e Schreibe die überarbeitete Fassung in dein Heft.

3 Wähle eine der Sagen auf den Seiten 76–81 aus und erzähle sie aus einer anderen Perspektive nach.

    a Erzähle die Sage mündlich mithilfe von Stichpunkten nach.

    b Schreibe die Nacherzählung in dein Heft.

Mit Götter- und Heldensagen umgehen

Eine Sage gestaltend vorlesen

Eine Sage vortragen

1 Bereite die Sage auf den Seiten 70–71 für einen Lesevortrag vor.

a Lies die Sage zuerst mehrmals nur für dich: laut, halblaut oder leise.

b Trage Lesehilfen ein, die deinen Lesevortrag unterstützen sollen.

TIPP
Wenn das Buch nicht dir gehört, lege zum Arbeiten eine Folie über den Text oder nutze eine Kopie.

> **So kannst du deinen Vortrag mit Lesehilfen vorbereiten**
> 1. Teile den Text in Abschnitte ein.
> 2. Unterstreiche die Wörter und Wortgruppen, die du betonen willst.
> 3. Setze einen Schrägstrich für eine kurze Pause, /
>   zwei Schrägstriche für eine lange Pause. //
> 4. Zeichne die Satzmelodie ein:
>   • Stimme senken
>   • Stimme heben
> 5. Gestalte die wörtliche Rede abwechslungsreich, aber auch typisch für die einzelnen Sprecher.
> 6. Bringe die Grundstimmung der Sage durch deinen Tonfall zum Ausdruck: aufregend, spannend, fröhlich, laut, leise usw.
> 7. Beachte dein Sprechtempo.

c Übe das Vorlesen des Textabschnitts. Achte auf die Lesehilfen.

»Oh, großer König«, / sagte Odysseus, / nachdem sie alle gut gegessen und getrunken hatten. // »Wir kämpfen und kämpfen, / aber Troja fällt nicht. / Ich will endlich siegen, wenn ich schon so lange gekämpft habe!« »Das wollen wir auch, Odysseus, wir auch!«, / riefen viele. »Aber leider geht es nicht!«

d Tragt die gesamte Sage vor. Verteilt die Abschnitte untereinander. Gebt euch Hinweise, was noch verbessert werden könnte.

Was habe ich gelernt?

2 Überprüfe, was du über Götter- und Heldensagen gelernt hast.

a Präsentiere deine Lieblingssage. Du kannst sie vorlesen oder mithilfe von Stichpunkten nacherzählen.

b Erkläre, warum du diese Sage gewählt hast und welche Merkmale einer Götter- und Heldensage auf sie zutreffen.

Gewusst wie

Helden und ihre Handlungsmotive verstehen

Viele Sagen erzählen von Helden und ihren Taten. Manche Sagen werden schon seit Jahrtausenden erzählt, denn die Helden von früher faszinieren uns noch immer. Nutze die folgenden fünf Fragen, um Helden und ihre Motive (die Gründe für ihr Handeln) bewerten zu können.

1 Wähle einen Helden dieses Kapitels aus und verfasse einen Steckbrief für ihn.

Odysseus

1. Welche Eigenschaften hat der Held? (schlau, mutig, draufgängerisch, nachdenklich)

klug, listig, aber auch mutig

2. Welche Aufgabe muss er lösen? (Kampf mit einem Drachen, Befreiung einer Prinzessin, Begegnung mit realen Gefahren)

Sieg im Trojanischen Krieg

3. Wie erfährt der Held von der Aufgabe? (Auftrag von einem anderen, zufällig, er stellt sich die Aufgabe selbst)

jahrelanger erfolgloser Krieg

4. Wie löst er die Aufgabe? (Einsatz von Kraft, List, Hilfe von Göttern)

durch List, nicht durch Gewalt

5. Warum vollbringt der Held seine Tat? (Ruhm vergrößern, Menschen helfen)

Sieg für die Griechen, Ende des Krieges

2 Vergleicht eure Helden und den Grund ihres Handelns miteinander.

3 Tauscht euch darüber aus, was ihr von einem Helden oder einer Heldin erwartet.

Der griechische Halbgott Herakles und sein Bruder Iolaos haben sich auf Reisen begeben, um Abenteuer zu erleben. Dabei gelangen sie auch in den Kaukasus.

1 Prometheus wird vom Göttervater Zeus bestraft. Finde beim Lesen heraus, wofür er bestraft wird und welche Strafe er verbüßt.

Hannes Hüttner

Herakles befreit Prometheus

Als sie an einem Morgen Wasser im bronzenen Kessel wärmten, schwebte hoch in der Luft ein Adler vorüber, ein so riesiges Tier, dass es einer Wolke glich und die Sonne verdunkelte. Der Vogel verschwand hinter einem Felsen. Gleich darauf hörten sie aus der
5 Höhe einen Schrei, der ihnen allen Mut benahm und den Atem stocken ließ. Dem grausen Laut folgte wenig später ein Stöhnen, das unmenschliche Qual verriet. Umständlich, als wollten sie eine Entscheidung hinauszögern, standen sie auf und suchten zusammen, was ihr Reisebündel ausmachte. Und als Herakles
10 noch immer zögerte, schritt Iolaos als Erster bergan. Der Bruder holte ihn ein und legte ihm den Arm auf die Schulter.
Sie verstanden sich ohne Worte.
Das Stöhnen, das nach immer längeren Pausen erscholl, wies ihnen den Weg. Über Geröllhänge und mit wildem Rhododendron
15 bedeckte Matten kletterten sie höher. Dann gerieten sie in rissigen Fels und mussten abbröckelnde Gletscherzungen queren. Endlich, nach einem Tag und einer Nacht, gelangten sie an eine Felswand, die mehrere hundert Meter emporragte. Ganz oben an dieser Wand hing im roten Glanz der Sonne eine menschliche Gestalt.
20 Ihre Hände und Füße waren an den Fels geschmiedet.
»Ich habe es gefürchtet und gehofft, es möge nicht zutreffen«, sagte Iolaos. »Das ist Prometheus!«
Herakles wusste, was dem Bruder durch den Sinn ging. Zeus selbst hatte über Prometheus einen grässlichen Fluch gesprochen:
25 Ein Adler riss ihm Tag für Tag die Leber aus dem Leib. Die Wunde verheilte im Laufe von vierundzwanzig Stunden – dann kam der rächende Vogel erneut. Qual ohne Ende. Dies sollte die Strafe dafür sein, dass Prometheus den Menschen das Feuer gegeben hatte. Niemand durfte Prometheus helfen; der Zorn des obersten Gottes
30 würde den treffen, der sich gegen den Spruch verging. Auf ewig sollte Prometheus an den Kaukasus geschmiedet bleiben.

Sie starrten noch auf die Gestalt, die aus der großen Entfernung winzig erschien, als ein Schatten über sie fiel. Der Adler schwebte heran, so wie er es seit Jahrhunderten getan hatte. [...]

35 Prometheus sah dem schwarzen Ungetüm mit aufgerissenen Augen entgegen. Hier kam seine tägliche Qual – wieder würde ihm die Leber aus dem Leib gerissen werden, wieder würde sie nachwachsen, ein Leben ohne Hoffnung, Tag um Tag, Jahrhundert um Jahrhundert. Und nur diese Genugtuung: Die Menschen besitzen
40 das Feuer ebenso wie Zeus. Aber auch Zweifel mischten sich drein: Machten sie wohl den rechten Gebrauch davon?
Herakles wusste, dass er sich nicht gegen den himmlischen Vater auflehnen durfte, aber er handelte ohne langes Besinnen: Außer sich vor Zorn zog er den Pfeil aus dem Köcher, legte ihn vor die
45 Sehne und ließ ihn sausen. Prometheus sah nicht den Pfeil. Er sah nur, dass Federn stoben und die Schwingen des Riesenvogels zusammenschlugen; dann stürzte das Tier steil in die Tiefe und wurde zerschmettert. Iolaos stand wie gelähmt. Gleich musste ein Blitz herniederfahren und sie beide verbrennen. Er wartete mit
50 eingezogenem Kopf. Es geschah nichts.
Auch Herakles hatte gezögert. »Los!«, sagte er jetzt. Er verschwand im Geklüft. Iolaos verharrte zweifelnd eine Weile, dann stieg er hinterdrein. Hatten sie es begonnen, so mussten sie es wohl auch zu Ende bringen. Der Gedanke, Herakles im Stich zu lassen, damit
55 er, Iolaos, vor Zeus schuldlos bleibe, kam ihm nicht. Doch ängstete er sich und wusste nicht, ob sie die Sonne des nächsten Tages schauen würden.
Erst als sie schweißüberströmt oben anlangten, die Tat zu vollbringen, damit sie ihren Sinn bekäme, dachte Iolaos nicht mehr an
60 sie beide, sondern an den Gefesselten da, der im Stein hing.

Unaussprechliche Qual hatte dessen Gesicht zerfurcht.
Als Herakles mit seinem Schwert die in den Fels getriebenen eisernen Fesseln zu sprengen versuchte, schlug Prometheus die Augen auf. [...]

65 »Wer bist du?«, fragte er.
»Ich bin Herakles«, sagte der Grieche. »Und das ist Iolaos!«
»Du frevelst, Herakles!«, sagte Prometheus.
»Wie du siehst!«, sprach der Zeussohn. [...] Mühselig schlug er Prometheus aus dem Fels. Er mochte dabei nicht reden, denn noch
70 immer hockte tief im Innern die Angst. Reden brächte sie vielleicht zu Tage.
Prometheus sah diese beiden an, zwei aus dem Menschengeschlecht, das er einst geschaffen hatte; jetzt befreiten sie ihn. Er schloss die Augen und dachte: Nichts war umsonst. Wie es auch ausgeht.
75 Dann öffnete er sie wieder. Ein Seil schlang sich um seine Brust und sicherte ihn vorm Absturz; nur ein Arm noch war gefesselt. Da sah er Iolaos ein Stück der eisernen Fessel zu einem Ring hämmern und an diesem Ring ein Stück des felsigen Gesteins. Den seltsamen Reif schob Iolaos dem Titanen auf den vierten
80 Finger der rechten Hand, gerade als Herakles die letzte Kette zerschlagen hatte. Prometheus blickte den Griechen fragend an. Der schämte sich seiner List und war doch stolz auf den Einfall. »Der Ring ist eine Fessel«, erklärte er, »der Stein daran ein Stück vom Kaukasus. Noch immer bist du an das Gebirge geschmiedet.
85 Wir haben Zeus' Urteil nicht verletzt!«
Prometheus betrachtete den schlauen jungen Mann und begann zu lachen. Das Gelächter kam stoßweise, das Zwerchfell schmerzte: Er hatte viele tausend Jahre nicht mehr gelacht. Dann wurde er ernst. »Ich danke euch, dass ihr euer Leben für mich gewagt habt!«
90 »Es gibt zwei Dinge, die ich schwer ertragen kann, Prometheus«, erwiderte Herakles, »wenn jemand über mich lacht und wenn ein Mensch sich quält.« [...]

2 Erzähle mit eigenen Worten nach, wie Herakles Prometheus befreit.

3 Erkläre, worin die List des Iolaos besteht.

4 Vergleicht die Helden Herakles, Iolaos und Prometheus miteinander. Erstellt für jeden einen Steckbrief (vgl. S. 75).

Gretel und Wolfgang Hecht
Die Heldentaten des jungen Siegfried

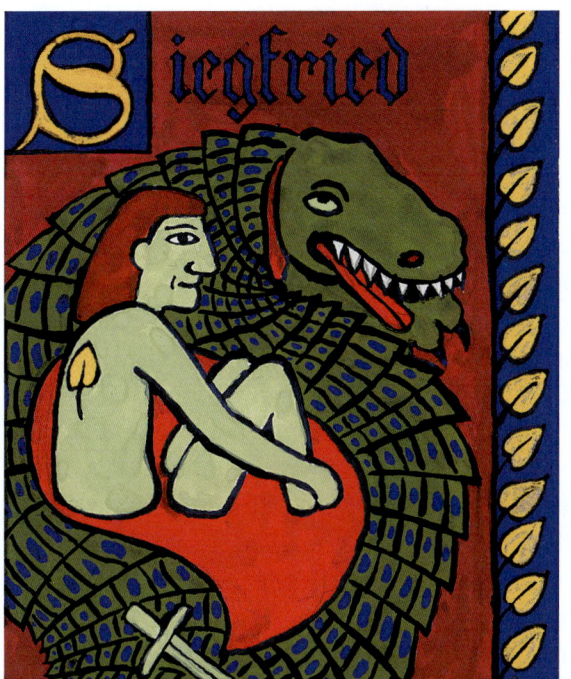

In Xanten am Niederrhein herrschten vor Zeiten König Siegmund und Königin Siegelind. Sie hatten einen Sohn, Siegfried geheißen. Überall im
5 Lande erzählte man von dem starken und schönen Königssohn aus Xanten, denn schon in jungen Jahren vollbrachte er manche Heldentaten.
Eines Tages kam Siegfried zu einem
10 Schmied, der Mime hieß und tief im Walde seine Werkstatt hatte. Eine Weile sah er zu, wie Meister Mime und seine Gesellen am Amboss standen und mit ihren schweren Hämmern auf das
15 glühende Eisen schlugen, dass die Funken stoben, und dann sprach er zu Mime: »Ich möchte auch das Schmiedehandwerk erlernen. Wollt Ihr es mich lehren, will ich gern bei Euch bleiben.«
20 Als Mime sah, dass Siegfried stark und groß gewachsen war, stimmte er zu und nahm ihn auf unter seine Schmiedeknechte. Am nächsten Morgen brachte er seinen neuen Lehrburschen mit in
25 die Werkstatt, um zu sehen, wie er sich bei der Arbeit anstellte. Er holte eine große Eisenstange und legte sie ins Feuer. Dann gab er Siegfried den schwersten Schmiedehammer in die Hand, nahm das glühende Eisen aus dem Feuer, legte es auf den Amboss und hieß Siegfried draufschlagen.
30 Da schwang Siegfried den Hammer, und gleich sein erster Schlag war so gewaltig, dass er den Amboss tief in die Erde trieb und das Eisen samt der Zange, die Mime in beiden Händen hielt, wie morsches Holz zerbrachen.
Die Schmiedegesellen machten große Augen und Mime sprach:
35 »Noch nie sah ich einen Menschen so gewaltig zuschlagen. Zum Schmiedehandwerk wirst du nie taugen.«
Siegfried jedoch bat, es noch einmal mit ihm zu versuchen, sodass Mime schließlich nachgab und Siegfried behielt. Bald aber bereute er, dass er Siegfried nicht doch weggeschickt hatte, denn der fing

⁴⁰ mit allen Schmiedegesellen Streit an und keiner wollte mehr mit ihm arbeiten. Sie beschwerten sich bei Mime und drohten, die Schmiede zu verlassen, wenn Siegfried noch länger bliebe.
Da beschloss Mime, Siegfried umzubringen, und er dachte bei sich: »Ich will Siegfried zum Kohlenbrennen in den Wald schicken und ⁴⁵ ihm einen Weg zeigen, der zum Drachenpfuhl führt, wo der Lindwurm haust. Dann wird er bestimmt niemals wieder hierher zurückkehren.«
Siegfried ahnte nichts Böses, als Mime ihm den Auftrag gab, in den Wald zu gehen und Kohlen zu brennen. Er zog los und kam bald zu ⁵⁰ dem Weg, den Mime ihm beschrieben hatte. Da begann er, Bäume umzuhauen, trug sie auf einen großen Haufen und zündete ein Feuer an, um Holzkohle zu brennen. Als er sich jedoch auf einen Baumstumpf gesetzt hatte, um von der Arbeit auszuruhen, wälzte sich der Lindwurm heran, ein riesiges Ungeheuer mit einem ⁵⁵ Rachen, so groß, dass es einen Menschen mit Haut und Haar verschlingen konnte. Siegfried sah das Ungetüm, das schon gierig nach ihm schnappte, sprang auf, riss einen Baum aus dem Feuer und schlug mit aller Kraft auf den Drachen los. Schlag auf Schlag versetzte er ihm, bis das Untier tot war und das Blut in einem ⁶⁰ dicken Strahl herausschoss. Siegfried steckte den Finger in das dampfende Drachenblut, und siehe da, der Finger war von einer festen Hornhaut überzogen, dass kein Schwert ihn ritzen konnte. Da warf Siegfried rasch seine Kleider ab und bestrich sich von oben bis unten mit dem Drachenblut, sodass seine Haut hörnern ⁶⁵ wurde bis auf eine kleine Stelle am Rücken zwischen den Schultern, wo ein Lindenblatt hingefallen war. Dann legte er seine Kleider wieder an und machte sich auf den Weg nach Hause zur väterlichen Burg.

❶ Was erfährst du bis hierher über Siegfried? Notiere in Stichpunkten.

❷ Erkläre, was das Bad im Drachenblut für Siegfried bedeutet.

Lange aber hielt es ihn dort nicht, immer wieder zog er hinaus, um ⁷⁰ Abenteuer zu suchen. Einmal ritt er durch einen dunklen Wald und kam an einen Berg. Da sah er, wie Männer einen riesigen Schatz aus dem Berge holten. Noch nie hatte er so viel Gold und Edelsteine gesehen, wohl hundert Wagen hätten nicht ausgereicht, die Fülle zu tragen. Es war der Hort der Nibelungen, den die Könige ⁷⁵ Nibelung und Schilbung unter sich aufteilen wollten.

Als Siegfried näher geritten kam, erkannten ihn die Könige. Sie grüßten ihn freundlich und baten ihn, den Hort unter ihnen zu teilen, denn sie könnten sich nicht einigen. Zum Lohn wollten sie ihm das Schwert Balmung schenken. Für solchen Preis war Siegfried gern bereit, den Wunsch der Könige zu erfüllen. Man reichte ihm das Schwert, und Siegfried begann, alles Gold aufzuteilen. Aber er konnte es den beiden Königen nicht recht machen, jeder glaubte, bei der Teilung zu kurz gekommen zu sein. Gemeinsam mit ihren Recken fielen sie über Siegfried her. Doch sie waren ihm nicht gewachsen, er erschlug sie alle mit dem Schwerte Balmung.
Das sah Alberich, der zauberkundige Zwerg. Um den Tod der Könige zu rächen, hängte er seine Tarnkappe um, die ihn unsichtbar machte und ihm zugleich die Stärke von zwölf Männern gab, und griff Siegfried an. Der wehrte sich aus Leibeskräften und mühte sich lange vergeblich, den Unsichtbaren zu packen. Endlich aber gelang es ihm doch, Alberich die Tarnkappe abzureißen und ihn zu überwinden.
So hatte Siegfried alle, die gegen ihn zu kämpfen gewagt hatten, erschlagen oder besiegt, und nun war er der Herr über das Nibelungenland und den Nibelungenhort. Er befahl, den Schatz wieder in den Berg zurückzubringen, und nachdem Alberich Treue geschworen hatte, setzte Siegfried ihn zum Hüter über den Hort.

3 Tauscht euch darüber aus, was Siegfried zu einem Helden macht. Begründet eure Einschätzung.

4 Überlegt euch ein Gespräch zwischen Siegfried und den Königen Nibelung und Schilbung, in dem es um die gerechte Aufteilung des Schatzes geht (Z. 76–88). Spielt die Szene anschließend nach.

→ S. 227 Einen Jugendbuchauszug zu einem szenischen Text umschreiben

5 Suche in Bibliotheken oder Buchhandlungen weitere Götter- und Heldensagen und stelle sie der Klasse vor.

Diese Geschichte spielt vor ungefähr 70 Jahren in einem Ort an der kroatischen Adriaküste. Sie handelt von Kindern, die kein Zuhause haben und ums Überleben kämpfen müssen. Der zwölfjährige Branko ist vom Gendarmen Begovic in eine Zelle gesperrt worden, weil er auf dem Markt heimlich einen heruntergefallenen Fisch aufgehoben hat. Ein geheimnisvolles Mädchen versucht, Branko zu befreien.

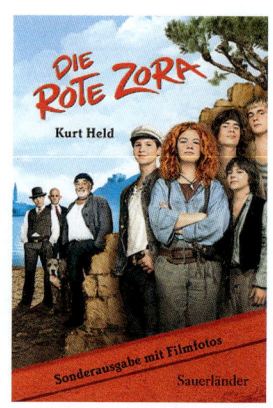

1 Wie wird Branko befreit? Notiere die einzelnen Schritte.

Kurt Held

Die rote Zora und ihre Bande

Da hörte er das Kratzen am Fenster wieder. Aber es war nicht das Mädchen, das auftauchte, sondern eine Stange. Jemand schob sie durch das Kreuz herein, bis sie zwischen Kreuz und Decke festsaß. Eine Minute später saß auch das Mädchen auf dem Fenstersims.

5 »Da bin ich wieder«, sagte sie, zeigte ihre Zähne und lachte.
»Ich habe eine Stange mitgebracht. Pass auf. Ich schiebe sie zu dir hinein.« Sie hob sie etwas, und die Stange senkte sich nach unten. »Geh auf die Seite«, zischte sie noch. Branko sprang eilig an die Wand, da stieß sie bereits unten auf.

10 »Nun musst du sie an das Fenster stellen«, unterwies ihn das Mädchen weiter. »Ich halte sie, und dann kletterst du an ihr herauf.«
Branko packte das dicke Holz fest zwischen Arme und Beine und zog sich daran in die Höhe. »Pass auf!« Sie reichte ihm eine Hand.

15 Ihre Finger schlossen sich um die seinen. Noch einen Ruck, und er war oben.
Sie saßen nun dicht nebeneinander. Branko sah, dass das Mädchen einen schmalen Mund, kleine Ohren und helle, gelbe Augen hatte. Wie Bernstein glänzten sie, und die Sommersprossen saßen

20 tatsächlich überall, sogar auf der spitzen, kühnen Nase.
»Wer bist du eigentlich?«, fragte er.
»Das erzähle ich dir später«, antwortete das Mädchen. »Jetzt musst du erst noch durch das Gitter kommen.« [...] Es war kalt und saß fest. Er versuchte, daran zu rütteln. »Ich glaube, das bringen wir

25 nicht heraus.«

Sie lachte. »Schafskopf«, tadelte sie ihn. »Das glaube ich auch. Du musst durchkriechen.« »Meinst du, dass ich durchkomme?« Er steckte seinen Kopf in das oberste Viereck.
»Du musst es wenigstens versuchen, und wenn es nicht geht, musst du eben so lange darin bleiben, bis dich Begovic wieder hinauslässt.«
Branko schob den Kopf weiter vor, aber er blieb mit den Schultern stecken. »Ich bin zu dick«, seufzte er und wollte sich schon wieder nach unten fallen lassen.
»Nimm den Kopf wieder hinein«, kommandierte sie, »und versuch es zuerst mit der linken Hand. So«, sie half ihm. »Nun den Kopf nach. Dann die Schulter.« Sie versuchte, ihn herauszuziehen. »Ich bin wirklich zu dick.«
»Du bist ja schon halb draußen. Komm, probier es noch einmal.«
Er schob und stieß sich weiter und wollte schon wieder sagen, es gehe nicht, da hörte er, wie es von allen Kirchen zwölf schlug und gleichzeitig auch, dass jemand den Gang entlangkam.
»Oh«, jammerte er, »ich glaube, Begovic kommt«, und stemmte und presste sich noch fester.
»Lass ihn nur kommen«, tröstete ihn das Mädchen. »Jetzt musst du nur noch etwas den Bauch einziehen, und bis er die Tür aufgesperrt hat, bist du draußen.«
Er hing tatsächlich schon halb aus dem Fenster, aber er hatte keinen Halt mehr.
»Lass dich einfach fallen«, sagte sie. »Ich halte dich.« […]
Branko sprang. In diesem Augenblick hatte Begovic die Tür geöffnet und trat in die Zelle.
»Hier«, sagte er und wollte Branko das Essen reichen. Da sah er den Pfahl und den leeren Raum.
»Verdammt«, jammerte er, »der Kerl ist ausgerissen, und gleich kommt der Bürgermeister, um sich ihn anzusehen.«
Da blickte er nach oben.
Branko war verschwunden, aber Zora saß noch auf dem Fenster. Sie streckte ihm die Zunge heraus.
»Auf Wiedersehen, Begovic!«, rief sie.
Begovic ließ entsetzt die Schüssel mit dem Essen fallen, riss die Augen auf und starrte zu dem Mädchen hinauf.
»Bin ich betrunken«, stotterte er. »Ich habe doch einen Jungen eingesperrt, und jetzt reißt ein Mädchen aus.«
Das Mädchen schüttelte die Haare. »Ich bin auch ein Mädchen«, lachte sie, »und damit du weißt, wer ich bin: Ich bin die rote Zora.«
[…]

Im Versteck der Bande hat Branko Gelegenheit, mehr über seine Retterin zu erfahren.

Zora hatte die Augen geschlossen, und er konnte sie unverwandt ansehen. Es lag etwas Weiches und Mädchenhaftes in ihrem Gesicht, während sie bisher ernst und knabenhaft, ja manchmal sogar hart und böse ausgesehen hatte. Das rote Haar war durch die Hände verdeckt, und die Sommersprossen waren im Schatten der Ranken kaum sichtbar. Sie sah jetzt nicht nur mädchenhaft, sondern geradezu schön aus. Warum hatte sie ihn wohl aus dem Gefängnis befreit und war dann mit ihm fast über alle Zäune und Mauern von Senj geklettert, um ihn zu retten?
Branko wurde traurig, während er darüber nachsann. Er sah wieder die Gesichter der Senjer Buben, die ihn beschimpft und einen Spitzbuben genannt hatten.
Alle hatten ihn verraten und verlassen, sogar seine Freunde, nur weil er einen Fisch aufgehoben hat, und ausgerechnet dieses fremde Mädchen, die alle die rote Zora nannten, hatte ihn gerettet.
Zora spürte, dass Branko sie ansah.
Plötzlich sagte sie, ihre Augen waren noch halb geschlossen:
»Was starrst du mich so an?«
Branko sagte, was er dachte. »Warum hast du mich eigentlich gerettet?«, fragte er.
»Ich weiß es nicht.«
»Ich möchte es aber wissen.«
»Ich kann es dir nicht sagen.«
»Du hast mich doch vorher gar nicht gekannt?«
»Ich habe gesehen, dass du hungrig warst, und ich weiß, wie es ist, wenn man Hunger und nichts zu essen hat. [...]«
»Mir will einfach nicht in den Kopf, dass du das alles für mich getan hast«, antwortete Branko.
»Ach«, spottete sie, »man soll überhaupt nicht so lange über etwas nachdenken. Ich tue einfach immer, was ich muss.«

2 Schreibe einen Steckbrief für Zora (vgl. S. 75). Entscheide dann, ob sie als Heldin bezeichnet werden kann.

3 Finde mehr über das Buch »Die rote Zora« und dessen Verfilmungen heraus.

Die Welt der Bücher: Autor und Buch

Mit Medien umgehen – Von der Idee zum Buch

1 Die Welt der Bücher ist auch eine Welt der Rekorde.

a Lies den folgenden Text.

Wusstest du schon, dass
- die UNESCO ein Buch erst ab einem Mindestumfang von 49 Seiten als solches bezeichnet und damit alle Bücher mit exakt 49 Seiten die dünnsten der Welt sind?
- das größte Buch der Welt Abmessungen von 3,07 Meter mal 3,42 Meter besitzt? Es handelt sich um einen Bildband des Autoherstellers Mazda.
- das teuerste Buch bei einer Auktion im Jahr 2000 den Rekordpreis von 8 802 500 US-Dollar erzielte?
- das aus öffentlichen Bibliotheken meistgestohlene Buch der Welt das Guinnessbuch der Rekorde ist?
- das schwerste Buch aus 300 Seiten großformatigen Pergaments 210 Kilogramm wiegt?

→ http://www.buecher-wiki.de

b Sammelt weitere spektakuläre und interessante Rekorde rund ums Buch. Nutzt dazu das Internet oder Lexika bzw. Bücher aus der Bibliothek. Sucht Antworten auf folgende Fragen.

1. Welche ist die meistverkaufte Kinderbuchreihe der Welt?
2. Wie groß ist das kleinste Buch?
3. Wie schwer ist das größte lieferbare Buch?
4. Wie heißt das wertvollste Buch?
5. Was war der kürzeste Zeitraum, in dem ein Buch entstanden ist?

Skulptur »Der moderne Buchdruck«, Berlin 2006

c Präsentiert eure Ergebnisse auf einem Plakat.

Wie ein Autor arbeitet

1 Du träumst davon, selbst Bücher zu schreiben? Aber wie arbeitet ein Autor eigentlich?

 a Tauscht euch darüber aus, was ihr über den Beruf eines Autors schon wisst. Wie stellt ihr euch seinen Arbeitsalltag vor?

b Was würdest du gerne über den Beruf eines Autors erfahren? Notiere dazu Fragen, die du einem Autor gerne stellen würdest.

Wie kommt ein Autor zu seinen Ideen? …

c Lies den folgenden Auszug aus einem Interview mit dem Kinder- und Jugendbuchautor Andreas Steinhöfel.

Andreas Steinhöfel wurde 1962 in Battenberg geboren und studierte in Marburg. Heute lebt und arbeitet er in Berlin. Er schreibt Kinder- und Jugendromane, arbeitet als Übersetzer und verfasst Drehbücher für das Fernsehen. Für sein Werk wurden ihm zahlreiche Auszeichnungen und Preise verliehen, u. a. 2009 der »Deutsche Jugendliteraturpreis« für den Roman »Rico, Oskar und die Tieferschatten«.

Es ist wirklich schwierig, Sie zu erreichen. Es scheint, Sie sind ein viel beschäftigter Mann. An wie vielen Projekten arbeiten Sie momentan?
Ich arbeite immer parallel. Es ist immer ein Buch in der Mache, höchstens zwei und Fernsehsachen und Übersetzungen schiebe
5 ich dann dazwischen. Ich schreibe gern einen halben Tag und übersetze dann die andere Hälfte des Tages. Und momentan liegt gerade eine harte Phase hinter mir. Es gab eine Übersetzung, dann eine vierteilige Dokumentation fürs Fernsehen über Klassik für Kinder, dann zweimal »Löwenzahn«, dann einen Spielfilm für
10 Weihnachten, dann wurde »Rico, Oskar und die Tieferschatten« fertiggestellt, dann habe ich den Roman als Hörbuch eingelesen und dazwischen waren noch sechs Wochen Lesereisen. Momentan bin ich froh, dass mal Pause ist.
Liegen in der Dieffenbachstraße, da wo Sie wohnen und Ihr aktueller
15 *Kinderroman spielt, die Geschichten praktisch auf der Straße?*
Die Geschichten in der Dieffenbachstraße sind nicht anders als die Geschichten in der Urbanstraße oder Kurfürstenstraße. Die meisten Schriftsteller laufen durch die Gegend und gucken einfach ein bisschen genauer hin. Du siehst jemanden und über-
20 legst, was könnte der für eine Geschichte haben? Hier um die Ecke

ist ein Spielplatz. Da ist es ganz nett, auf der Bank zu sitzen und allein anhand der Temperamente der Kinder zu spekulieren, das wird vielleicht mal so eins und das so eins.
Man merkt Ihren Büchern an, dass Sie ganz genau wissen, wie Kinder reden.
Ich kann mich ganz gut in kindliches Denken und Fühlen hineinversetzen und das ergibt dann auch die Sprache. Das hat wenig mit Kindern zuhören zu tun. Für mich soll eine Geschichte lebensecht rüberkommen, aber ich will sie nicht vom Leben abkupfern.
Sie haben mit dem Schreiben für Kinder begonnen, das ist überliefert, weil Sie sich geärgert haben?
Ich habe mich über ein Kinderbuch geärgert, das so gut gemeint war. Ein Buch, wo die Kinder etwas lernen sollten oder noch schlimmer, sie sollten nicht nur etwas lernen, sie sollten sehen, wenn man einfach nur ein bisschen mutiger ist, dann kann man bestimmte Sachen halt machen. Womit keinem Kind geholfen ist, das von sich aus nicht mutig ist. Im Gegenteil, das liest das Buch und ist noch gefrusteter. Und da hat mich die Wut gepackt, denn das ist es doch nicht, worum es in einem Buch für Kinder gehen sollte. Es ist ein Buch, in dem Erwachsene gerne hätten, was Kinder machen. Und aus dem Impuls heraus, habe ich dann das erste Buch »Dirk und ich« geschrieben.
Herzlichen Dank für das Interview.

TIPP
Ab S. 96 kannst du einen Auszug aus dem Roman »Rico, Oskar und die Tieferschatten« von Andreas Steinhöfel lesen.

d Welche deiner Fragen kannst du anhand des Interviews beantworten? Hake sie in deinen Notizen zu Aufgabe b ab.

e Beantworte mithilfe des Interview-Textes die folgenden Fragen.
1. Welchen Tätigkeiten geht Andreas Steinhöfel zusätzlich zum Verfassen von Kinder- und Jugendbüchern nach?
2. Woher nimmt er seine Ideen zum Schreiben?
3. Warum hat Andreas Steinhöfel begonnen, für Kinder zu schreiben?

 S. 17 Informationen sammeln

f Vielleicht sind einige deiner Fragen aus Aufgabe b offengeblieben. Informiere dich im Internet oder in Sachbüchern noch genauer über die Arbeit eines Autors.

 **g** Tauscht euch darüber aus, welche Informationen ihr gefunden habt.

Wie ein Buch entsteht

1 An einem Buch arbeiten Menschen mit unterschiedlichen Berufen mit.

a Stelle Vermutungen darüber an, wie ein Buch entsteht.

b Lies den folgenden Text und überprüfe deine Vermutungen.

Wie Bücher entstehen

Am Anfang denkt sich der Autor Figuren und eine Handlung aus, um sie zu einer Geschichte zusammenzufügen. Er verfasst das so genannte Manuskript, was aus dem Lateinischen kommt und so viel bedeutet wie »das von
5 Hand Geschriebene«. Heute werden Manuskripte allerdings mit dem Computer geschrieben.
Wenn das Manuskript fertig ist, muss der Autor einen Verlag finden, der es als Buch veröffentlicht. Der zuständige Lektor im Verlag prüft, ob das Manuskript zum Verlagspro-
10 gramm passt und ob sich das Buch gut verkaufen wird. Manchmal schlägt er dem Autor Verbesserungen vor. Oft werden Illustrationen extra von einem Illustrator angefertigt.
Ein Gestaltungsbüro entwickelt das Layout und die Umschlaggestaltung und bespricht mit dem Verlagshersteller im Verlag,
15 wie Text, Illustrationen oder Fotos angeordnet und der Umschlag gestaltet werden. Eine Reprofirma wandelt die Bilder in digitale Daten um. In der Setzerei werden alle Text- und Bildelemente zusammengefügt. Der Verlagshersteller ist der Projektmanager und kümmert sich auch um die zeitliche Planung, wie den Er-
20 scheinungstermin, Kosten und die Papiersorte. In der Druckerei werden die Textseiten auf große Papierbogen gedruckt. In der Buchbinderei werden die gedruckten Bogen gefalzt, beschnitten, zusammengeleimt oder -geheftet und mit dem Umschlag versehen.

c Erkläre anhand des Textes mit eigenen Worten, wie ein Buch entsteht.

→ S. 17 Informationen sammeln

d Informiere dich im Lexikon oder Internet über die folgenden Tätigkeiten eines Verlages: Vertrieb, Werbung und Presseabteilung. Bereite einen kurzen Vortrag vor und halte ihn vor der Klasse.

Was habe ich gelernt?

2 Was hast du in diesem Kapitel Neues gelernt? Tausche dich mit deiner Lernpartnerin / deinem Lernpartner darüber aus.

Präsentieren: Ein Buch vorstellen

1 Cornelia Funke hat das Buch »Tintenherz« geschrieben.

a Lies den folgenden Ausschnitt aus dem ersten Kapitel.

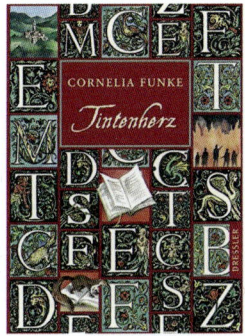

Es fiel Regen in jener Nacht, ein feiner, wispernder Regen. […]
In jener Nacht […] lag eins von Meggies Lieblingsbüchern unter ihrem Kissen, und als der Regen sie nicht schlafen ließ, setzte sie sich auf, rieb sich die Müdigkeit aus den Augen und zog das Buch
5   unter dem Kissen hervor. Die Seiten raschelten verheißungsvoll, als sie es aufschlug. Meggie fand, dass dieses erste Flüstern bei jedem Buch etwas anders klang, je nachdem, ob sie schon wusste, was es ihr erzählen würde, oder nicht. […]
In Mos Zimmer brannte noch Licht. Er war oft bis tief in die Nacht
10 wach und las. Die Bücherleidenschaft hatte Meggie von ihm geerbt. Wenn sie sich nach einem schlimmen Traum zu ihm flüchtete, ließ sie nichts besser einschlafen als Mos ruhiger Atem neben sich und das Umblättern der Seiten. Nichts verscheuchte böse Träume schneller als das Rascheln von bedrucktem Papier. […]

15 Überall in ihrem Haus stapelten sich Bücher. Sie standen nicht nur in Regalen wie bei anderen Leuten, nein, bei ihnen stapelten sie sich unter den Tischen, auf Stühlen, in den Zimmerecken. Es gab sie
20 in der Küche und auf dem Klo, auf dem Fernseher und im Kleiderschrank, kleine Stapel, hohe Stapel, dicke, dünne, alte, neue … Bücher. Sie empfingen Meggie mit einladend aufgeschlagenen Seiten auf dem
25 Frühstückstisch, trieben grauen Tagen die Langeweile aus – und manchmal stolperte man über sie.

b Nenne die Gründe, warum Meggie Bücher liebt.

c Welche Bedeutung hat das Lesen für dich? Was interessiert dich besonders?

 **d** Sammelt in der Klasse Meinungen zum Thema »Lesen oder Fernsehen?« und wertet sie aus.

 **e** Habt ihr Lust bekommen, mehr über Meggie und Mo zu erfahren? Besorgt euch das Buch »Tintenherz« in der Buchhandlung oder in der Bibliothek und lest es.

2 *Dieses* Buch möchte ich auch einmal lesen!

a Tragt zusammen, welche Informationsquellen ihr kennt und nutzt, um etwas über Bücher zu erfahren.

b Sicherlich kennst du Kinder- und Jugendbücher, die dir besonders gefallen. Notiere die Titel einiger Bücher.

a Tauscht euch darüber aus, was ihr von einer gelungenen Buchvorstellung erwartet. Wie könnte man sie gestalten?

b Wählt aus den folgenden Angaben diejenigen aus, die eurer Meinung nach sehr wichtig für eine Buchvorstellung in der Klasse sind.

Verlag   Erscheinungsjahr   Erscheinungsort   Seitenzahl
vollständige Inhaltsangabe   Biografie der Autorin / des Autors   Preis
Beschreibung der Hauptfiguren   Schwachstellen des Buches
Buchgestaltung   Verfilmung   Erzählperspektive   empfohlenes Lesealter
Zusammenfassung der Handlung   Textauszug   Art des Buches

c Ordnet sie nach ihrer Wichtigkeit, beginnt dabei mit der wichtigsten Angabe.

 Mit einer **Buchvorstellung** kann man Bücher zum Lesen weiterempfehlen.
Dabei sollten folgende Informationen genannt werden:
- Autorin/Autor und Titel des Buches,
- handelnde Personen,
- kurze Zusammenfassung der Handlung des Buches,
- Vortrag einer besonders witzigen oder spannenden Stelle.

Zum Schluss sollte man zusammenfassen, warum einem das Buch besonders gefallen hat.

Präsentieren: Ein Buch vorstellen 91

4 Bereite dich auf eine Buchvorstellung vor.

Informationen sammeln und ordnen

a Erste Informationen über ein Buch findest du auf dem Buchcover. Betrachte die Cover und nenne Autorin/Autor und Titel der Bücher.

b Beschreibe das Cover von »Meine total wahren und überhaupt nicht peinlichen Memoiren mit genau elfeinhalb«. Wovon könnte dieses Buch handeln? Notiere deine Vermutungen.

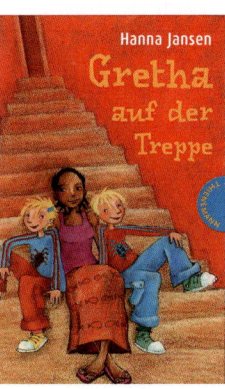  

c Lies den Klappentext und überprüfe deine Vermutungen.

In diesem spannenden Kinderroman schreibt der preisgekrönte Krimi-Autor Friedrich Ani über die erste Liebe des elfeinhalbjährigen Simon Kesselbeck. Seitdem er Annalena gesehen hat, ist nichts mehr wie vorher: Simon fällt ins Schwimmbecken und
5 rennt gegen eine Glastür. Seine Stimme ist weg, sein Presslufthammerherz wummert bis zum Kopf … Vielleicht weiß die Nymphe Echo Rat, was Jungs tun können, wenn sie verliebt sind? Simon selbst weiß nur eines: dass ein Herzkasperl im Kopf das Schönste ist, was einem passieren kann.

5

a Lege eine Karteikarte zu den handelnden Personen an. Gestalte die Karte so, dass du sie später ergänzen und für deine Buchvorstellung verwenden kannst.

handelnde Personen
– Simon: hat sich verliebt, …
– …

b Lies die folgenden Informationen zum Buchinhalt und ergänze deine Karteikarte zu den handelnden Personen.

Ein Elfeinhalbjähriger weiß nicht einmal, was Memoiren sind. Das meint zumindest Simons Lehrerin. Trotzdem muss Simon, ein eher stiller Typ, der nicht weiter auffallen möchte und sich selbst als minusprominent bezeichnet, sich von der Seele schreiben, was
5 er alles in diesem Sommer mitgemacht hat. Eigentlich ist Simon ein ganz normaler Junge. Mit mittelmäßigem Erfolg besucht er die 6. Klasse der Helen-Keller-Realschule. Er hat einen besten Kumpel namens Vitali, eine Mutter, die im Sheraton Grand Hotel als Köchin arbeitet und einen Vater, der Bücher schreibt und dessen
10 liebster Satz *schweig-schweig* ist.
Doch seit Simon Annalena im Schwimmbad gesehen hat, stimmt etwas nicht mit ihm. Das Mädchen aus Berlin im gelben Badeanzug klaut ihm seine Stimme, lässt ihn nicht einmal, sondern gleich zehnmal sterben und veranlasst ihn zu den verrücktesten
15 Sachen …

TIPP
Stichpunkte sind unvollständige Sätze. Lass das Subjekt weg oder nutze Infinitive.

c Notiere Stichpunkte zum Handlungsablauf auf einer Karteikarte.

Handlungsablauf
— Simon und Annalena: Kennenlernen im Schwimmbad
— …

→ S.17 Informationen sammeln

d Suche in einem Lexikon oder im Internet biografische Angaben zum Autor und schreibe sie auf eine Karteikarte.

Autor: Friedrich Ani
— geboren 1959 in Kochel am See
— Journalist, Polizeireporter, Drehbuchautor
— Autor zahlreicher Kriminalromane
— …

e Überlege, wie du die Buchvorstellung gliedern könntest, und ordne die Karteikarten sinnvoll.

1. Titel, Autorin/Autor
2. …

Den Vortrag gestalten

f Denke darüber nach, wie du deinen Vortrag anschaulich gestalten kannst. Notiere deine Ideen auf den Karteikarten.

> Autor: Friedrich Ani
> — geboren 1959 in Kochel am See
> — …
> —> Foto zeigen

6 Bereite eine interessante Textstelle für den Lesevortrag vor.

a Lies die folgende Textstelle aus »Meine total wahren und überhaupt nicht peinlichen Memoiren mit genau elfeinhalb«.

Ich ging nach Hause und legte mich aufs Bett und zitterte und weinte, obwohl ich weder das eine noch das andere wollte. Was ich wirklich wollte, das konnte ich mir nicht denken. Ich konnte es mir schon denken, aber nicht richtig. Als müssten die
5 richtigen Gedanken für das, was ich wirklich denken wollte, erst erfunden werden.
Dann fiel mir ein, dass ich vielleicht die richtigen Gedanken irgendwo ausleihen könnte, bei einem Gedankenverleiher. Wieso kann man Fahrräder und Autos ausleihen, Gedanken aber
10 nicht? Gedanken braucht genauso jeder.
Mein Vater behauptet oft, die Menschen hätten kein Interesse mehr an Gedanken, das Fernsehen würde ihnen genügen. Keine Ahnung, ob er recht hat. Ich finde Gedanken gut. Und das Fernsehen finde ich auch gut.
15 Weil der ganze Unterricht an mir vorbeizog wie Wolken und ich dauernd beim Überlegen gestört wurde, hatte ich mich in der Pause an Ole rangeschlichen. Er ist der Schlaueste in der Klasse, er würde mich nicht für einen peinlichen Mädchenangaffer halten wie Vitali.
20 Als ich Vitali vor dem Unterricht gefragt hatte, was ich dagegen machen kann, dass ich dauernd Annalena vor mir sehe, sagte er: »Schau in die andre Richtung. Oder willst du ein peinlicher Mädchenangaffer werden?«
Ich wollte kein peinlicher Mädchenangaffer werden.
25 Ich wollte bloß Annalena anschauen.
Aber nicht die ganze Zeit. Aber nicht die ganze Nacht.
Oder doch?

→ S. 74 Eine Sage gestaltend vorlesen (Lesehilfen)

b Kopiere den Text und trage Lesehilfen in die Kopie ein.

c Lest euch den Textausschnitt gegenseitig vor. Gebt Hinweise, was noch verbessert werden könnte.

 d Wenn ihr Lust bekommen habt, das Buch »Meine total wahren und überhaupt nicht peinlichen Memoiren mit genau elfeinhalb« zu lesen, besorgt es euch in der Buchhandlung oder in der Bibliothek und findet heraus, wie die Geschichte endet.

7 Erprobt eure Buchvorstellung mithilfe eurer Karteikarten. Gebt euch gegenseitig Hinweise zur Verbesserung. Wenn nötig, überarbeitet eure Karteikarten und ordnet alles noch einmal.

TIPP
Entwerft zuerst einen Bewertungsbogen.

> **So kannst du ein Buch vorstellen**
> 1. Nenne die wichtigsten Informationen:
>   • Autorin/Autor und Titel,
>   • handelnde Personen,
>   • kurze Zusammenfassung der Handlung des Buches.
> 2. Lies eine besonders witzige oder spannende Stelle aus dem Buch vor. Trage dazu vorher Lesehilfen in eine Kopie des Textes ein.
> 3. Veranschauliche deinen Vortrag, z. B. durch das Zeigen des Buches und eines Fotos der Autorin / des Autors.
> 4. Übe deinen Vortrag mehrmals mithilfe deiner Karteikarten.

 8 Stellt in der Klasse ein Buch im Partnerteam vor, das ihr den anderen zum Lesen empfehlt.

→ S. 95 Ein Buch im Partnerteam vorstellen

 9 Stelle in der Klasse ein Buch vor, das du den anderen zum Lesen empfiehlst.

Was habe ich gelernt?

10 Überprüfe, was du über Buchvorstellungen gelernt hast. Beantworte dazu die folgenden Fragen.
  1 Wo findest du Informationen über interessante Bücher?
  2 Welche Informationen solltest du nennen?
  3 Worauf musst du beim Vorlesen einer bestimmten Textstelle achten?
  4 Welche Anschauungsmittel kannst du nutzen?

Gewusst wie

Ein Buch im Partnerteam vorstellen

1 Wählt ein Buch, das ihr den anderen zum Lesen empfehlt. Bereitet dazu eine Buchpräsentation vor.

Diese sieben Schritte geben euch Anregungen, wie ihr eure Buchpräsentation vorbereiten und durchführen könnt. Schon beim Lesen sollte jeder für sich wesentliche Informationen zur Handlung, zu den Figuren und zu wichtigen Details notieren, z. B. in einem Lesetagebuch.

1. Fasst den Inhalt so zusammen, dass ihr die *W*-Fragen (*Wer? Wo? Wann? Was passiert? Warum?*) verständlich beantwortet. Um die Spannung zu halten, solltet ihr nicht unbedingt den Schluss verraten.

   Inhaltsangabe
   ...

2. Beschreibt die wichtigsten Figuren möglichst anschaulich. Überlegt, ob ein bestimmter Gegenstand für sie eine besondere Bedeutung hat.

   Figuren
   ...

3. Erklärt, aus welcher Perspektive die Geschichte erzählt wird. Geht auch darauf ein, wie das Buch geschrieben ist.

   Erzähler, Schreibweise

4. Wählt eine Textstelle (maximal eine Seite) aus, die besonders spannend, lustig oder beeindruckend ist. Kopiert sie und tragt Lesehilfen ein. Übt den Vortrag, damit ihr die Passage flüssig und mit guter Betonung vorlesen könnt.

   Textauszug
   ...

5. Bewertet das Buch mithilfe von Lesepunkten (Höchstzahl: 5). Begründet eure Entscheidung.

   Lesepunkte
   ...

6. Geht kurz auf das Leben und wichtige Bücher der Autorin / des Autors ein.

   Autorin / Autor
   ...

7. Testet, was euer Publikum behalten hat. Stellt Fragen zum Inhalt eurer Buchpräsentation oder denkt euch einen Lückentext aus.

   Test
   ...

Rico kann zwar sehr viel denken, aber es dauert länger als bei anderen Leuten. An seinem Gehirn liegt es nicht, das ist normal groß. Aber manchmal fallen ein paar Sachen raus, und leider weiß Rico vorher nie, an welcher Stelle. Da lernt er den hochbegabten Oskar kennen. In seinem Ferientagebuch beschreibt Rico, wie ihn Oskar zum ersten Mal in seinem Wohnhaus in Berlin-Kreuzberg besucht.

Andreas Steinhöfel

Rico, Oskar und die Tieferschatten

Mama war ziemlich platt, dass jemand mich besuchen kam. Sie beschwert sich immer darüber, dass ich keine Freunde habe. Jetzt hatte ich einen. Er war zwar sehr klein und bestimmt auch sehr jung, aber das spielte für Mama offenbar keine so große Rolle.
5 Sie fand Oskars blauen Motorradhelm viel interessanter.
»Seit wann trägt man solche Dinger beim Radfahren?«, sagte sie. Sie lehnte mit dem Hintern gegen den Küchenherd, ihre Kaffeetasse in den Händen, an der sie immer wieder nippte.
»Ich hab kein Fahrrad«, sagte Oskar. Seine Stimme klang
10 gedämpft, weil das Visier des Helms immer noch runtergeklappt war.
»Na, ein Motorrad aber sicher auch nicht.«
Oskar guckte sie an, als wäre sie nicht ganz richtig im Oberstübchen. Immerhin klappte er jetzt endlich das Visier hoch.
15 Seinen Mund konnte man trotzdem nicht richtig sehen, nur die obere Reihe seiner großen weißen Zähne. »Es ist gefährlich ohne Helm«, erklärte er, als wäre Mama das Kind und er der Erwachsene. »Es passieren ständig irgendwelche Unfälle.«
»Aber nicht in meiner Küche, junger Mann!« Mama klang fast ein
20 wenig beleidigt. »Rico wird dir das sicher bestätigen.«
Ich runzelte die Stirn. »Ich hab mir vor einer Woche den Kopf am Kühlschrank gestoßen.«
»Das war kein Unfall«, winkte Mama ab. »Du bist bloß zu schnell aus dem Flur gekommen und gegen die geöffnete Tür gerannt.«
25 Oskar fühlte sich unwohl in Mamas Gegenwart, das konnte ich sehen. Er lugte unter dem oberen Rand des Helms hervor wie eine erschreckte Schildkröte. Er trug ein anderes Hemd als am Samstag, aber der knallrote Flieger mit der abgebrochenen Flügelspitze war wieder daran festgemacht, auf Brusthöhe über dem Herzen. Seine
30 kleinen Finger tippten nervös auf dem Tisch herum, *rapp-tippi-*

tapp. Wahrscheinlich befürchtete Oskar, Mama fände ihn unhöflich und würde ihn gleich auffordern, den Helm endlich abzunehmen.

Ganz falsch lag er damit nicht, aber auch nicht ganz richtig. Mama kennt sich aus mit komischen Leuten. Ihre erste Regel ist, nie jemanden zu drängeln, der nicht freiwillig mit etwas rausrückt. Jedenfalls nicht mit Worten. Aber sie guckt. Sie guckt die Leute so lange an, bis sie es nicht mehr aushalten und endlich loslegen. Jetzt guckte sie Oskar an, mit dem neugierigen Blick eines Naturforschers, der soeben eine völlig neue Pflanzenart entdeckt hat. Ich war auch neugierig, wie Oskar unter dem Helm aussah. Vielleicht hatte er in Wirklichkeit gar keine Angst vor Unfällen. Vielleicht hatte er nur zwei ganz komische Ohren, für die er sich schämte. Oder gar keine – wie ein Entführungsopfer [...], bei dem das Lösegeld nicht ganz gereicht hatte.

Oskars Finger wurden immer langsamer, dann hörten sie mit dem Getippe auf. Er hob den Kopf, sah Mama direkt in die Augen und sagte: »Sie können mich ruhig weiter anstarren, solange Sie wollen. Das macht mir nichts aus. Aber dann starre ich zurück.«

Und das tat er. Zum ersten Mal fiel mir richtig auf, wie grün seine Augen waren. Sie funkelten richtig. Nicht böse oder streitlustig. Sie funkelten einfach deshalb, weil Oskar solchen Spaß am Zurückstarren hatte. In diesem Moment beneidete ich ihn brennend um seine Hochbegabung. Wenn Mama mich anstarrt, schaue ich lieber sofort zu Boden und tue ganz interessiert, als würden da plötzlich bunte Ameisen rumlaufen oder als würde der Teppich ein bisschen brennen. Auf die Idee, ihrem Blick einfach standzuhalten, war ich noch nie gekommen.

Ich war gespannt, wer von den beiden gewinnen würde.

1 Wer gewinnt den Anstarrkampf? Begründe deine Vermutung.

2 Woran erkennt Rico, dass sich Oskar in Gegenwart von Ricos Mutter unwohl fühlt? Notiere passende Textstellen.

3 Was erfahrt ihr über die Freundschaft zwischen Rico und Oskar? Tauscht euch darüber aus.

4 Schreibe auf, was du bis hierher über Oskar, Rico und Ricos Mutter erfährst.

Mama war meine Mama, also sollte ich eigentlich zu ihr halten. Sie machte ihre Sache gut und zuckte mit keiner Wimper. Aber Oskar war viel kleiner als sie, und auch wenn er ebenfalls nicht mit der Wimper zuckte, fand ich den ganzen Anstarrkampf ein bisschen unfair. Entweder Mama dachte das auch, oder sie hatte keine Lust mehr. Jedenfalls sagte sie auf einmal:
»Ich brauch neue Fußnägel.«
Oskar und ich guckten gleichzeitig auf ihre Fußnägel. Auf jedem war ein winziger Delfin drauf, nur auf die beiden kleinen Nägel hatten keine gepasst.
»Was wollen Sie denn statt der Delfine draufkleben?«, sagte Oskar, und es klang wie ein Friedensangebot.
Mama zuckte die Achseln. »Mal sehen. Vielleicht irgendwelche anderen Fische.«
Sie stellte ihre Kaffeetasse auf der Spüle ab, raffte den japanischen Morgenmantel zusammen und ging aus der Küche. Oskar wartete, bis sie außer Hörweite war, dann sagte er leise in meine Richtung:
»Delfine sind keine Fische.«
»Sie mag dich«, sagte ich.

Er schüttelte den Kopf. »Sie weiß noch nicht, ob sie mich mag. Sie findet mich komisch, wegen des Helms.« Er klappte das Visier wieder runter. Seine Stimme klang jetzt wieder ganz dröhnig. »Jedes Jahr verunglücken fast vierzigtausend Kinder in Deutschland. Beinahe jedes dritte als Beifahrer in Autos. Fast vierzig Prozent mit dem Fahrrad. Und fünfundzwanzig Prozent als Fußgänger.«
Mathe! Ich hab's ja schon erwähnt: Da geht bei mir gar nichts mehr.
»Die meisten erwischt es auf dem Schulweg und nachmittags beim Spielen«, murmelte Oskar düster weiter. »Von den Radfahrern die meisten, weil sie die falsche Fahrbahn benutzen. Von den Fußgängern die meisten, weil sie, ohne zu gucken, über die Straße rennen. Ich gucke immer. Immer!«
Mir fiel ein Unterschied zwischen uns auf. Ich habe fast dauernd gute Laune, weiß aber nicht so viel. Oskar wusste jede Menge merkwürdiger Dinge, aber seine Laune war dafür im Keller. Bestimmt ist das so, wenn man sehr schlau ist – es fallen einem zu allen schönen Sachen auch gleich noch ein paar schreckliche ein. Ich sprang auf. Mir war eine Idee gekommen. »Ich zeig dir was«, sagte ich. »Es ist völlig ungefährlich und ganz toll!«
»Was denn?« [...]
»Wir gehen rauf in den Fünften«, sagte ich mit gesenkter Stimme.
»Was ist da?«
»Na, der Fünfte.«
»Ich meine, was wollen wir da?«
Ich grinste. »Du wirst schon sehen. Ich hoffe, du bist schwindelfrei.«
»*Schwindelfrei?*«, kreischte Oskar wieder los. Es klang wie eine durchgedrehte Alarmsirene. »Du willst doch nicht etwa mit mir aufs *Dach?*« [...]

5 Erkläre, weshalb Oskar einen Helm trägt und ihn nie abnimmt.

6 Wie verläuft der erste Besuch von Oskar?
Erzähle den Textabschnitt nach.

7 Verfasse einen Brief, in dem Rico seinem Onkel von Oskars erstem Besuch bei ihm zu Hause erzählt.

110 Wenn man in der Mitte des Dachgartens steht, die Arme ausgestreckt und sich im Kreis dreht, kann man in jede Himmelsrichtung über Berlin gucken. Man sieht 115 hunderte von Häuserdächern und tausende grüner Baumkronen, die gläserne, in der Sonne blitzende Reichstagskuppel, jede Menge Kirchtürme, den Fernsehturm am 120 Alex, die Hochhäuser am Potsdamer Platz und, ein bisschen weiter weg, sogar das Schöneberger Rathaus. […] Dreht man sich etwas schneller, flirren all diese Bilder ineinander und es wird einem schwindelig. […]
Oskar war von alldem kein bisschen beeindruckt. Er drückte sich 125 mit dem Rücken gegen die Terrassentür, und was der Helm von seinem Gesicht freigab, war sehr bleich. Sogar seine Stimme war irgendwie bleich, als er sich beklagte. Und vorwurfsvoll.
»Du hast gesagt, hier oben wäre es toll und ungefährlich!«
»Ist es doch auch.«
130 Meine Hoffnung, er würde den Helm mal abnehmen, konnte ich mir wohl abschminken. Was war bloß mit ihm los? Ich hatte angenommen, dass jemand, der immer nur an geplättete Radfahrer und überfahrene Fußgänger dachte, sich über ein bisschen Abwechslung freuen würde. Und es *war* ungefährlich hier oben, außer 135 natürlich, ein Flugzeug plumpste aufs Haus. Ich überlegte, ob ich Oskar fragen sollte, wie viel er über Flugzeugabstürze wusste, aber vermutlich war das keine gute Idee.
»Ich war noch nie auf einem Dach«, sagte er kläglich. »Und jetzt weiß ich auch, warum.« […]
140 »Hast du eigentlich immer vor irgendwas Schiss?«, sagte ich.
»Das ist kein Schiss. Es ist Vorsicht.« […]
»Reine Vorsicht«, wiederholte Oskar murmelnd.
»Selbsterhaltungstrieb.«

8 Erkläre, warum Rico mit Oskar aufs Dach gehen möchte und warum Oskar Angst davor hat.

9 Was müsste passieren, damit Oskar seinen Helm abnimmt? Sammelt Ideen und Vorschläge und tauscht euch darüber aus.

Gewusst wie

Eine Rollenkarte erstellen

Was ist eine Rollenkarte?

Auf einer Rollenkarte stehen wichtige Informationen zu einer Figur. Auf der Vorderseite steht ihr Name. Auf der Rückseite wird die Figur beschrieben.

Wozu dient eine Rollenkarte?

Mithilfe einer Rollenkarte kannst du dir eine Figur gut vorstellen. Außerdem kannst du dich leichter in sie hineinversetzen, bevor du sie in einer Szene als Rolle spielst.

Was gehört auf eine Rollenkarte?

Während des Lesens werden wichtige Informationen zur Figur gesammelt:
– Name, Alter, Wohnort;
– Aussehen, Kleidung;
– Eigenschaften, Verhalten;
– Gedanken, Gefühle;
– eine passende Aussage.

Hier siehst du ein Beispiel für eine Rollenkarte zu Rico:

Du wohnst in Berlin-Kreuzberg.
Du bist nicht besonders klug, beobachtest aber sehr genau.
Du hast fast immer gute Laune.
Du bist neugierig und willst alles wissen.
Manchmal beneidest du deinen Freund Oskar um seine Hochbegabung.
Zitat: »Mathe! Da geht bei mir gar nichts mehr.«

1 Erstelle eine Rollenkarte zu Oskar oder zu Ricos Mutter.

2 Spielt dann Oskars Besuch bei Rico nach.

Nora geht in die 6. Klasse einer schwedischen Schule in Stockholm. Ihre Freundschaft mit Sabina ist vorbei, denn die gehört jetzt zu Fannys Clique. Ausgerechnet die Außenseiterin Karin rückt Nora nun auf die Pelle. Als Fanny und ihre Freundinnen eines Tages zu weit gehen, muss Nora sich entscheiden.

Annika Thor

Ich hätte Nein sagen können

Die Mädchen aus unserer Klasse hatten ein Fußballmatch gegen die Sechste aus der Högalidschule. Wir spielten auf dem Zinkendamm-Sportplatz. Es war das letzte Spiel der Meisterschaften von Söder. Unsere Mannschaft stand auf einem ziemlich
5 guten Tabellenplatz. Fanny ist bärenstark und wird mit jeder Gegenspielerin fertig. Maja ist eine prima Torhüterin. Und ich bin schnell und eine ziemlich gute Torschützin.
Ich schoss tatsächlich das erste Tor des Spiels. Auf der Tribüne saßen die Jungs aus unserer Klasse und die ganze 6 A und feuerten
10 uns an. Sogar Gunilla schrie: »Heja, Nora!«
Das war ein schönes Gefühl, ein Gefühl, wie wenn man an einem Sommermorgen hinaus in den Sonnenschein kommt. An diesem Septembertag schien keine Sonne, es war grau verhangen und ziemlich kalt. Die Zuschauer auf der Tribüne hatten warme
15 Jacken an.
Die anderen aus der Mannschaft umarmten mich. Alle außer Fanny. Die musste sich gerade die Schuhe zubinden. Und Karin, die an der Außenlinie stand und mehr zuguckte als mitspielte.
Das macht sie immer. Sie kann einfach nicht spielen, aber in der
20 anderen Mannschaft gab es auch so ein paar hoffnungslose Typen,

die nur zugucken durften, deshalb war das nicht so schlimm. Es waren noch einige Minuten bis zur Halbzeit und Fanny hatte den Ball. Ich stand frei in der gegnerischen Hälfte. Ich hätte aufs Tor schießen können, wenn ich den Ball bekommen hätte.

25 Aber ich bekam ihn nicht. Fanny schoss selbst. Aus einem unmöglichen Winkel, sie hatte keine Chance, das Tor zu treffen. Und sie traf auch nicht.
Der Schiedsrichter pfiff und die erste Halbzeit war vorbei. [...]
Die Mädchen aus der Högalidschule schossen zu Beginn der
30 zweiten Halbzeit ein Tor und dann passierte eine Weile nicht viel. Ich dachte schon, es würde 1:1 ausgehen – als Fanny den Ball bekam und weit in die gegnerische Hälfte eindrang, ohne dass jemand sie aufhalten konnte. Als sie schon aufs Tor schießen konnte, wurde sie von der linken Verteidigerin angegriffen und der
35 Ball rollte zur Außenlinie.
Dort stand Karin. Sie starrte den Ball an, als wüsste sie gar nicht, was das für ein Ding war, aber dann stoppte sie ihn doch mit dem Fuß.
»Hierher!«, brüllte Fanny, die immer noch eine gute Schuss-
40 position hatte.
Karin versuchte es. Aber der Ball landete direkt vor den Füßen von Högalids Linksaußen, die ihn weiterspielte, und dann war der Ball wieder in unserer Hälfte. Die beste Torschützin von Högalid bekam ihn und Maja kam eine Zehntelsekunde zu spät.
45 »Tor!«, schrien sie. »Tor!«
Fanny ging zu Karin und baute sich dicht vor ihr auf.
»Was hast du da für eine Scheiße gebaut, du blödes Stück! Hau bloß ab und setz dich hin!«
Lotta, unsere Sportlehrerin, sah es sofort. In dieser Beziehung ist
50 sie gut, sie lässt es nicht zu, dass jemand verhöhnt wird, der nicht so gut ist wie die anderen.

»Hör auf, Fanny«, flüsterte Sabina, als sie Lotta kommen sah.
»Fanny!«, sagte Lotta. »Wenn ich noch mal so was von dir höre, dann sitzt du für den Rest des Spiels auf der Bank.«
55 »Wenn hier einer rausmuss, dann ist es wohl die da«, sagte Fanny trotzig. »Die macht doch alles kaputt!«
Aber Lotta blieb hart.
»Ich warne dich ein letztes Mal. Noch ein Wort und du fliegst raus. Kapiert?«
60 Fanny zuckte mit den Schultern.
Kurz vor Spielende bekam ich den Ball wieder, ein paar Meter vom gegnerischen Tor entfernt. Zwei ihrer Spielerinnen waren noch zwischen mir und dem Tor. Aber ich sah die Lücke und schoss. Die Torhüterin hechtete nach dem Ball, aber er flog an ihren ausge-
65 streckten Händen vorbei.
»Tor!«
Die ganze Mannschaft schrie und umarmte mich. Die Jungen und die ganze 6 A kamen von der Tribüne gelaufen. Alle wollten mich anfassen. Sogar Tobbe, der mich sonst gar nicht sah, klopfte mir
70 auf den Rücken.
»Klasse Tor«, sagte er.
Da bekam Sabina einen schwarzen Blick. Fanny nahm sie am Arm und zog sie mit sich vom Platz. Ich sah, dass sie Sabina etwas zuflüsterte, aber ich konnte es nicht verstehen.

75 *Wenn ich daran denke, was danach geschah, wünschte ich fast, ich hätte dieses Tor nicht geschossen. Eigentlich ist es ja egal, wer ein Fußballspiel gewinnt. Jedenfalls gibt es Sachen, die wichtiger sind, als gut Tore schießen zu können. Wie zum Beispiel HALT! zu sagen, wenn etwas passiert, was nicht passieren dürfte. Sich nicht darum*
80 *zu kümmern, was die Leute von einem halten. Zu erkennen, wer ein richtiger Freund ist.*

1 Beschreibe den Spielverlauf. Achte darauf, wer ein Tor schießt und wie es dazu kommt.

2 Welche Meinung habt ihr zum Verhalten der Mädchen? Tauscht euch darüber aus.

3 Lies die letzten Zeilen des Textes noch einmal (Zeile 75–81) und überlege, warum sie schräg gedruckt sind.

Der ganze Aufruhr nach dem letzten Tor trug dazu bei, dass ich als Letzte in den Umkleideraum kam. Die andern hatten schon angefangen, sich umzuziehen. Sabina hatte geduscht und trock-
85 nete sich gerade mit einem rosa Handtuch ab. Aus ihren schwarzen Haaren tropfte es.
Fanny kam aus der Dusche. Sie hatte ein Handtuch um ihren Körper geschlungen.
Der Umkleideraum war fast voll, ich musste also beim Eingang
90 stehen bleiben. [...]
Sabina bürstete sich die Haare, dass die Tropfen nur so spritzten.
»Kannst du meinen Rücken eincremen?«, fragte sie Fanny.
Sie hob die Haare hoch, damit Fanny an ihren Rücken kam.
Es sah hübsch aus, als sie die Geste machte. Sie sah aus wie eine
95 Meerjungfrau.
Ich hatte mich ausgezogen, nahm mein Handtuch und ging auf die Dusche zu.
Karin zog sich in einer Ecke an. Sie hat eine besondere Art, sich nach dem Sportunterricht umzuziehen. Sie zieht sich nie ganz aus,
100 sondern immer nur ein Kleidungsstück zur Zeit, und dann zieht sie sofort ein neues an. Sie will nicht mal ihre Unterwäsche zeigen, so sehr schämt sie sich für ihren Körper.
»Karin?«, hörte ich Fannys Stimme.
»Ja?«
105 »Duschst du eigentlich nie?«
Fanny wusste natürlich, dass Karin nie in der Schule duschte.
»Doch, ich ...«, murmelte Karin.

»Was hast du gesagt? Ich hab dich nicht verstanden«, sagte Fanny höhnisch.

110 Sie ging in Karins Ecke und hielt sich die Nase zu.
»Doch, zu Hause …«
Ich wollte nichts mehr hören. Ich ging in den Duschraum und hängte mein Handtuch an einen Haken. Aus dem Umkleideraum hörte ich Fannys Stimme: »Wie
115 eklig! Wenn jemand nach dem Match nicht duscht. Wahrscheinlich ziehst du wieder dieselben Klamotten an und sitzt damit in der Klasse und riechst.«
Das war gemein. Karin riecht nicht schlecht. Im Gegenteil, sie riecht nach Seife und frisch
120 gewaschener Kleidung. Dass sie nach dem Sportunterricht nicht duscht, macht überhaupt nichts, denn sie tobt nicht herum wie wir anderen und schwitzt nicht unter den Armen.
Ich stellte mich in die Dusche, drehte den Wasserhahn
125 auf und seifte mich ein. Eine Weile ertränkte das Brausen der Dusche die Stimmen aus dem Umkleideraum. Aus den Augenwinkeln sah ich, dass Fanny und Sabina in den Duschraum zurückkamen. Sie hatten sich in ihre Handtücher eingewickelt und flüsterten mitein-
130 ander. Ich kriegte nicht mit, was sie vorhatten, und ich wollte es auch gar nicht wissen.
»Karin!«, rief Fanny. »Komm mal eben her!«
»Warum?«, hörte ich Karin aus dem Umkleideraum antworten.
135 »Wir wollen dir was zeigen«, sagte Fanny.
Ich drehte mich um und sah Maja an der Tür zwischen Dusch- und Umkleideraum. Sie nickte Fanny zu, die mitten im Raum stand. Mit dem Wasserschlauch. Er war auf die Tür gerichtet und Fanny nickte zurück.
140 Sabina stand an der Wand, wo der Wasserschlauch befestigt war. Ihre Hand lag auf dem Wasserhahn.
»Komm endlich!«, rief Fanny.
Karin erschien in der Tür, vollständig angezogen.
»Was ist?«, fragte sie.
145 Alles ging so schnell. Maja machte die Tür von der anderen Seite hinter Karin zu. Fanny richtete den Schlauch auf Karin. Sabina drehte den Hahn auf. Der eiskalte Wasserstrahl traf Karin voll.

Ich musste es mit ansehen. Ich wollte es nicht, aber ich musste.
150 Das Wasser strömte über ihren Kopf und ihren Körper. Das Haar klebte an ihren Wangen und die Kleidung war schon durchnässt. Karin bibberte und weinte, aber sie versuchte nicht zu fliehen. »Aufhören!«, sagte eine kleine dünne Stimme. Ich merkte, dass es meine eigene war.
155 Niemand hörte es.
Ich weiß nicht, wie lange sie das trieben. Es kam mir vor, als ob es eine Ewigkeit dauerte, aber vielleicht war es nur eine halbe Minute. Schließlich sagte Fanny: »Jetzt reicht es.«
Sabina drehte das Wasser ab und Maja öffnete die Tür zum
160 Umkleideraum. Karin stürzte hinaus und im nächsten Augenblick knallte die äußere Tür zu.

Wie kommt es, dass manche Menschen sich nicht verteidigen können? Dass sie einfach aufgeben? Es waren vier gegen eine, aber wenn ich an Karins Stelle gewesen wäre, ich hätte es versucht. Ich hätte gegen ihre
165 *Beine getreten, hätte gebissen und versucht, sie an den Haaren zu reißen. Auf die Art hab ich mich immer verteidigen können. Ich bin klein, aber stark, und ich hab keine Angst vor Größeren.*

4 Stelle den genauen Ablauf der Ereignisse dar. Teile den Text dazu in Abschnitte ein und finde Teilüberschriften.

5 Betrachte das Verhalten von Nora und den anderen vier Mädchen genauer. Beschreibe es.

6 Erstellt Rollenkarten zur Ich-Erzählerin Nora, zu Fanny, Maja, Sabina und Karin sowie zur Sportlehrerin Lotta.

7 Stellt euch vor, die Sportlehrerin kommt in den Umkleideraum. Spielt die Aussprache zwischen ihr und den Mädchen mithilfe eurer Rollenkarten.

8 Stelle dir vor, Nora schreibt abends ihre Gedanken und Gefühle zu den Ereignissen des Tages in ihr Tagebuch. Verfasse diesen Tagebucheintrag.

Fantasie und Wirklichkeit: Abenteuer und Gruseliges

Mit literarischen Texten umgehen

Mit Gedichten umgehen

a   Lies das folgende Gedicht von Heinrich Heine (1797–1856).

Der Wind zieht seine Hosen an

Der Wind zieht seine Hosen an,
Die weißen Wasserhosen!
Er peitscht die Wellen, so stark er kann,
Die heulen und brausen und tosen.

5   Aus dunkler Höh', mit wilder Macht,
Die Regengüsse träufen;
Es ist, als wollt die alte Nacht
Das alte Meer ersäufen.

An den Mastbaum klammert die Möwe sich
10 Mit heiserem Schrillen und Schreien;
Sie flattert und will gar ängstlich
Ein Unglück prophezeien.

Ein Gedicht untersuchen

b   Wie wirkt das Gedicht auf dich? Male ein Stimmungsbild.

c   Nenne das Thema, um das es in diesem Gedicht geht.

d   Untersuche den Aufbau des Gedichts mithilfe des Merkkastens.

e   Suche die sprachlichen Bilder heraus, die der Dichter verwendet.

Gedichte weisen folgende **Merkmale** auf:
- sie drücken bestimmte Stimmungen, Gedanken oder Gefühle des Dichters zu einem Thema aus,
- der Dichter verwendet sprachliche Bilder und Vergleiche,
- Gedichte sind oft in Strophen unterteilt, die aus Versen bestehen,
- die Verse können sich nach einem bestimmten Schema reimen:
  - Paarreim: zwei aufeinanderfolgende Verse reimen sich (a a b b),
  - Kreuzreim: ein Vers reimt sich mit dem übernächsten (a b a b),
  - umarmender Reim: ein Paarreim wird von einem anderen Reim umschlossen (a b b a).

2

a Lies das folgende Gedicht von Joseph von Eichendorff (1788–1857).

Mondnacht

Es war, als hätt der Himmel
Die Erde still geküsst,
Dass sie im Blütenschimmer
Von ihm nun träumen müsst.

5 Die Luft ging durch die Felder.
Die Ähren wogten sacht,
Es rauschten leis die Wälder,
So sternklar war die Nacht.

Und meine Seele spannte
10 Weit ihre Flügel aus,
Flog durch die stillen Lande,
Als flöge sie nach Haus.

b Überlegt, wie ihr eure Gedanken und Gefühle zu diesem Gedicht ausdrücken könntet. Stellt eine Variante vor.

c Nenne das Thema, um das es in diesem Gedicht geht.

d Untersuche den Aufbau des Gedichts. Welches Reimschema hat der Dichter verwendet?

e Suche die sprachlichen Bilder heraus, die der Dichter benutzt.

der Himmel küsst still die Erde, …

f Was könnten diese sprachlichen Bilder bedeuten? Tauscht euch aus.

Ein Gedicht vortragen

→ S.74 Eine Sage gestaltend vorlesen (Lesehilfen)

3 Wähle eins der beiden Gedichte aus Aufgabe 1a und 2a (S.108–109) aus. Bereite es für einen Lesevortrag vor.

a Schreibe das Gedicht in dein Heft und trage Lesehilfen ein.

b Übe deinen Lesevortrag mehrmals. Bringe die Grundstimmung des Gedichts durch deinen Tonfall und dein Sprechtempo zum Ausdruck.

c Tragt beide Gedichte vor. Vergleicht eure Eindrücke von der Grundstimmung beider Gedichte miteinander.

Gedichte vergleichen

4 Vergleiche die Gedichte »Der Wind zieht seine Hosen an« und »Mondnacht« genauer.

TIPP
Nutze dazu die Ergebnisse aus den Aufgaben 1 bis 3.

a Übertrage zuerst folgende Tabelle in dein Heft und ergänze sie.

	Der Wind zieht seine Hosen an	Mondnacht
Dichter	Heinrich Heine	Joseph von Eichendorff
Thema	stürmische Nacht auf dem Meer	eine ruhige Mondnacht
Stimmung	…	…
Strophen		
Verse		
Reimschema		
sprachliche Bilder		
sprachliche Besonderheiten		

b Suche Gemeinsamkeiten und Unterschiede heraus.

c Fasse die Ergebnisse deines Vergleichs in wenigen Sätzen zusammen. Beginne mit den Gemeinsamkeiten.

 5 Wählt eins der beiden Gedichte aus und gestaltet ein Gedicht-Plakat oder ein Gedicht-Bild. Ihr könnt auch mithilfe eures Kunstlehrers einen passenden Rahmen basteln.

> **So kannst du Gedichte miteinander vergleichen**
> 1. Lies die Gedichte aufmerksam.
> 2. Untersuche die Gedichte genauer: Dichter, Thema, Grundstimmung, Strophen, Verse, Reimschema, sprachliche Bilder, sprachliche Besonderheiten.
> 3. Finde Gemeinsamkeiten und Unterschiede heraus.
> 4. Formuliere das Ergebnis des Vergleichs in wenigen Sätzen.

Abenteuer- und Gruselgeschichten lesen und verstehen

1 Abenteuer- und Gruselgeschichten zeichnen sich dadurch aus, dass sie besonders spannend sind.

 a Lest die Überschrift des folgenden Textes. Tauscht euch darüber aus, ob die Überschrift zu einer gruseligen Geschichte passt.

b Welche Erwartungen an den Textinhalt weckt die Überschrift? Notiere deine Vermutungen in einem Satz.

c Lies den Text von Georg Bydlinski und überprüfe deine Vermutungen.

Das duschende Gespenst

Die Eltern waren bei irgendwelchen Schmidts zum Abendessen eingeladen.
Nikki lag in seinem Bett – die Nachttischlampe brannte – und las in einem Gespensterbuch. Da klopfte es an der Tür. Es war Christa.
5 »Nikki«, sagte sie, »wir können nicht einschlafen. Bei uns knackst und knarrt alles und dauernd fahren Autos vorbei.«
»Erzähl uns eine Geschichte!«, sagte Angelika, die nachgekommen war. »Bitte!«
»Na gut«, sagte Nikki. »Ihr seid mir schöne Angsthasen!«
10 Nikki zog seinen Schlafrock an und folgte den Schwestern ins Mädchenzimmer. Auf dem Weg dorthin fiel ihm ein, was er den beiden erzählen würde. Nikki grinste, als er sich einen Sessel an die Betten heranholte ...
»Es war einmal eine Wohnung«, begann er, »die sah fast genauso
15 aus wie unsere. Nur eines war anders –«, (Nikki machte eine Pause, bevor er mit leiserer Stimme weitersprach), »es spukte.«
»Huuu!«, sagten Christa und Angelika.
»Zwischen Badezimmer und Klo war in der Wohnung ein winziger Duschraum – so klein, dass gerade ein Mensch hinein-
20 ging. Könnt ihr euch das vorstellen?«
Christas und Angelikas Köpfe nickten im Dunkeln.
»Der Wohnungsbesitzer«, fuhr Nikki fort, »duschte für sein Leben gern. Eines Tages stand er wieder unter der Brause und sang Seemannslieder. Da kamen seine Feinde daher, ganz leise« –
25 (Nikkis Stimme wurde erneut zu einem Flüstern) – »und mauerten den armen Teufel ein!«

»Nein!«, sagte Angelika.
»Ja!«, sagte Nikki.
Christa sagte nichts, ihr Mund stand weit offen.
»So grausam ist die Welt«, sagte Nikki. »Als der Mann mit dem Duschen fertig war, konnte er nicht mehr hinaus. Überall Wände! Seine Feinde strichen die zugemauerte Tür mit Farbe an, damit niemand bemerkte, dass dahinter ein Raum war ... Nicht einmal das Wasser haben sie ihm abgedreht und jetzt duscht er sogar als Gespenst!«
»Ist er ganz allein?«, fragte Christa, die sich an ihr Polster klammerte.
»Nein«, sagte Nikki. »Ab und zu kommt ihn ein Skelett durch den Luftschacht besuchen und bringt ein neues Stück Seife. Und jetzt schlaft gut!«
Nikki verschwand aus dem Zimmer.
»Nikki! Nikki! Bleib da!«, riefen ihm die Mädchen nach.
Nikki steckte seinen Kopf nochmals zur Tür herein und flüsterte: »Eines hab ich euch zu sagen vergessen: Wundert euch nicht, wenn ihr auf dem Klo sitzt und durch das Entlüftungsgitter kommt plötzlich eine Knochenhand mit einem Badeschwamm. Dann hat sich das Skelett bloß im Zimmer geirrt! Gute Nacht!«
Triumphierend schloss Nikki die Tür hinter sich. Er malte sich den Gesichtsausdruck seiner Schwestern aus. Seit der toten Spinne im Kompott war ihm kein solcher Schlag mehr gelungen!
Nikki las weiter in seinem Buch und aus irgendeinem Grund konnte auch er in dieser Nacht nicht besonders gut schlafen. Um zwölf weckte ihn die Turmuhr: viermal ding für die volle Stunde und dann dong, dong, dong, dong, dong, dong, dong, dong, dong, dong, dong, dong. Gespenstisch.
Nikki erhob sich und wankte aufs Klo. Als er sich dort niedergelassen hatte, hörte er hinter der Wand ein Geräusch ...

Mit literarischen Texten umgehen **113**

Wasser! Ein Rauschen! So rauscht das Wasser nur, wenn jemand duscht!
60 Nikki sprang auf und stürzte mit einem Schrei ins Vorzimmer. Er rannte den Schirmständer um und schlug mit dem Knie an den Schuhschrank. Dabei wurde er erst so richtig wach. Aber das Rauschen war immer noch da.
Die Badezimmertür ging lautlos auf.
65 »Das Duschgespenst!«, dachte Nikki. »Es hat sich befreit!«
Doch im Türrahmen stand ein erstaunter Vater, triefnass und mit Shampoo-schaumigen Haaren.
»Du?«, sagte Nikki ungläubig.
»Na klar«, sagte der Vater. »Bei den Schmidts haben alle wie die
70 Schlote geraucht und ich hab ganz nach Zigaretten gestunken. So wollte ich nicht ins Bett!«
Nikki nickte.
»Wen hättest du denn sonst erwartet, um diese Zeit?«, fragte der Vater. »Etwa ein Gespenst?«
75 »Ach wo!«, sagte Nikki schnell. »Gespenster gibt es nicht!«

Eine Gruselgeschichte untersuchen

d Wie wirkt der Text auf dich? Nenne passende Adjektive.

e Teile den Text in Abschnitte ein und finde passende Überschriften.

2 Untersuche den Aufbau der Gruselgeschichte auf S. 111–113.

a Gliedere die Geschichte in Einleitung, Hauptteil und Schluss.

Den Spannungsaufbau beschreiben

b Zeichne einen Spannungsbogen in dein Heft. Ergänze zu Einleitung, Hauptteil, Höhepunkt und Schluss passende Zeilenangaben und Stichpunkte zum Inhalt.

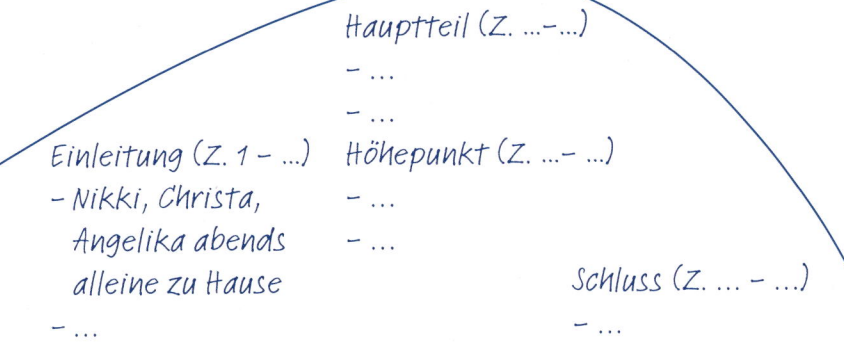

> **!** **Abenteuer- oder Gruselgeschichten** haben einen typischen Handlungsaufbau, den man mithilfe eines **Spannungsbogens** darstellen kann.
> - Die **Einleitung** führt zum Geschehen hin und macht die Leserinnen und Leser neugierig.
> - Im **Hauptteil** wird die Spannung in mehreren Erzählschritten bis zum **Höhepunkt** gesteigert.
> - Zum **Schluss** erfolgt die Auflösung.

 3 Erklärt, wodurch die Gruselgeschichte auf S. 111–113 spannend wirkt.

TIPP
Achtet besonders auf treffende Adjektive, lebendige Verben und auf das, was die Figuren denken und fühlen.

a Lest den Text noch einmal. Sprecht zu zweit darüber, wodurch Spannung entsteht und notiert eure Beobachtungen. Geht dabei besonders auf die Gestaltung des Höhepunkts der Geschichte ein.

b Gestaltet ein Lernplakat, auf dem ihr Tipps und Tricks zum spannenden Erzählen festhaltet.

4 Das Sprichwort »Wer anderen eine Grube gräbt, fällt selbst hinein« passt auf die Geschichte.

a Erkläre, warum. Notiere deine Antwort in wenigen Sätzen.

b Schreibe eine eigene Geschichte, die zu diesem Sprichwort passt.

Was habe ich gelernt?

5 Überprüfe, was du über den Umgang mit literarischen Texten gelernt hast. Ergänze dazu die folgenden Sätze und beantworte die Fragen. Schreibe in dein Heft.

1 Gedichte bestehen aus … und … .
2 Was ist ein Paarreim? Nenne Beispiele.
3 Neben dem Paarreim kenne ich noch die folgenden beiden Reimschemata: …
4 So gehe ich vor, wenn ich zwei Gedichte miteinander vergleiche: …
5 Welcher Handlungsaufbau ist für Abenteuer- oder Gruselgeschichten typisch?
6 Gruselgeschichten gefallen mir (nicht), weil …

Erzählen

Eine Gruselgeschichte schreiben

1 Auf S. 111–113 hast du bereits eine Gruselgeschichte kennen gelernt.

a Lies die folgende Geschichte von Marianne Thiele.

Spuk in der Mittsommernacht

Die Gespenstergeschichte war schaurig schön, sodass Jan darüber total die Zeit vergessen hatte. Er legte das Buch unter sein Kopfkissen und lenkte den Strahl der Taschenlampe auf den Wecker. Inzwischen war es fast Mitternacht! Bloß gut, dass Mutti nichts
5 von seinen Schmökerstunden wusste. [...]
Als Jan seine Taschenlampe wie gewohnt im Kleiderschrank verstecken wollte, erlebte er eine Überraschung. »Frechheit! Tür zu!«, fauchte ihn ein wütendes Stimmchen an. Im Sockenfach hockte ein merkwürdiger Zwerg. Ein Pelz, der so farbig wie ein
10 Flickenteppich war, bedeckte seinen Körper von Kopf bis Fuß. Der Hals war so kurz, dass er eigentlich nicht der Rede wert war. Zwei blanke blaue Augen fassten den Menschen empört ins Auge, und eine kleine schwarze Nase saß wie das berühmte i-Tüpfelchen mitten im Pelzgesicht.
15 Jan war so verdattert, dass er auf der Stelle gehorchte.
Wieso hockte da ein schlecht gelauntes Monster mitten im Schrank? Und noch dazu eins, das ihm dumme Vorschriften machen wollte? Er legte sein Ohr ans Holz und horchte. »Ei-eins«, zählte drinnen das Stimmchen angestrengt, »vie-ier, zwei-ei, drei-äh ... verflixt, das
20 stimmt ja schon wieder nicht!«
»Der Blödmann nervt total«, knurrte Jan. »Und genau das sag ich ihm jetzt!« Er öffnete erneut die Tür.
»Eins, drei-ei, zwei – bäh, du schon wieder?«, schnarrte das Pelzwesen. Es versuchte soeben, sich drei Socken auf einmal
25 anzuziehen. Doch da es nur zwei Füße hatte, ging die Rechnung nicht auf. »Oje! Wieder verzählt!«, klagte es. Ratlos hielt es Jan den übrig gebliebenen Strumpf hin. »Kannst du zählen, Mensch? Kannst du mir sagen, wie viele neue Socken ich brauche?«
»Natürlich zwei!«
30 »Wie viel ist zwei?«, wollte das Monster wissen.
Der Junge holte einen Filzstift und malte dem kleinen Kerl Daumen und Zeigefinger grün an. »Siehst du?«, sagte er.

»So kannst du dir das merken. Du brauchst so viele Socken, wie du grüne Finger hast – eins – zwei.«

35 Das Monster nickte glücklich. »Ich bin ein Sockengrabsch«, erklärte es. »Ich sammle überall Socken – in den Kinderzimmern, auf den Wäscheplätzen und bei Sportwettkämpfen. Und wenn sie mir mal nicht gefallen, fresse ich bloß Löcher hinein und lass sie liegen.«
Es grinste und zeigte dabei spitze weiße Zähne. Dann packte es
40 Jans Tennissocken, lief damit flink zum offenen Fenster und hopste aufs Fensterbrett.
»He, warte mal«, rief Jan ihm hinterher. »Monster sind doch eigentlich unsichtbar. Warum nicht du?«
»Das weißt du nicht?«, wunderte sich der Grabsch. »Heute, in der
45 Mittsommernacht, gilt dieses uralte Gespenstergesetz nicht. Du kannst nicht nur mich, sondern alle möglichen Geister sehen – im Garten, im Dorf, da hinten im Wald ...« Damit war das Sockenmonster verschwunden.
Jan schloss ganz schnell das Fenster – denn drüben im Apfelbaum
50 hockte ein weißes Ding, das neugierig zu ihm herüberschielte. Aber vielleicht war es auch nur – Nachbars Katze?

b Überlege, wodurch die Geschichte unterhaltsam wird.

> **!** Um eine Geschichte spannend zu erzählen, kann man verschiedene **Gestaltungsmittel** nutzen:
> - die Figuren lebendig und anschaulich beschreiben,
> - die Gedanken und Gefühle der Figuren verdeutlichen,
> - wörtliche Rede einbauen,
> - anschauliche Vergleiche, treffende Verben und Adjektive verwenden.

2 Schreibe eine Gruselgeschichte über das weiße Ding, das im Apfelbaum hockt und neugierig herüberschielt.

Eine Erzählung planen

a Schreibe zuerst einen Erzählplan für deine Geschichte.

Einleitung: Zeit und Ort: ...
                Personen: ...
Hauptteil: Handlung: 1. ...
                                2. ...
Schluss: ...

> **!** Bevor man eine Geschichte aufschreibt, kann man sich mit einem **Erzählplan** vorbereiten. Dazu stellt man sich folgende Fragen:
> - **Worüber** soll erzählt werden?
> - Welche **Handlungsschritte** sind wichtig?
> - An welchen **Orten** und zu welcher **Zeit** geschieht etwas?
> - Welche **Personen** spielen eine Rolle?
> - Welche **Dialoge** sollen an welcher Stelle eingebaut werden?
> - Welche **Einleitung** macht den Leser neugierig?
> - Welcher **Schluss** rundet die Geschichte ab?

Einen Textentwurf schreiben

b Formuliere einen Entwurf deiner Gruselgeschichte.

Den Entwurf überarbeiten

c Überarbeite den Entwurf deiner Geschichte.

> *Überarbeiten:*
> *Schreibaufgabe beachtet?* ✓
> *Personen, Orte genau beschrieben?* ✓
> *Anschauliche Adjektive und Verben verwendet?* ☐
> *Abwechslungsreiche Satzanfänge gestaltet?* ☐
> *Wörtliche Rede eingebaut?* ☐
> *Einleitung und Schluss gelungen?* ☐
> *Rechtschreibung geprüft?* ☐

d Schreibe die Endfassung der Geschichte in dein Heft.

3 Schreibe mithilfe eines Erzählplans eine Gruselgeschichte. Nutze die folgende Reizwortkette.

Skelett – Geisterstunde – Grabstein – knöcherne Hand – Fledermaus

4 Schreibe eine Gruselgeschichte. Nutze dazu einen Erzählplan.

So kannst du eine Gruselgeschichte schreiben
1. Überlege, warum und für wen du deine Geschichte schreibst.
2. Entwirf einen Erzählplan.
3. Schreibe einen Entwurf der Geschichte mithilfe des Erzählplans.
4. Überarbeite deinen Entwurf und schreibe die Endfassung.

Einen Erzählkern ausgestalten

Erzählkerne geben Ort, Zeit und Personen sowie wichtige Handlungsschritte vor. Man kann z. B. Zeitungsmeldungen nehmen und sie zu einer Erzählung ausgestalten.
Zunächst müssen dem Erzählkern alle wichtigen Informationen entnommen werden. Dann denkt man sich eine passende Geschichte dazu aus. Zusätzliche Personen und Handlungsschritte können hinzugefügt werden. Außerdem muss man noch eine Einleitung, einen Schluss und eine passende Überschrift formulieren.

Eine Abenteuergeschichte planen

1

a Lies die folgende Zeitungsmeldung.

> Zwei 12-Jährige verbrachten die Nacht von Freitag zu Sonnabend in einem großen Kaufhaus in Rostock. Laut Polizei waren die beiden in der Spielwarenabteilung vom Verkäufer übersehen und eingeschlossen worden. Erst am nächsten Morgen konnten die Eltern ihre vermissten Kinder in die Arme schließen. Die Kinder waren müde, aber glücklich.

b Schreibe die wichtigsten Informationen aus der Zeitungsmeldung heraus. Nutze dazu *W*-Fragen.

Wer? zwei 12-Jährige   Wo? ...   ...

c Überprüfe, ob du die Handlung in Handlungsschritte zerlegen kannst. Ordne diese in der richtigen Reihenfolge.

Was passierte? – der Verkäufer übersah die Kinder   ...

→ S. 233 Einen Cluster entwerfen

2 Denke dir nun eine Abenteuergeschichte zur Zeitungsmeldung aus. Nutze zur Stoffsammlung einen Cluster.

a Überlege, ob du zusätzliche Personen aufnehmen möchtest.

b Schreibe weitere Handlungsschritte auf. Überlege, was die Kinder nachts erlebt haben könnten.

c Überlege, aus welcher Perspektive du die Geschichte erzählen möchtest.

Einen Textentwurf schreiben

3 Formuliere die Abenteuergeschichte mithilfe deiner Stichpunkte. Lass einen breiten Rand zum Überarbeiten.

Den Entwurf überarbeiten

→ **S. 45** Eine Schreibkonferenz durchführen

4 Überarbeite deinen Textentwurf.

a Lies die Schreibaufgabe noch einmal und prüfe, ob du sie erfüllt hast.

b Überlege, welche Personen und Orte du besonders anschaulich beschreiben solltest.

c Wähle geeignete Stellen für die Verwendung der wörtlichen Rede aus und formuliere Dialoge.

d Prüfe, ob deine Einleitung die Leser neugierig macht.

e Überlege, ob dein Schluss die Geschichte abrundet.

f Kontrolliere die Wortwahl, den Satzbau und die Rechtschreibung.

g Schreibe die Endfassung der Geschichte in dein Heft.

TIPP
Verwende anschauliche Adjektive und Verben. Gestalte abwechslungsreiche Satzanfänge.

> **So kannst du einen Erzählkern ausgestalten**
> 1. Entnimm dem Erzählkern die wichtigsten Informationen (*Wer? Wann? Wo? Was passiert?*).
> 2. Zerlege die Handlung in Handlungsschritte und ordne diese in der logischen und zeitlichen Reihenfolge.
> 3. Ergänze Handlungsschritte oder baue vorhandene aus.
> 4. Überlege, wer die Geschichte erzählen soll (Erzählperspektive).
> 5. Schreibe einen Entwurf deiner Geschichte.
> 6. Überarbeite deinen Entwurf und schreibe die Endfassung.

Was habe ich gelernt?

5 Überprüfe, was du über das Erzählen gelernt hast. Schreibe dazu eine Checkliste für eine gelungene Erzählung. Markiere in deiner Checkliste, bei welchen Punkten du unsicher bist und noch üben möchtest.

Christian Morgenstern

Die Trichter

Zwei Trichter wandeln durch die Nacht.
 Durch ihres Rumpfs verengten Schacht
   fließt weißes Mondlicht
     still und heiter
       auf ihren
       Waldweg
        u. s.
          w.

Christian Morgenstern

Gruselett

Der Flügelflagel gaustert
durchs Wiruwaruwolz,
die rote Fingur plaustert,
und grausig gutzt der Golz.

❶ Beschreibe die Wirkung, die das Gedicht »Die Trichter« bei dir hervorruft.

❷ Trage das Gedicht »Gruselett« so vor, dass dein Publikum eine Gänsehaut bekommt.

❸ Überlegt, was die Fantasiewörter im Gedicht »Gruselett« bedeuten könnten.

❹ Denke dir weitere Strophen zum »Gruselett« aus. So könntest du beginnen:

Das Ritzelrutzel glittert
Im Nibunabunorf,
der schwarze Telaf stittert
und heimlich hitzt das Horf …

Erich Weinert

Gespensterballade

Eine Morgensternschnuppe

Gespinst
Gespunk
Es grinst
Der Unk
5 Im Wald
Am Teich
So kalt
So bleich.

Der Sumpf
10 Bespinnt
Sich dumpf
Und blind.
Was schaut
Der Elb?
15 Schon graut
Es gelb.

Was schrie
Im Schilf?
Mari-
20 A hilf!
Was lacht
Der Glimm?
Die Nacht
Ist schlimm.

1 Schreibe zu diesem Gedicht Worterklärungen für Wörter, die nicht im Wörterbuch zu finden sind.

2 Auf Seite 120 findet ihr zwei Gedichte von Christian Morgenstern. Überlegt, warum Erich Weinert seinem Gedicht den Untertitel »Eine Morgensternschnuppe« gegeben hat.

3 Trage das Gedicht wirkungsvoll vor.

Johann Wolfgang von Goethe

Erlkönig

Wer reitet so spät durch Nacht und Wind?
Es ist der Vater mit seinem Kind;
Er hat den Knaben wohl in dem Arm,
Er fasst ihn sicher, er hält ihn warm.

5 »Mein Sohn, was birgst du so bang dein Gesicht?« –
»Siehst, Vater, du den Erlkönig nicht?
Den Erlenkönig mit Kron' und Schweif?« –
»Mein Sohn, es ist ein Nebelstreif.« –

»Du liebes Kind, komm, geh mit mir!
10 Gar schöne Spiele spiel ich mit dir;
Manch bunte Blumen sind an dem Strand;
Meine Mutter hat manch gülden Gewand.«

»Mein Vater, mein Vater, und hörest du nicht,
Was Erlenkönig mir leise verspricht?« –
15 »Sei ruhig, bleibe ruhig, mein Kind;
In dürren Blättern säuselt der Wind.« –

»Willst, feiner Knabe, du mit mir gehn?
Meine Töchter sollen dich warten schön;
Meine Töchter führen den nächtlichen Reihn
20 Und wiegen und tanzen und singen dich ein.«

»Mein Vater, mein Vater, und siehst du nicht dort
Erlkönigs Töchter am düstern Ort?« –
»Mein Sohn, mein Sohn, ich seh es genau:
Es scheinen die alten Weiden so grau.« –

25 »Ich liebe dich, mich reizt deine schöne Gestalt;
Und bist du nicht willig, so brauch ich Gewalt.« –
»Mein Vater, mein Vater, jetzt fasst er mich an!
Erlkönig hat mir ein Leids getan!« –

Dem Vater grauset's, er reitet geschwind,
30 Er hält in den Armen das ächzende Kind,
Erreicht den Hof mit Müh und Not;
In seinen Armen das Kind war tot.

1 Sieh dir die Zeichnungen an. Passen sie deiner Meinung nach gut zu dem Gedicht? Begründe deine Meinung.

2 Fasse den Inhalt jeder Strophe in einem Satz zusammen.

3 Was macht dem Knaben solche große Angst? Suche die entsprechenden Textstellen heraus.

4 Tauscht euch darüber aus, wodurch das Gedicht spannend wirkt.

5 Übt den gemeinsamen Vortrag des Gedichts. Legt fest, wer den Erzähler, den Vater, das Kind und den Erlkönig spricht. Überlegt, welche Stimme und Stimmung dazu passt (z. B. vernünftig, ängstlich, verführerisch). Ihr könnt auch Geräusche hinzunehmen, z. B. Pferdegetrappel, das ihr mit zwei Kokosnussschalen erzeugt.

»Die meisten Abenteuer, die in diesem Buch erzählt werden, haben sich wirklich begeben. Eines oder zwei davon habe ich selbst erlebt.« Das sagt Mark Twain über seinen Roman »Tom Sawyers Abenteuer«, der zu den Klassikern der Weltliteratur zählt. Das Buch handelt von den Erlebnissen des Waisenjungen Tom in den amerikanischen Südstaaten zu Beginn des 19. Jahrhunderts.

Mark Twain

Die Abenteuer von Tom Sawyer

Der Samstag brach an. [...] Tom erschien auf dem Seitenpfad mit einem Eimer voll Farbe und einem riesigen Pinsel. Er betrachtete den Zaun. Alle Fröhlichkeit schwand aus seinem Wesen und tiefe Melancholie bemächtigte sich seiner.

5 Fünfunddreißig Meter Gartenzaun! Neun Fuß[1] hoch! Das Leben erschien ihm leer und das ganze Dasein nichts als eine Last. Seufzend tauchte er den Pinsel ein und führte ihn über die oberste Planke. Einmal, zweimal wiederholte er die Prozedur. Dann verglich er die winzige weißgetünchte Strecke mit dem weiterhin
10 drohenden Kontinent des schmutziggrauen Zaunes und setzte sich entmutigt auf einen Baumstamm. [...]
In seinem Kopf wogten alle die Kriegspläne, die er für diesen Tag geschmiedet hatte, hin und her und seine Sorgen vervielfachten sich. Bald würden die Jungen, die frei hatten, vorüberkommen, auf
15 dem Wege zu allen möglichen interessanten Expeditionen, und sie würden ein furchtbares Hohngelächter anschlagen, dass er arbeiten musste. Der Gedanke allein brannte wie Feuer.
Er kramte alle seine Reichtümer hervor und prüfte sie: Stücke von Spielsachen, Murmeln und anderes Zeug: vielleicht genug, um
20 eine Arbeit gegen eine andere auszutauschen, aber nicht genug, um eine so wertvolle Sache wie auch nur eine halbe Stunde Freiheit zu kaufen. Mutlos steckte er seine armseligen Besitztümer in die Tasche zurück und strich weiter.
Wenn die Not am größten, ist Gottes Hilfe am nächsten: In diesem
25 dunklen und hoffnungslosen Augenblick kam ihm eine Inspiration, eine große, eine großartige Erleuchtung! Er nahm seinen Pinsel wieder auf und ging zuversichtlich an die Arbeit.
Ben Rogers kam soeben in Sicht, gerade der Junge, dessen Hohn er am meisten fürchtete. Ben kam in einem kurzen und hopsenden
30 Trab daher – Beweis genug, dass sein Herz leicht und seine Ziele hochgesteckt waren. Er aß einen Apfel und stieß dabei ab und zu

[1] *altes Längenmaß*
1 Fuß sind ca. 30 cm

einen langen, melodischen Pfiff aus, dem jedes Mal ein tiefes »Bickebuckebickebuckebickebucke« folgte. Er stellte einen Dampfer vor. [...] Er war Dampfboot, Kapitän und Dampfpfeife zugleich und musste auf seinem eigenen Kommandodeck stehen, Befehle geben und sie selbst ausführen.

»Stoppen! Klingeling-ling!«

Die Hauptstraße war beinahe zu Ende und er bog langsam in den Seitenweg ein.

»Halbe Kraft rückwärts! Klingeling-ling!« Seine Arme hoben und senkten sich ruckweise.

»Steuerbord rückwärts! Klingeling-ling! Tuut! Tuhuut Tut!« Der rechte Arm ruderte inzwischen gewaltig in der Luft umher, denn er stellte ein Schaufelrad von vierzig Fuß Umfang vor.

»Backbord rückwärts! Klingelingeling! Tuut! Tuhuut Tut!«

Die linke Hand begann ebenfalls zu rudern. [...]

»Schtschtscht!« Die Ventile arbeiteten.

Seelenruhig tünchte Tom seinen Zaun, ohne den Dampfer zu bemerken. Ben starrte einen Augenblick, dann sagte er:

»He – he – auf dem Trocknen, was?«

Keine Antwort. Mit dem Blick des Künstlers betrachtete Tom seine Malerei, dann gab er dem Pinsel einen eleganten Schwung und prüfte wieder das Resultat. Ben legte sich langseits von ihm. Der Apfel ließ Tom das Wasser im Mund zusammenrinnen, aber er blieb in seine Arbeit versunken.

Ben sagte: »Hallo, alter Freund, du musst also arbeiten, was?«

Tom fuhr herum: »Hallo, da bist du ja, Ben! Hab' dich gar nicht gesehen.«

»Du, ich gehe jetzt schwimmen. Möchtest du nicht auch? Aber ich glaube, du arbeitest lieber, was? Viel lieber, nicht?«

Tom betrachtete den Jungen von oben bis unten und sagte: »Was nennst du denn arbeiten?«

»Wieso? Ist das vielleicht keine Arbeit?«

Tom fing wieder an zu streichen und antwortete gleichgültig:

»Kann sein ja, kann sein nein. Ich weiß nur, dass es Tom Sawyer Spaß macht.«

»Du willst doch nicht etwa sagen, dass du das gern tust?«

Der Pinsel ging weiter hin und her.

»Gern? Warum soll ich das nicht gern tun? Kriegt unsereiner vielleicht jeden Tag einen Zaun zu pinseln?«

Das setzte die Sache in ein neues Licht. Ben unterbrach sein Knabbern. Tom schwang den Pinsel rauf und runter, trat zurück, um die Wirkung zu prüfen, fügte hier und da einen Strich hinzu, kritisierte wieder das Ergebnis. Ben bewachte jetzt jede Bewegung und sein Interesse wuchs.

Plötzlich sagte er: »Tom, lass mich einmal ein bisschen streichen.« Tom überlegte. Er schien schon bereit zuzustimmen, aber er änderte wieder seinen Entschluss.

»Nein, lieber nicht; es wird nicht gehen, Ben. Tante Polly nimmt es furchtbar genau mit dem Zaun, weißt du. Es ist auch gerade hier so an der Straße – wenn es so ein hinterer Zaun wäre, hätte ich ja nichts dagegen, und sie auch nicht. Aber auf den Zaun hier ist sie mächtig scharf und es muss ganz sorgfältig gemacht werden. […]«

»Tatsächlich? Ach, komm, lass mich einmal versuchen, bloß ein bisschen, ich würde dich auch lassen, wenn ich es wäre, Tom.«

»Bei Gott, Ben, ich täte es gern, aber Tante Polly … Jim wollte vorhin auch, aber sie hat es nicht erlaubt. Auch Sid wollte gern, aber sie lässt ihn auch nicht. Siehst du, ich bin festgenagelt. Wenn du den Zaun zu Ende streichst und irgendetwas geht schief …«

»Ach, Quatsch! Ich werde mich schon vorsehen. Lass mich einmal probieren. Du, ich geb' dir den Rest von meinem Apfel.« Tom gab ihm den Pinsel, Widerwillen im Gesicht, Frohlocken im Herzen. Und während das Dampfboot »Big Missouri« in der heißen Sonne arbeitete und schwitzte, saß der in Ruhestand versetzte Künstler im Schatten auf einem Fass, ließ die Beine baumeln, knabberte an seinem Apfel und hielt nach neuen Opfern für seine Schlachtbank Ausschau. Es fehlte nicht an Material.

❶ Erkläre, wie Tom es schafft, Ben für das Streichen des Zaunes zu begeistern.

Jeden Augenblick schlenderte ein Junge vorbei. Sie kamen, um sich lustig zu machen, und sie blieben, um zu – pinseln. Denn mit der Zeit wurde Ben müde. Tom hatte aber schon die nächsten Latten des Zaunes an Billy Fischer vermietet gegen einen gut erhaltenen Drachen. Als Billy fertig war, erwarb Jonny Müller das nächste Stück zum Malen. Er zahlte dafür eine tote Ratte und ein Stück Bindfaden, an dem man sie herumschwingen konnte.

So ging es Stunde um Stunde weiter und als der halbe Nachmittag um war, war aus dem kümmerlichen, mit Armut geschlagenen Tom des Morgens buchstäblich ein Kapitalist geworden, der im Reichtum schwamm. Er hatte außer den Dingen, die ich schon erwähnt habe, erworben: zwölf Murmeln, ein Stück von einer

110 Mundharmonika, eine blaue Glasscherbe, als Monokel zu gebrauchen, ein zerbrochenes Blasrohr, einen Schlüssel, der nirgends passte, einen Brocken Kreide, einen Glastöpsel von einer Karaffe, einen Zinnsoldaten, ein paar Kaulquappen, sechs Knallerbsen, ein lebendiges Kätzchen, das nur ein Auge hatte, einen
115 Türgriff aus Messing, ein Hundehalsband, einen Messergriff, vier Stück Apfelsinenschale und einen demolierten Fensterrahmen. Zu alledem hatte er eine gute, vergnügte, faule Zeit gehabt, massenhaft Gesellschaft und der Zaun war mit einer dreifachen Tünche versehen! Wenn nicht schließlich die Farbe ausgegangen wäre,
120 hätte er bestimmt sämtliche Jungen des Ortes Bankrott gemacht. Tom fand, dass die Welt alles in allem doch gar nicht so schlecht sei. Er hatte, ohne es zu ahnen, ein wichtiges Gesetz der menschlichen Tätigkeit entdeckt, nämlich dass man, um jemandem eine Sache begehrenswert zu machen, sie nur als schwer erreichbar
125 hinstellen muss. Es ist die alte Geschichte von den Kirschen in Nachbars Garten …

2 Was ist mit dem letzten Satz gemeint? Notiere deine Antwort in wenigen Sätzen.

3 Stellt die Begegnungen mit den anderen Jungen szenisch dar. Überlegt euch dazu Dialoge.

4 Sicher kennt ihr auch andere Abenteuergeschichten. Bereitet eine Buchvorstellung im Partnerteam vor. Beachtet dazu die Tipps auf S. 95.

Der zwölfjährige Prosper und sein kleiner Bruder Bonifazius, genannt Bo, sollen nach dem Tod ihrer Eltern getrennt werden. Deshalb reißen sie aus und flüchten von Hamburg nach Venedig. Doch die Tante der beiden engagiert den Privatdetektiv Victor Getz, um die Kinder zu finden und zurückzubringen. In Venedig freunden die Brüder sich mit den Straßenkindern Wespe, Mosca und Riccio an. Gemeinsam leben sie in einem alten baufälligen Kino. Der Anführer der Straßenkinder ist Scipio, auch »Herr der Diebe« genannt. Er taucht nur an manchen Tagen im Kino auf und bringt gestohlene Antiquitäten mit, die die Kinder verkaufen sollen.

Cornelia Funke

Herr der Diebe

Prosper zog die Schultern hoch und sah sich unbehaglich um, als wäre ihm der kalte Wind in den Nacken gefahren. […] Nachdenklich wich er zwei Frauen aus, die sich mitten auf der Gasse lautstark stritten, und stieß dabei mit einem Mann zusammen, der aus
5 einer Bar trat, ein Stück Pizza in der Hand. Es war ein stämmiger, kleiner Mann mit einem Schnurrbart wie ein Walross, an dem etwas Käse klebte. Unwillig drehte er sich um – und starrte Prosper an, als wäre er ein Gespenst.
»*Scusi*«, murmelte Prosper und schob sich hastig weiter in das
10 dichte Gedränge, das so schnell unsichtbar machte.
»He, was rennst du so?« Riccio hielt ihn an der Jacke fest, im Arm die fast leere Kuchenschachtel.
Prosper sah sich um. »Da hat mich einer so komisch angestarrt.« Beunruhigt musterte er die vorbeidrängenden Leute. Aber der
15 Mann mit dem Walrossbart war nirgends zu entdecken.
»Angestarrt?« Riccio zuckte die Achseln. »Na und? Kam der Kerl dir bekannt vor?«
Prosper schüttelte den Kopf. Und sah sich noch einmal um. Ein paar Schulkinder, ein alter Mann, drei Frauen mit voll-
20 gestopften Einkaufskörben, eine Gruppe Nonnen …
Er griff nach Riccios Arm und zerrte ihn weiter.
»Was ist?« Vor Schreck hätte Riccio fast die Kuchenschachtel verloren.
»Der Kerl folgt uns.« Prosper lief schneller, immer schneller […].
25 »Was redest du denn da?«, rief Riccio ihm nach.
»Er ist hinter uns her!«, stieß Prosper hervor. »Er hat versucht, sich zu verstecken, aber ich hab ihn gesehen.«

Riccio blickte sich nach dem angeblichen Verfolger um, aber alles, was er sah, waren gelangweilte Gesichter, die in die
30 Schaufenster starrten, und Schulkinder, die sich kichernd schubsten.

»Prop, das ist absoluter Blödsinn!« Er holte Prosper ein und verstellte ihm den Weg. »Beruhige dich, klar? Du siehst Gespenster.«

35 Aber Prosper antwortete nicht. »Komm mit!«, zischte er – und zerrte Riccio in eine Gasse […]. Der Wind fuhr ihnen entgegen, als hätte er in der dunklen Enge sein Zuhause. Riccio wusste, wohin dieser wenig einladende Gang führte: auf einen versteckten Hof und von dort in ein Labyrinth von Gassen, in dem sich selbst ein
40 Venezianer verirren konnte. Kein schlechter Weg, um einen Verfolger abzuschütteln. Aber Prosper war schon wieder stehen geblieben, presste sich gegen die Mauer und beobachtete die Leute, die sich draußen auf der Gasse vorbeischoben.

»Was soll das nun wieder werden?« Riccio lehnte sich neben ihn
45 und zog sich fröstelnd die Pulloverärmel über die Finger.

»Ich werd ihn dir zeigen, wenn er vorbeikommt.«

»Und dann?«

»Wenn er uns entdeckt, rennen wir.«

»Toller Plan!«, murmelte Riccio und schob nervös die Zunge in
50 die Lücke, die vorn zwischen seinen Zähnen klaffte. Den Zahn, der dort fehlte, hatte er auch bei einer Verfolgungsjagd verloren.

»Komm, lass uns einfach verschwinden«, flüsterte er Prosper zu. »Die anderen warten schon auf uns.« Aber Prosper rührte sich nicht.

55 Die Schulkinder hüpften an ihrem Versteck vorbei, dann kamen die Nonnen in ihren schwarzen Gewändern. Und dann erschien ein Mann: kurz und stämmig, mit großen Füßen und einem Walrossbart. Suchend blickte er sich um, stellte sich auf die Zehenspitzen, reckte den Hals und
60 fluchte.
Die beiden Jungen wagten kaum zu atmen. Dann, endlich, ging der Fremde weiter.
Riccio regte sich zuerst. »Ich kenn den Kerl!«, stieß er hervor. »Lass uns verschwinden, bevor er noch mal zurückkommt!«
65 Mit klopfendem Herzen stolperte Prosper ihm nach, lauschte den eigenen Schritten, die ihm verräterisch nachhallten. Sie rannten die enge Gasse hinunter, über einen häuserumstandenen Platz, über eine Brücke, dann wieder eine Gasse hinunter. Prosper wusste schon bald nicht mehr,
70 wo sie waren, aber Riccio lief voran, als könnte er sich noch mit verbundenen Augen in dem Gewirr von Gassen und Brücken zurechtfinden. Dann stolperten sie plötzlich ins Sonnenlicht und vor ihnen lag der Canal Grande, der Große Kanal. An seinem Ufer drängten sich die Menschen, und
75 auf dem glitzernden Wasser wimmelte es von Booten.

1 Prosper und Riccio flüchten und stolpern schließlich ins Sonnenlicht. Ist die Gefahr jetzt vorbei? Was denkst du? Begründe deine Meinung.

2 Untersuche, mit welchen sprachlichen Mitteln die Autorin Spannung erzeugt. Achte besonders auf aussagekräftige Verben und Adjektive.

3 Wie werden die verschiedenen Orte in Venedig beschrieben, an denen die Handlung spielt? Schreibe passende Textstellen heraus.

4 Wie wirkt diese Beschreibung auf euch? Tauscht euch aus.

5 Wie könnte es an den verschiedenen Orten riechen? Gestalte eine Geruchslandkarte. Zeichne eine Skizze von den einzelnen Stationen der Verfolgungsjagd. Markiere darin mithilfe von geeigneten Symbolen mögliche Gerüche, z.B. einen Fisch für den Fischgeruch und einen Salzstreuer für die salzige Seeluft am Canal Grande.

Über Sprache nachdenken

Wortarten und Wortformen

Nomen/Substantive

1

a Lest euch gegenseitig den folgenden Text ohne die unterstrichenen Nomen vor. Sagt, worum es in dem Text gehen könnte.

[1] Bicycle Moto Cross

Caroline Buchanan

Die BMX[1]-Fans in Australien kennen *ihren* Namen, denn Caroline Buchanan holt *einen* Meisterpokal nach dem anderen. *Die* BMX-Premiere bei *den* Olympischen Spielen in Peking 2008 hat *die* junge Frau verpasst. Mit *ihren* 17 Jahren war *der* australische Star auf zwei kleinen 20-Zoll-Rädern zu jung für *den* Start. Bei Olympia müssen BMX-Fahrerinnen mindestens 19 sein.

b Lest den Text noch einmal mit den Nomen und sagt, worum es geht.

c Richtig oder falsch? Überprüft die folgende Aussage.

Auf Nomen/Substantive kann man nicht verzichten. Sie bezeichnen Lebewesen, Gegenstände, Gefühle, Gedanken, Orte und geben einem Text erst einen Sinn.

→ S. 158 Subjekt
→ S. 161 Objekt (Ergänzung)

! **Nomen/Substantive** bezeichnen Lebewesen, Gegenstände, Gefühle, Vorstellungen, Vorgänge, Orte und Veranstaltungen, z. B.:
Ziege, Rad, Freude, Erholung, Fahrt, Prag, Olympia.
Nomen haben in der Regel einen **Begleiter** bei sich:
- bestimmter Artikel: *die Bremse,*
- unbestimmter Artikel: *ein Helm,*
- Possessivpronomen: *sein Rad.*

An den Begleitern erkennt man meist
- das grammatische **Geschlecht** (Genus): männlich, weiblich, sächlich,
- die **Zahl** (Numerus): Singular, Plural und
- den **Fall** (Kasus): Nominativ, Genitiv, Dativ, Akkusativ.

Über den Fall der Nomen entscheiden Verben und Präpositionen, z. B.:

Jan *fährt* ein BMX-Rad.	Wer?	fährt	Wen? Was?
	Nominativ	Verb	Akkusativ

Er schwärmt von seinem Team. Von wem? Präposition + Dativ

TIPP
Die Begleiter der Nomen in Aufgabe 1a sind schräg gedruckt.

2 Übertrage die Tabelle in dein Heft. Ordne die Nomen aus Aufgabe 1a mit ihren Begleitern richtig ein. Unterstreiche die Begleiter.

bestimmter Artikel	unbestimmter Artikel	Possessiv-pronomen	ohne Begleiter
<u>die</u> BMX-Fans	...	...	...

3 Die Nomen in den folgenden Sätzen stehen im richtigen Fall.

a Setze auch die Begleiter der Nomen und die Adjektive in den richtigen Fall. Schreibe die Sätze in dein Heft.

1 BMX-Fahrer erkennt man an ▬▬▬ (ihr) Crossrad und ▬▬▬ (der spezielle) Helm.
2 Früher fuhr Caroline nur mit ▬▬▬ (die) Jungen.
3 Die Mädchen hielten ▬▬▬ (dieser) Sport für zu gefährlich.
4 Siebenmal hat sie ▬▬▬ (der australische) Pokal gewonnen.
5 Bei ▬▬▬ (die nächste) Olympischen Spielen will sie dabei sein.

TIPP
Nutze die Frage- oder die Ersatzprobe.

b Markiere die Dativ- und Akkusativformen verschiedenfarbig.

4 Übertrage die Tabelle in dein Heft, ordne die Nomen aus Aufgabe 3a in die richtige Spalte ein. Ergänze die jeweils fehlende Zahlform mit dem bestimmten Artikel.

TIPP
Ein Nomen hat keine Plural- und eins keine Singularform.

Singular (Einzahl)	Plural (Mehrzahl)
der BMX-Fahrer	die BMX-Fahrer
...	...

5 Übertrage die Sätze in dein Heft und setze »der BMX-Fahrer« in der richtigen Form ein. Notiere den Fall, in dem Artikel und Nomen stehen.

1 ▬▬▬ trägt einen roten Helm.
2 Das Crossrad ▬▬▬ ist weiß.
3 Alexander beobachtet ▬▬▬ bei jeder Bewegung.
4 Jenny wirft ▬▬▬ bewundernde Blicke zu.

6 Denke dir vier Sätze aus, in denen das Nomen »Pokal« in jedem Fall einmal vorkommt und schreibe sie in dein Heft.

Nomen/Substantive 133

Nominalisierte/Substantivierte Verben und Adjektive

> **!** Im Deutschen kann jedes Wort **als Nomen/Substantiv gebraucht** – also nominalisiert/substantiviert – werden. Es wird dann auch **großgeschrieben** und **dekliniert** (gebeugt) und kann von einem Artikel, Adjektiv, Pronomen, einer Präposition oder einem Zahlwort begleitet werden.
> Verb: *surfen*   *das Surfen, stundenlanges Surfen, gefährliches Surfen, beim (bei dem) Surfen, nach dem Surfen*
> Adjektiv: *rot*   *das knallige Rot, mein Rot, mit dem Rot, alles Rote*

1 Verben können nominalisiert/substantiviert werden.

a Verwende die Verben in Klammern als Nomen und schreibe sie mit den Wörtern auf, die sie begleiten.

1 Das Hobby von Marta und Layla ist *das* ▬▬ (schwimmen).
2 Sie gehen aber nicht *zum* ▬▬ (planschen) ins Schwimmbad.
3 Marta und Layla üben sich *im synchronen* ▬▬ (schwimmen).
4 Sie trainieren *das gleichzeitige* ▬▬ (ausführen) von Figuren.
5 *Ausdauerndes* ▬▬ (tauchen) ist dafür eine Voraussetzung.

●●● **b** Bestimme, welches Wort jeweils das nominalisierte Verb begleitet.

2 Entscheide, welche Verben hier als Nomen verwendet werden. Begründe deine Entscheidung. Schreibe die nominalisierten Verben mit ihren Begleitern in dein Heft.

1 Die 11- bis 13-jährigen Rettungsschwimmer (ü)ben einmal pro Woche das (k)raulen, das (t)auchen und das (s)chwimmen mit Flossen.
2 Imke und Kim (l)ernen verschiedene Rettungstechniken.
3 Beim (a)bschleppen (z)ieht der Rettungsschwimmer den Verunglückten.
4 Imke und Kim (f)inden das (z)iehen einer Person im Rettungsring sehr anstrengend.
5 Denn zum schnellen (s)chwimmen bleibt ihnen dabei nur ein Arm.

1. das Kraulen, …

Wortarten und Wortformen

3 Aus Adjektiven werden Nomen. Schreibe die nominalisierten Adjektive mit ihren Begleitern in dein Heft.

1 Das ▬ (besondere) am Kitesurfen ist, dass ein Drachen den Surfer übers Wasser zieht.
2 Dieser Sport ist nur etwas für ▬ (wagemutig).
3 Das ▬ (gefährlich) am Kitesurfen sind die hohen Geschwindigkeiten von bis zu 90 km/h.
4 Auf einem Brett übers Wasser zu schießen, ist das ▬ (faszinierend) am Kitesurfen.
5 Die Balance auf dem Surfbrett zu halten, ist das ▬ (schwierig).
6 Das ▬ (erstaunlich) ist die Erfahrung, wie hart und holprig Wasser sein kann.

1. das Besondere, 2. ...

4 Groß oder klein? Schreibe die folgenden Sätze in dein Heft.

TIPP
Bezieht sich das Adjektiv auf ein Nomen, wird es kleingeschrieben.

Achtung, Fehler!

a Entscheide, ob du die schräg gedruckten Wörter groß- oder kleinschreiben musst. Begründe deine Entscheidung.

1 Das ist nichts für *ängstliche*. 2 Das ist nichts für *ängstliche* Personen. 3 Dieses Angebot ist etwas für *abenteuerlustige* Jugendliche. 4 Dieses Angebot ist etwas für *abenteuerlustige*. 5 Wellenreiten ist ein *gefährliches* Vergnügen. 6 Das *gefährliche* am Kitesurfen sind die hohen Geschwindigkeiten. 7 Tom ist immer der *schnellste*. 8 Unsere *schnellsten* Schwimmer sind Marek und Tom. 9 Wer kennt diesen *fremden*? 10 Der *fremde* Mann ist der neue Trainer.

b Markiere in deinem Heft die Begleiter der nominalisierten Adjektive.

5 Diktiert euch die Sätze gegenseitig. Schreibt sie richtig auf. Achtet auf die Großschreibung aller Nomen.

Achtung, Fehler!

1 Beim rettungsschwimmen zählt jede sekunde.
2 Schnelles schwimmen mit einem arm strengt an.
3 Beim training feuern wir die kleinen an.
4 Das interessante am rettungsschwimmen ist seine vielseitigkeit.

Pronomen als Stellvertreter und Begleiter von Nomen/Substantiven

1 Suche aus den Sätzen die Pronomen heraus. Nenne jeweils das Nomen, auf das sie sich beziehen.

1 Artur steht an der Spitze des Brettes, das jetzt leicht wippt.
2 Er federt in den Knien, dann springt er ab.
3 Das Sprungbrett lässt ihn fliegen.
4 Mit diesem Sport erfüllt sich Artur seinen Traum vom Fliegen.
5 »Wie oft haben Sie Ihren Sprung geübt?«, wird der Sieger gefragt.

Pronomen können Stellvertreter oder Begleiter eines Nomens/Substantivs sein. Sie können wie Nomen **dekliniert** (gebeugt) werden.

Personalpronomen: *ich, du, er, sie, es; wir, ihr, sie; Sie, Ihr*	stehen stellvertretend für Nomen, z.B.: *Jugendliche fahren Inlineskates. Sie erreichen damit ein hohes Tempo.*
Possessivpronomen: *mein, dein, sein, ihr, sein; unser, euer, ihr*	zeigen den Besitz oder die Zugehörigkeit an, z.B.: *Das sind meine Inlineskates.*
Demonstrativpronomen, z.B.: *dieser, diese, dieses; diese; jener, jene, jenes; jene; der, die, das; die*	weisen auf ein vorher genanntes Nomen hin, z.B.: *Gute Skater erreichen eine Geschwindigkeit von bis zu 60 km/h. Dies/Das kann gefährlich werden.*
Relativpronomen, z.B.: *der, die, das; die, welcher, welche, welches; welche*	leiten Nebensätze ein, die ein Nomen im Hauptsatz näher erklären, z.B.: *Ein Skater, der auf dem Fußweg fährt, nimmt Rücksicht auf Fußgänger.*

2 Vermeide die Wortwiederholungen mithilfe passender Pronomen.

1 Wasserspringer trocknen sich ab, bevor Wasserspringer springen. Die Haut der Wasserspringer darf nicht feucht und glatt sein, sonst finden die Hände keinen Halt an den Beinen. 2 Das Wasserspringen ist eine Sportart. Die Sportart wurde 1904 als olympische Disziplin anerkannt.

Wortarten und Wortformen

3 Suche mithilfe des Merkkastens von S. 135 die Demonstrativpronomen heraus. Nenne ihr Bezugswort und bestimme den Fall.

1. Lena zeigt einen doppelten Salto. Diesen Sprung hat sie oft geübt.
2. Früher ist Lena auch vom Zehnmeterturm gesprungen. Seit jenem missglückten Sprung vor einem Jahr meidet sie diesen Turm.
3. Seit den Olympischen Spielen 2000 in Sydney (Australien) können zwei Turmspringer auf einem Brett nebeneinander den gleichen Sprung ausführen. Diesen Sport nennt man Synchronspringen.
4. Wasserspringen hat einen guten Ruf. Anders als Schwimmen gilt dieser Wassersport nicht als Dopingsportart.

1. diesen Sprung (Wen? Was? Akkusativ) —> Salto

→ S. 169
Der zusammengesetzte Satz

4 Nenne das Nomen des Hauptsatzes, auf das sich das unterstrichene Relativpronomen im Nebensatz bezieht.

1. Wasserspringen gehört zu den Sportarten, <u>die</u> so gut wie nie im Fernsehen zu sehen sind.
2. Wasserspringen ist etwas für Leute, <u>die</u> Mut und Ausdauer haben.
3. Der Zehner ist der Turm im Freibad, zu <u>dem</u> Kinder mit einem mulmigen Gefühl im Bauch hochschauen.
4. Jeder Sprung, <u>den</u> Theresa vom Dreier, Fünfer oder Zehner zeigt, muss automatisiert sein.

5

TIPP
Achte auf die Stellung der finiten Verbform.

a Forme die beiden Einzelsätze in einen zusammengesetzten Satz um. Ersetze dabei das Nomen im zweiten Satz durch ein Relativpronomen.

1. Wasserspringen ist ein Sport. Der Sport hat neue Fans gewonnen.
2. Vom Boden des Schwimmbeckens steigen Luftblasen auf. Die Luftblasen markieren für den Springer die Wasseroberfläche.
3. Die Badegäste schauen zum Fünfmeterturm. Auf dem Fünfmeterturm steht Janek.
4. Mehrmals wippt das Brett. Von dem Brett springt Janek.
5. Janek macht einen Fehler. Die Zuschauer hören den Fehler am »Platsch«.

b Schreibe die Sätze in dein Heft und unterstreiche jeweils das Nomen und das Relativpronomen.

1. Wasserspringen ist ein <u>Sport</u>, <u>der</u> …

Verben

Finite und infinite Verbformen

1

a Übertrage die Sätze in dein Heft und setze die finiten Verbformen ein.

1. Inlineskating ▬▬ (haben) in den letzten Jahren viele Fans gewonnen.
2. Diese Sportart ▬▬ (erfreuen) sich großer Beliebtheit in allen Altersgruppen.
3. Die lineare Anordnung der Räder ▬▬ (ermöglichen) Geschwindigkeiten bis zu 60 km/h.
4. Richtiges Bremsen ▬▬ (gehören) deshalb zum A und O des Skatens.

b Unterstreiche in jedem Satz das Subjekt.

TIPP
Achte darauf, dass Subjekt und finite Verbform in Person und Zahl übereinstimmen.

2

a Setze die Wortpaare in Klammern in der richtigen Form ein.

1. Inlineskating erfreut sich einer ▬▬ (wachsen/Fangemeinde).
2. Die ▬▬ (fließen/Bewegungen) wirken elegant.
3. Dieser Sport eignet sich nicht nur für ▬▬ (trainieren/Sportler).
4. Bei uns können die 6. Klassen unter den ▬▬ (anbieten/Sportkurse) auch Inlineskating wählen.
5. Kostenlos erhalten sie die ▬▬ (passen/Skates) und einen Helm.
6. Knieschützer sollen ▬▬ (aufschlagen/Knie) vorbeugen.

→ S. 158 Subjekt

> **!** **Verben** bezeichnen Tätigkeiten, Vorgänge und Zustände. Sie haben finite (gebeugte) und infinite (ungebeugte) Verbformen.
> Die **finite Verbform** stimmt in Person und Zahl mit dem Subjekt des Satzes überein, z. B.:
> *Beim Marathon startet das Läuferfeld hinter den Skatern.*
> 　　　　　　　3. Person Singular
> Die **infiniten Verbformen** sind:
> - der Infinitiv, z. B.: *fließen, trainieren,*
> - das Partizip I, z. B.: *fließend, trainierend,*
> - das Partizip II, z. B.: *geflossen, trainiert.*
> Beide Partizipien kann man wie Adjektive verwenden, z. B.:
> *die fließenden Bewegungen, ein trainierter Sportler.*

b Übertrage die Tabelle in dein Heft. Suche aus deiner Lösung der Aufgabe a die Partizipien heraus und ordne sie richtig ein.

Infinitiv	Partizip I	Partizip II
wachsen	wachsend	gewachsen
...	...	...

c Ergänze das jeweils fehlende Partizip und den Infinitiv.

d Untersucht und erklärt die Bildung der beiden Partizipien. Überlegt euch zuerst, wie ihr dabei vorgehen könnt.

→ S. 172 Satzgefüge (Relativsätze)

3 Formuliere die Nebensätze (Relativsätze) in Partizipien um. Schreibe die neuen Wortgruppen auf.

1 mehrere Skater, die verletzt worden sind, ...
2 Unfallzahlen, die gesunken sind, ...
3 Bremstechniken, die zu erlernen sind, ...
4 Schutzbekleidung, die nicht getragen wird, ...
5 Gefahrenstellen, die markiert worden sind, ...

1. mehrere verletzte Skater, 2. ...

4

a Schreibe aus dem folgenden Text alle Partizipien heraus.

Prerow. Ein Spaziergänger (62) ist bei einem Zusammenstoß mit einem Inlineskater verletzt worden. Der Inlineskater (35) aus G. war vom Dammweg abgekommen und weitgehend ungebremst in eine Wandergruppe gefahren. In Anbetracht der
5 stetig wachsenden Skater-Fangemeinde und der alarmierenden Zahl der Unfälle mit Fußgängern in den vergangenen drei Monaten ermahnt die Polizei zur gegenseitigen Rücksichtnahme.

Partizip I: ...   Partizip II: ...

b Ergänze den Infinitiv zu jedem Partizip.

c Entscheide, welche Partizipien als Adjektiv gebraucht werden.

Zeitformen (Tempusformen) der Verben

1 Ein Märchen und ein Ausschnitt aus einem Interview sind durcheinandergeraten.

a Lest die folgenden Sätze und sortiert sie. Schreibt das Märchen und den Interviewausschnitt in euer Heft.

1. Es war einmal ein Junge, der hieß Kristof.
2. Ich trainiere seit zwei Jahren in einem Judoklub.
3. Wie ich dazu gekommen bin? Mich haben die Jungs auf dem Schulhof immer gehänselt, weil ich eine Brille trage und schwächlich aussehe.
4. Die anderen Jungen hänselten ihn, weil er eine Brille trug und schwächlich aussah.
5. Einmal sah er, wie ein zierlicher Mann mit bloßen Händen und Füßen starke Männer in die Flucht schlug. Der Mann beherrschte Judo.
6. In einem japanischen Film habe ich Judokämpfer gesehen. Da wusste ich, das ist der richtige Sport für mich.
7. Da beschloss der Junge, auch ein Judoka zu werden.

b Markiert die Zeitformen mit verschiedenen Farben. Bestimmt, welche Zeitformen im Märchen und welche im Interview vorkommen.

! Verben bilden **Zeitformen** (Tempusformen). Diese sagen aus, ob eine Tätigkeit, ein Vorgang, ein Zustand schon abgeschlossen ist, noch andauert oder erst in der Zukunft stattfinden wird, z. B.:

Präsens	*Sie lebt in der Stadt.*	Gegenwart (andauernd)
	Sie fährt morgen an die See.	Zukunft
Präteritum	*Sie lebte in der Stadt.* *Sie fuhr an die See.*	Vergangenheit (abgeschlossen)
Perfekt	*Sie hat in der Stadt gelebt.* *Sie ist an die See gefahren.*	Vergangenheit (abgeschlossen)
Plusquamperfekt	*Sie hatte in der Stadt gelebt.* *Sie war an die See gefahren.*	Vergangenheit (bereits vorher abgeschlossen)
Futur	*Sie wird in der Stadt leben.* *Sie wird an die See fahren.*	Zukunft

TIPP
Überlege, was zuerst und was danach passiert ist.

2 Präsens oder Perfekt? Setze die Verben in der richtigen Zeitform ein.

1. Meine Freizeit ▬▬ (gehören) dem Rasenhockey, seit unser Sportlehrer das Spiel im Unterricht ▬▬ (vorstellen).
2. Seit ich mein Interesse für den Hockeysport ▬▬ (entdecken), ▬▬ (gehen) ich dreimal in der Woche zum Training.
3. Weil unser Team schon drei Auswärtsspiele ▬▬ (gewinnen), ▬▬ eine kleine Feier ▬▬ (stattfinden).

1. Meine Freizeit gehört dem Rasenhockey, seit ...

! Spricht oder schreibt man im **Präsens**, dann verwendet man das **Perfekt** für die Handlung, die bereits zuvor abgeschlossen ist (**Vorzeitigkeit**), z. B.:
Wir haben das Training beendet und gehen jetzt ins Kino.
    Perfekt   Präsens

3 Übertrage die Tabelle in dein Heft. Ordne die Sätze richtig ein.

Das hatte vorher stattgefunden.	Das fand später statt.
1 Schon im 16. Jahrhundert waren indianische Ureinwohner ..., ...	aber erst ... ...

1. Schon im 16. Jahrhundert waren indianische Ureinwohner mit Bällen übers Eis gejagt, aber erst 1875 fand in Kanada das erste Eishockeyspiel der Welt statt.
2. Niemand verwendete mehr Gummibälle zum Eishockey, nachdem William Fleet Robertson 1877 den Puck erfunden hatte.
3. Robertson hatte von einem Gummiball den oberen und unteren Teil abgeschnitten. Übrig blieb die typische Eishockeyscheibe.
4. Vor 1877 gab es immer wieder Spielunterbrechungen, weil der Ball aus dem Spielfeld gesprungen war.

! Spricht oder schreibt man im **Präteritum**, verwendet man das **Plusquamperfekt** für die Handlung, die zuvor bereits abgeschlossen war (**Vorzeitigkeit**), z. B.:
Nachdem wir das Training beendet hatten, gingen wir ins Kino.
                            Plusquamperfekt   Präteritum

Verben

4 Was ist vorher passiert?

a Übertrage die folgenden Sätze in dein Heft und ergänze die richtige Zeitform.

1 Der Golfball landete im heißen Sand von Namibia, nah am Loch. Reinhold ▬▬ weit ▬▬ (ausholen) und den Ball mit ganzer Kraft ▬▬ (schlagen).
2 Rosa saß strahlend auf dem Gipfel. Sie ▬▬ ihren ersten Felsen in der Sächsischen Schweiz ▬▬ (erklettern).
3 Layla zeigte mit dem Kunstrad in der Turnhalle den Sattellenkerstand. Dafür ▬▬ sie neun Monate lang ▬▬ (trainieren).
4 Vor Enttäuschung kamen Lars die Tränen. Er ▬▬ gerade den entscheidenden Elfmeter ▬▬ (verschießen).
5 Max hielt stolz den Pokal in die Kamera. Er ▬▬ soeben den Sieg im Tischtennis ▬▬ (erringen).

b Bestimme die Zeitformen in den Satzpaaren.

5 Übertrage die folgenden Sätze in dein Heft und setze die Verben in der vorgegebenen Zeitform richtig ein.

Breakdance im Sportunterricht
1 In der Aula ▬▬ (warten, Präsens) die Schülerinnen und Schüler auf ihren Auftritt. 2 Viele Wochen ▬▬ sie sich darauf ▬▬ (vorbereiten, Perfekt). 3 Das Projekt Breakdance ▬▬ (starten, Präteritum) im Herbst des vergangenen Jahres. 4 Jede Woche ▬▬ (erhalten, Präteritum) die 6a eine Stunde Breakdance im Sportunterricht. 5 Nachdem sie die Basisschritte ▬▬ (üben, Plusquamperfekt), ▬▬ (beginnen, Präteritum) sie mit den Proben für den Auftritt. 6 Dieser akrobatische Tanzstil ▬▬ (erfordern, Präsens) Kraft und ein gutes Rhythmusgefühl. 7 Der Sportlehrer der 6a ▬▬ (sein, Präteritum) ganz überrascht, mit welcher Freude sich alle zur lauten Musik ▬▬ (bewegen, Perfekt).

6 Bilde mit den folgenden Verben je einen kurzen Satz in der angegebenen Zeitform und schreibe ihn in dein Heft.

bestehen (Perfekt) – stattfinden (Präteritum) – laufen (Präsens) – erklimmen (Präteritum) – werfen (Plusquamperfekt) – springen (Perfekt)

Aktiv- und Passivformen der Verben

a Lies die folgenden Informationen zum Ablauf eines Wettkampfes. Um welche Sportart(en) könnte es sich handeln?

1. Zu Beginn werden die Preisrichter vorgestellt.
2. Dann werden die Wettkämpfer der Reihe nach aufgerufen.
3. Nach jedem Auftritt werden die A- und B-Noten vergeben.
4. Der Sieger wird lautstark bejubelt.
5. Die erreichten Punkte werden zusammengezählt.

b Benenne die Information, die in allen Sätzen fehlt.

c Nenne für jede Handlung jemanden, der sie ausführt.
Wähle dazu eine der folgenden Personen aus und schreibe die Sätze aus Aufgabe a in dein Heft.

die Wettkampfleiterin – der Bürgermeister –
die Sportjournalisten – die Preisrichter –
die Zuschauer – die Fans – der Stadionsprecher –
der Computer

1. Die Wettkampfleiterin stellt die ...

d Prüfe, ob und wie sich durch die Personenangabe die Verbformen in den Sätzen jeweils ändern.

Von den meisten Verben kann man eine Aktivform und eine Passivform bilden.
Will man ausdrücklich betonen, wer handelt, verwendet man die **Aktivform** (Verbform im Aktiv), z. B.:
Der Stadionsprecher ruft den Sieger auf.
Ist unwichtig oder unbekannt, wer handelt, verwendet man die **Passivform** (Verbform im Passiv), z. B.:
Der Sieger wird (vom Sprecher) aufgerufen.

2 In der folgenden Zeitungsmeldung häufen sich Passivformen.

a Begründe, warum das so ist. Überlege bei jedem Satz, wer handelt und warum sie/er nicht genannt wird.

> **Dreiste Einbrecher**
> **Leipzig.** In der Nacht zum Montag wurde in zwei Turnhallen eingebrochen. Die Hallen wurden verwüstet, Böden und Matten mit Graffiti besprüht, Bälle und andere Sportgeräte entwendet. Am Dienstag konnte die Polizei noch keine An-
> 5 gaben zu möglichen Tätern machen. Ein 35-Jähriger, der vorläufig festgenommen worden war, wurde wieder freigelassen. Ihm konnte keine Beteiligung an den Einbrüchen nachgewiesen werden. Die Ermittlungen werden fortgesetzt.

 b Bestimmt, um welche Zeitform es sich bei den einzelnen Passivformen handelt. Nehmt den Merkkasten zu Hilfe.

TIPP
Überlegt zuerst, wie ihr dabei vorgehen wollt.

> **!** **Passivformen** bildet man mit dem Hilfsverb **werden + Partizip II** eines anderen Verbs.
> Präsens: *Der Sieger wird aufgerufen.*
> Präteritum: *Der Sieger wurde aufgerufen.*
> Perfekt: *Der Sieger ist aufgerufen worden.*
> Plusquamperfekt: *Der Sieger war aufgerufen worden.*
> Futur: *Der Sieger wird aufgerufen werden.*

3

a Nenne die Handelnden in den folgenden Sätzen.

1 Unbekannte haben im Stadtpark zehn Bäume gefällt.
2 Jemand rief die Polizei.
3 Ein Anwohner hatte verdächtige Personen gesehen.
4 Man befragt jetzt sogar die Taxifahrer.

b Entscheide, ob in allen Sätzen der Handelnde zum Verständnis benötigt wird. In welchen Sätzen kannst du auf ihn verzichten? Forme diese Sätze mithilfe von Passivformen um.

4

a Übertrage die folgende Tabelle in dein Heft. Ordne die Aktivformen aus Aufgabe 3 a richtig ein.

Zeitform	Aktivform	Passivform
Präsens	…	…
Präteritum	…	…
Perfekt	haben gefällt	…
Plusquamperfekt	…	…

b Ergänze die entsprechenden Passivformen.

c Markiere in den Passivformen die Partizipien II.

5 Formuliere die folgenden Sätze zu typischen Meldungen um. Verwende dabei Passivformen.

1 In L. fassten unbekannte Personen einen Bankräuber.
2 Mehrere Verkehrspolizisten mussten die Autobahn wegen des Blitzeises vorübergehend sperren.
3 Krankenwagen brachten die Verletzten ins Krankenhaus.

In L. wurde …

6 Überprüfe im folgenden Zeitungsbericht, wo die Angabe des Handelnden weggelassen werden kann. Formuliere mithilfe von Passivformen um und schreibe die Sätze in dein Heft.

Tiefschnee – ein tödliches Vergnügen

In den letzten Tagen wurden mehrere Wintersportler von Lawinen verschüttet. Wegen der kräftigen Schneefälle hat man in den bayerischen Alpen mit der Warnstufe vier die zweithöchste Warnstufe ausgerufen. In allen untersuchten Fällen zeigte sich, so der Leiter der Lawinenwarnzentrale in Bayern, dass leichtsinnige Wintersportler die Lawinen ausgelöst haben. Viele Skifahrer ignorieren jedoch die Gefahr. Heftig diskutiert man nach den Lawinenunglücken der letzten Tage, wer die Kosten zahlt. Beispielsweise kostet eine Hubschrauber-Minute zwischen 40 und 90 Euro. Auch über die Gefahr für die Rettungskräfte, die ihr Leben riskieren, diskutieren viele.

Adjektive

1 Welchen der beiden folgenden Texte findest du interessanter? Was unterscheidet sie voneinander?

a Lies die Texte und begründe deine Meinung.

A Lacrosse ist heute in Kanada ein Nationalsport. Gespielt wird mit einem Schläger, an dessen Ende sich ein Netz befindet. Ziel dieses Mannschaftsspiels ist es, den Gummiball mit dem Schläger ins Tor zu befördern. Die Spieler müssen eine Schutzbekleidung aus Mundschutz, Helm und Handschuhen tragen. Früher haben Indianerstämme mit ihren Schlägern Kämpfe mit Stämmen nachgespielt.

B Lacrosse ist heute in Kanada ein populärer Nationalsport. Gespielt wird mit einem paddelförmigen Schläger, an dessen Ende sich ein geflochtenes Netz befindet. Ziel dieses schnellen Mannschaftsspiels ist es, den tennisballgroßen Gummiball mit dem Schläger ins gegnerische Tor zu befördern. Die Spieler müssen eine umfassende Schutzbekleidung aus Mundschutz, Helm und Handschuhen tragen. Früher haben kanadische Indianerstämme mit ihren hölzernen Schlägern Kämpfe mit feindlichen Stämmen nachgespielt.

b Suche die zusätzlichen Informationen aus Text B heraus. Wie kannst du sie erfragen? Benenne die Wortart, zu der sie gehören.

 Adjektive bezeichnen **Eigenschaften** und **Merkmale** von Lebewesen, Gegenständen, Tätigkeiten und Vorgängen. Sie passen ihre Form in Fall (Kasus), Zahl (Numerus) und Geschlecht (Genus) dem Nomen an. Adjektive lassen sich wie die Nomen **deklinieren** (beugen), z. B.:
Mit großen Schlägern wird der kleine Ball ins Tor gespielt.
   Dativ Plural   Nominativ Singular
Adjektive kann man auch **komparieren** (steigern), z. B.:
Positiv (Grundstufe): *Rasenhockey ist schnell.*
Komparativ (Mehrstufe): *Lacrosse ist schneller als Rasenhockey.*
Superlativ (Meiststufe): *Eishockey ist am schnellsten.*
Bei **Vergleichen** verwendet man mit dem Positiv *wie* und mit dem Komparativ *als*, z. B.:
Rasenhockey ist so schnell wie Fußball.
Lacrosse ist schneller als Rasenhockey.

2 Eure Meinung ist gefragt. Formuliert Vergleiche.

1. Welche Sportarten sind unter Jugendlichen heutzutage beliebter als früher?
   Volleyball – Streetball/Surfen – Schwimmen/Radfahren – Turnen

2. Welcher Sport ist für die Halle besser geeignet?
   Tennis – Federball/Klettern – Turnen/Reiten – Karate/Handball – Fußball

1. Ich denke, … ist heute beliebter unter Jugendlichen als …

3 Übertrage die folgenden Sätze in dein Heft und setze die Adjektive in der richtigen Form ein.

1. Der Gewinner ist 2 cm (hoch) gesprungen als der Zweitplatzierte.
2. Der Läufer ist (langsam) von allen.
3. Kraulen ist (anstrengend) als Brustschwimmen.

4 Vergleiche die Ergebnisse folgender Sportler und Sportlerinnen miteinander.

TIPP
Bei Vergleichen gilt: Positiv + *wie*, Komparativ + *als*.

Marathon	Conny (Rumänien) 2:28 h	Cathérine (Kenia) 2:27 h	Li (China) 2:44 h
Hochsprung	Andrzej (Polen) 2,36 m	Claus (Schweiz) 2,30 m	Raoul (Kuba) 2,29 m
Weitsprung Frauen	Ying (China) 7,03 m	Frida (Mexiko) 7,01 m	Siri (Schweden) 6,94 m
Weitsprung Männer	Irving (Panama) 8,34 m	Khotso (Südafrika) 8,24 m	Ibrahim (Kuba) 8,20 m

a Schreibe vier Sätze in dein Heft.

1. … lief fast so schnell wie … / schneller als … .

b Bestimme die Komparationsstufen der Adjektive und markiere sie mit unterschiedlichen Farben.

Adverbien

1 Setze jedes Adverb in den Satz ein und prüfe, ob und wie sich der Sinn des Satzes verändert.

abends – oft – morgens – unten – hier – überall – zusammen – deswegen – immer – oben – gemeinsam – dort – manchmal – nie

Die Fußballerinnen spielen ▬▬ in der Halle.

> **!** **Adverbien** geben an, wann, wo, wie und warum etwas geschieht.
>
> | **Adverbien der Zeit** | | **Adverbien der Art und Weise** | |
> |---|---|---|---|
> | Ich sah dich <u>gestern</u>. | Wann? | Er trainiert <u>gern</u>. | Wie? |
> | Er trainiert <u>selten</u>. | Wie oft? | | |
>
> | **Adverbien des Ortes** | | **Adverbien des Grundes** | |
> |---|---|---|---|
> | Ich warte <u>draußen</u>. | Wo? | Die Halle war geschlossen. | |
> | Wir rannten <u>hinaus</u>. | Wohin? | <u>Deshalb</u> konnten wir nicht spielen. | Warum? |
>
> Adverbien sind in der Regel **unveränderbar**. Oft ersetzen sie Wortgruppen oder Sätze, z. B.:
> Carla spielt Fußball. <u>Deshalb</u> trainiert sie oft.   Warum?

2 Ordne die Adverbien aus Aufgabe 1 den Fragen zu.

Wann? *abends, morgens,* …   Wie oft? …
Wo? …   Wie? …
Warum? …

TIPP
Manchmal musst du den Satz etwas umformulieren.

3 Ersetze die schräg gedruckten Wortgruppen durch ein Adverb.

dann – dort – ausnahmslos – bedauerlicherweise – scharenweise

1 *Anstelle von Shorts* zogen die Fußballerinnen aus Berlin-Kreuzberg Trainingsanzüge an. **2** Sie banden sich *ohne Ausnahme* auch einen Schleier um. **3** *Nachdem sie sich so angekleidet hatten,* liefen sie auf das Fußballfeld im Teheraner Stadion. **4** *Im Stadion* erwartete sie die iranische Damen-Nationalmannschaft. **5** Die weiblichen Fans waren *in Scharen* herbeigeeilt. **6** Als Zuschauer waren nur Frauen zugelassen, *was bedauerlich war.*

Numeralien

Numeralien (Singular: das Numerale) sind Zahlwörter, die eine Menge oder eine Anzahl angeben. Man unterscheidet zwei Arten:
- **bestimmte Numeralien**, z. B.: *eins, zwei, hundert, erster*,
- **unbestimmte Numeralien**, z. B.: *einige, wenige, viele, alle*.

Numeralien gehören **zu verschiedenen Wortarten**, z. B.:
- Nomen: *Millionen Zuschauer sahen die Wettkämpfe im Fernsehen.*
- Adjektiv: *Viele Menschen kennen nur zwei Tennisspieler.*
- Adverb: *Er trat dreimal zum Wettkampf an.*

a Schreibe alle Numeralien aus dem folgenden Text in dein Heft. Ordne sie nach bestimmten und unbestimmten Numeralien.

1 »In Afghanistan glauben viele Leute immer noch, Fußball sei nichts für Mädchen, genauso wie Auto fahren, arbeiten, studieren«, sagt Zhela N. (17 Jahre alt). **2** Zum ersten Mal ist die Frauen-Fußballnationalmannschaft für zwei Wochen ins deutsche Trainingslager nahe Stuttgart gekommen. **3** Erst in den letzten Tagen hat sich Zhela fürs Tor entschieden, angereist war sie als Feldspielerin. **4** Ihr Vater unterstützt Zhela und ihre zwei Jahre ältere Schwester, die als Mittelstürmerin spielt. **5** Nur in Kabul, der Hauptstadt, gibt es einige Frauenteams mit ungefähr 600 Spielerinnen. **6** Alle Frauenmannschaften trainieren und spielen unter Ausschluss der Öffentlichkeit. **7** Spielen die Männer im Kabuler Stadion, kommen tausende Zuschauer, natürlich nur Männer.

 **b** Bestimme, zu welcher Wortart die Numeralien aus Aufgabe a jeweils gehören.

2 Wähle das richtige Numerale aus und setze es ein.

viele – tausende – einige – zwei – neun – vier

1 Jeweils ▭ Spieler bilden ein Beachvolleyballteam.
2 Beim Doppel stehen ▭ Tennisspieler auf dem Platz.
3 Zum Berlin-Marathon melden sich jedes Jahr ▭ Läufer an.
4 In einem Achter-Ruderboot sitzen insgesamt ▭ Sportler.

Konjunktionen

> **Konjunktionen** (Bindewörter), wie *und, als, wenn, dass, weil,* verbinden Wörter, Wortgruppen und Teilsätze miteinander. Es gibt verschiedene Arten, z. B.:
> - **aufzählende Konjunktionen**, wie *und, sowie, sowohl … als auch, oder, weder … noch,* treten bei Aufzählungen auf, z. B.:
>   *Er siegte über 100 und 400 m. Sie lief weder die 100 noch die 400 m.*
> - **entgegenstellende Konjunktionen**, wie *aber, doch, nicht nur …, sondern auch …,* drücken einen Gegensatz aus, z. B.:
>   *Mark ging als Favorit an den Start, aber Simon gewann.*

1 Im folgenden Text sind alle Konjunktionen unterstrichen.

a Nenne die Wörter, Wortgruppen bzw. Teilsätze, die sie verbinden. Entscheide jeweils, ob es sich um eine Aufzählung oder einen Gegensatz handelt.

1 Im Nordosten Chinas lernen ca. 60 000 Schüler, überwiegend Jungen, Kung-Fu in 80 Schulen, <u>aber</u> ausschließlich für Mädchen gibt es in ganz China nur eine einzige Kampfkunstschule. **2** Sie erhalten ihre 6-jährige Ausbildung in einem ehemaligen Nonnenkloster. **3** Das Kloster Yongtai war verfallen, <u>doch</u> eine reiche Chinesin ließ es wieder aufbauen <u>und</u> 2001 als Kampfkunstschule eröffnen. **4** Die 70 Schülerinnen zwischen 6 und 18 Jahren kommen aus armen Bauernfamilien. **5** Ihr Traum ist es, später <u>entweder</u> als Polizistin, Stewardess <u>oder</u> Soldatin zu arbeiten <u>oder</u> ein Kung-Fu-Filmstar zu werden.

→ S.168 Kommasetzung bei Aufzählungen

b Formuliere die Regeln für die Kommasetzung vor den Konjunktionen.

 2 Sucht aus dem folgenden Text alle Konjunktionen heraus.

1 Kung-Fu heißt »geduldige Arbeit«: Die Mädchen müssen Körper und Geist gleichermaßen trainieren. **2** Aber zimperlich dürfen sie nicht sein. **3** Sie schlafen in ungeheizten Zehnbettzimmern und waschen sich im Hof. **4** Ihr Tag beginnt um 5:20 Uhr und endet um 21 Uhr. **5** Sie dürfen weder den Schulunterricht noch ihre Trainingsstunden vernachlässigen. **6** Die Übungen am Anfang sind noch einfach, doch dann folgen schwere Sprünge. **7** Die Königsdisziplin ist der Kampf sowohl mit den Fäusten als auch mit Stock oder Schwert.

Wortarten und Wortformen

TIPP
Beachte die Kommasetzung.

3 Bilde sinnvolle Sätze mithilfe der Konjunktionen. Achte darauf, ob du etwas aufzählst oder einen Gegensatz ausdrückst.

sowohl ... als auch ... – weder ... noch ... – entweder ... oder ... – und – nicht nur ..., sondern auch ... – aber – oder

1. Kung Fu ▬▬ Aikido sind Kampfsportarten.
2. Freistil ist olympische Disziplin, ▬▬ Karate noch nicht.
3. In unserem Ort gibt es ▬▬ Angebote zum Tanzen ▬▬ Reiten.
4. Fußball ist eine Sportart ▬▬ für Männer ▬▬ für Frauen.
5. Mein Bruder mag ▬▬ Kraftsport ▬▬ Breakdance.

TIPP
Vergiss das Komma vor der Konjunktion *dass* nicht.

→ S. 169
Der zusammengesetzte Satz

4 Formuliere Nebensätze mit *dass*. Schreibe die Sätze in dein Heft.

1 Ich weiß,	»Kung Fu Panda« ist ein Kinofilm.
2 Man erfährt,	Der kleine Pandabär möchte Kung-Fu-Kämpfer werden.
3 Man erzählt sich,	Pandabären naschen gern.
4 Der Film zeigt,	Aus Antihelden kann etwas werden.
5 Ich habe gehört,	Angelina Jolie spricht die Tigerin.

Ich weiß, dass „Kung Fu Panda" ein Kinofilm ist.

5 Bilde Sätze mit einem Nebensatz, der mit *dass* eingeleitet wird.

1. Hier wurde eine Badmintonhalle eingeweiht.
2. Badminton ist seit 1992 olympische Disziplin.
3. Das Spiel mit dem Federball hat in Deutschland viele Anhänger.
4. Das Regelwerk wurde 2006 aktualisiert.

Ich habe gehört/gelesen/erfahren/nicht gewusst, dass ...

6 Verknüpfe die folgenden Sätze durch eine Konjunktion und schreibe sie in dein Heft.

1. Pia bastelt ein Segelflugzeug. Sie nimmt an einem Wettbewerb teil.
2. Mark beugt Verletzungen vor. Er wärmt sich vor dem Sport auf.
3. Tine möchte gewinnen. Aus Faulheit vernachlässigt sie das Training.

Präpositionen

Präpositionen

1 Dem folgenden Text fehlen entscheidende Angaben.

TIPP
Manchmal werden Präpositionen mit dem nachfolgenden Artikel zusammengezogen, z. B.:
in + dem → im

a Setze die Wörter *mit, durch, aus, in, mit, durch, nach* sinnvoll ein und ergänze die Artikel im richtigen Fall.

1 Extremsportler springen freiwillig ▬▬ (der) Fallschirm ▬▬ (das) Flugzeug. **2** Oder sie rasen ▬▬ (das) Fahrrad eine Bobbahn hinab. **3** Besonders Risikofreudige durchqueren ▬▬ (der) Laufschritt die Wüste. **4** ▬▬ (die) Gefahr schießt ihnen das Adrenalin ▬▬ (das) Blut. **5** Extremsportler scheinen süchtig ▬▬ (das) Risiko.

b Welche Aufgaben haben die Wörter *mit, durch* usw. im Text? Erkläre sie mithilfe des Merkkastens.

> **!** Wörter, wie *in, aus, bei, mit, nach, vor, hinter, über, zu*, sind **Präpositionen**. Sie drücken räumliche, zeitliche oder andere Beziehungen zwischen Wörtern und Wortgruppen aus, z. B.:
> *in meinem Zimmer* (Wo?), *nach der ersten Stunde* (Wann?), *mit dem Stift* (Womit?).
> In der Umgangssprache werden Präpositionen und Artikel oft zusammengezogen, z. B.:
> *beim (bei dem), durchs (durch das), zum (zu dem), ins (in das)*.

2 Schreibe die Beispiele aus dem Text der Aufgabe 1a heraus und bestimme den Fall.

3 Wähle die passenden Präpositionen und ergänze, wo es nötig ist, den Artikel im richtigen Fall.

aus – in – für – von – nach – mit

1 Er wird tiefer fallen, als je ein Mensch zuvor. Der französische Fallschirmspringer Michel Fournier trainiert ▬▬ (ein) Sprung ▬▬ 40 Kilometer Höhe. **2** Zum Vergleich: Selbst große Düsenflugzeuge sind ▬▬ (eine) Reisehöhe ▬▬ zehn Kilometern unterwegs. **3** Der 64-Jährige will ▬▬ (ein) Ballon die Absprunghöhe erreichen und ▬▬ (ein) fünfeinhalb Minuten langen Sturzflug seinen Schirm öffnen.

! **Präpositionen** stehen meist *vor* dem Nomen/Substantiv und seinen Begleitern und fordern einen bestimmten Fall. Die wichtigsten Präpositionen und ihre Fälle solltest du dir einprägen, z. B.:

Dativ	Akkusativ
aus, bei, mit, nach, seit, von, zu	*durch, für, gegen, ohne, um*

Um den Fall zu bestimmen, kannst du oft auch die Frageprobe nutzen, z. B.:

in einem Schwimmbecken – **Wo?** Dativ *aus dem Fittnessstudio* – **Woher?** Dativ *am Abend* – **Wann?** Dativ	*in die Sporthalle* – **Wohin?** Akkusativ *für den Sieger* – **Für wen?** Akkusativ *gegen die Nachbarschule* – **Gegen wen?** Akkusativ

4 In den folgenden Sätzen fehlen die Begleiter der Nomen.

TIPP
Nutze dazu auch die Frageprobe.
Wo? → Dativ
Wohin? → Akkusativ

a Schreibe die Sätze in dein Heft und ergänze die Artikel im richtigen Fall. Die Informationen aus dem unteren Merkkasten helfen dir dabei.

1 Cleo setzt sich auf ▬ Strafbank.   Leo sitzt bereits auf ▬ Strafbank.
2 Er schießt an ▬ Pfosten.   Der Schuss landet an ▬ Pfosten.
3 Ahmed rennt hinter ▬ Mittellinie.   Lars ist bereits hinter ▬ Mittellinie.
4 Kai rennt unter ▬ Basketballkorb.   Tim ist unter ▬ Basketballkorb.
5 Er sprintet über ▬ Sportplatz.   Über ▬ Sportplatz kreisen Vögel.
6 Der Ball rollt neben ▬ Tor.   Der Ball landet neben ▬ Tor.
7 Lea geht in ▬ Sporthalle.   Rita ist bereits in ▬ Sporthalle.

b Unterstreiche in den Sätzen Präposition + Dativ mit Rot und Präposition + Akkusativ mit Grün.

! Die **Wechselpräpositionen** *an, auf, hinter, in, neben, über, unter, zwischen, vor* fordern den **Dativ** und den **Akkusativ**. Welcher Fall richtig ist, hängt vom Verb ab, z. B.:
Angela rennt neben das Tor.   Wohin? Akkusativ
Angela steht neben dem Tor.   Wo? Dativ

Präpositionen **153**

TIPP
Nutze dazu auch die Frageprobe.
Wo? → Dativ
Wohin? → Akkusativ

5 Ergänze in den folgenden Sätzen die Präposition und die passende Form des bestimmten Artikels.

1 Der Star des Teams sitzt ▬▬ Ersatzbank. Warum der Trainer ihn ▬▬ Ersatzbank verbannt hat, können die Fans nicht verstehen.
2 Der Stürmer rennt ▬▬ Fußballplatz. ▬▬ Fußballplatz ziehen graue Regenwolken auf.
3 In der Halbzeit ziehen sich die Spieler ▬▬ Umkleidekabine zurück. ▬▬ Umkleidekabine besprechen sie die weitere Taktik.
4 Die Räume ▬▬ Abwehr müssen besser geschlossen werden. Der Gegner darf keine Chance haben ▬▬ Abwehr zu gelangen.

6 Schreibe die folgenden Sätze in dein Heft. Unterstreiche Präposition + Dativ mit Rot und Präposition + Akkusativ mit Grün.

1 Ohne Jorit wäre das Team der Ruderer verloren.
2 Beim Wettkampf sitzt er hinter dem Steuer.
3 Auf dem Wasser hat er das Sagen.
4 Seine Teamkollegen ziehen die Ruder durch das Wasser.
5 Das Boot gleitet über die Havel.

7 Schreibe aus dem folgenden Text alle Präpositionen mit den dazugehörigen Nomen und deren Begleitern heraus.
Ordne sie nach dem Fall.

Dativ: im Team, ...

Akkusativ: durch das Wasser, ...

Jorit ist der Kleinste im Team des Vierers der Hamburger Rudergesellschaft Hansa. Aber er sitzt am Steuer. Und auf dem Wasser hat er das Sagen. Er gibt das Tempo vor, während die anderen aus seinem Team die Ruder durch das Wasser ziehen. Je gleichmäßiger
5 deren Blätter eintauchen, desto schneller gleitet das Rennboot über die Havel. Das Regatta-Wochenende in Werder bei Berlin gilt als wichtigster Wettkampf des Jahres. Über 900 Jungen und Mädchen gehen hier an den Start. Ein jeder der 11- bis 14-Jährigen gehört zu den besten Athleten seines Bundeslandes. Und jeder
10 ist gekommen, um Medaillen und Punkte für die Länderwertung zu sammeln.

das oder *dass*?

> **!** Die Entscheidung, ob man **das** oder **dass** schreiben muss, hängt davon ab, welcher Wortart es zuzuordnen ist:
> - **bestimmter Artikel**: <u>das</u> Mädchen, <u>das</u> Schwert
> - **Relativpronomen**: Das Mädchen, <u>das</u> Kung-Fu trainiert, ist 12.
> - **Konjunktion**: Sie wissen, <u>dass</u> die Ausbildung 6 Jahre dauert.
>
> Zur Unterscheidung von *das* und *dass* nutzt man die **Ersatzprobe**. Kann man *da■* durch *dieses* ersetzen, handelt es sich um den Artikel *das*. Kann *da■* durch *welches* ersetzt werden, ist es das Relativpronomen *das*. Ergibt der Satz bei dieser Probe keinen Sinn, so handelt es sich um die Konjunktion *dass*.
> Da■ (dieses) Mädchen trainiert Kung-Fu. → das
> Das Mädchen, da■ (welches) Kung-Fu trainiert, ist 12. → das
> Sie wissen, da■ (~~welches~~) die Ausbildung hart ist. → dass

1 Entscheide, ob die unterstrichenen Wörter bestimmte Artikel, Relativpronomen oder Konjunktionen sind.

1 Unter Regisseuren hat es sich herumgesprochen, <u>dass</u> in Yongtai erstklassige Kämpferinnen ausgebildet werden. **2** <u>Das</u> ehemalige Kloster Yongtai, <u>das</u> ganz im Nordosten Chinas liegt, ist nach der Prinzessin Yongtai benannt. **3** Diese verließ <u>das</u> kaiserliche Elternhaus, um im Kloster Buddhismus und Kung-Fu zu lernen. **4** <u>Das</u> Kloster, <u>das</u> heute Chinas einzige Kampfschule nur für Mädchen ist, bildet 70 Schülerinnen aus. **5** Alle wissen, <u>dass</u> die Ausbildung kein Zuckerschlecken ist. **6** <u>Das</u> harte Training mit Gewichten gehört ebenso dazu wie <u>das</u> Erlernen der Kampftechniken mit Säbel, Stock und Schwert. **7** Die Mädchen berichten, <u>dass</u> auch Mathematik, Englisch, Tanzen und Kalligrafie, die Kunst des Schönschreibens, zum Lehrplan gehören.

2 *das* oder *dass*? Schreibe die Sätze in dein Heft und setze richtig ein.

1 Geschickt wirft ▬▬ Mädchen ihren Partner auf die Matte. **2** Trainer Toni H. erklärt, ▬▬ zunächst ▬▬ Fallen gelernt wird. **3** Er erläutert, ▬▬ bei diesem Kampfsport die Reflexe und Schwächen des Partners ausgenutzt werden. **4** ▬▬ Können, ▬▬ sie im Training erwerben, stärke ▬▬ Selbstbewusstsein im Alltag.

Satzbau und Zeichensetzung

Der einfache Satz

Achtung, Fehler!

1 Am Ende der folgenden Sätze fehlen die Satzschlusszeichen.

a Lies die Sätze und entscheide, welche Aussageabsicht in jedem Satz steckt und welches Satzschlusszeichen jeweils passt.

1. Wer könnte die Frau auf dem Foto sein
2. Hast du schon etwas über Benjamin Blümchen gehört
3. Bestimmt kennst du Bibi Blocksberg
4. Sowohl Benjamin Blümchen als auch Bibi Blocksberg sind von der gleichen Schriftstellerin erdacht worden
5. Ihr Name ist Elfie Donnelly
6. Sieh dir noch einmal das Foto der Schriftstellerin an
7. Kannst du dir vorstellen, dass sie die »Mutter« von Benjamin Blümchen und Bibi Blocksberg ist

b Lies die Sätze laut vor und verdeutliche dabei die Satzart.

!

Aussagesatz: mitteilen, informieren	• finite (gebeugte) Verbform an zweiter Stelle, z. B.: *Elfie Donnelly schrieb die Geschichten von Benjamin Blümchen.* • Satzschlusszeichen: Punkt
Fragesatz: fragen	• mit Fragewort oder finiter (gebeugter) Verbform an erster Stelle, z. B.: *Wer ist die Frau auf dem Foto? Hast du schon eine Geschichte von Elfie Donnelly gelesen?* • Satzschlusszeichen: Fragezeichen
Aufforderungssatz: auffordern zum Handeln	• finite (gebeugte) Verbform an erster Stelle, z. B.: *Lies unbedingt die Geschichte von Bibi Blocksberg! Erzähle mir bitte etwas über Benjamin Blümchen.* • Satzschlusszeichen: Ausrufezeichen (Befehl, ausdrückliche Aufforderung), Punkt (Bitte, Wunsch)

Satzbau und Zeichensetzung

2 Die Hauptperson ihres Buches »Tine durch zwei geht nicht« wird von Elfie Donnelly so vorgestellt.

a Lies die folgenden Stichpunkte.

Tine Fechner:
- elf Jahre alt
- braunhaarig
- nicht gerade zart
- in der Schule eher soso
- kann gut mit Worten umgehen
- wäre am liebsten ein Fisch, so gerne ist sie im Wasser

b Forme die Stichpunkte in Sätze um und schreibe sie auf.

c Welche Satzart hast du verwendet? Begründe deine Wahl.

d Schreibe vier Fragesätze auf, in denen du dich nach Tine erkundigst.

3 In dem Buch »Tine durch zwei geht nicht« spielt auch Tines Bruder Tim eine Rolle.

a Lies die Sätze, in denen er vorgestellt wird.

1. Tim wohnt mit seiner Schwester bei seinen Eltern.
2. Er ist gerade sieben Jahre alt.
3. Er hat braune Haare.
4. In vier Minuten schafft Tim sechs Pfannkuchen.
5. Zur Schule geht er noch mit Begeisterung.
6. Tim liebt seine Schwester.

b Übertrage die folgende Tabelle in dein Heft.
Ermittle in den Sätzen aus Aufgabe a mithilfe der Umstellprobe die Satzglieder und trage sie ein.

1. Stelle	2. Stelle	3. Stelle	4. Stelle	5. Stelle
ein Satzglied	finite Verbform	weitere Satzglieder		
Tim	wohnt	…	…	…

Der einfache Satz

> **!** **Satzglieder** kann man umstellen. Mithilfe der Umstellung kann man verschiedene Aussageabsichten verwirklichen.
> An erster Stelle eines Aussagesatzes steht nur *ein* Satzglied.
> An der zweiten Stelle folgt die finite (gebeugte) Verbform.
> Alle weiteren Satzglieder stehen dahinter.
> Mithilfe der **Umstellprobe** kann man die Satzglieder ermitteln.
> Zu einem Satzglied gehören jeweils die Wörter, die sich nur zusammenhängend an die erste Stelle umstellen lassen, z. B.:
> *Tine und Tim | wohnen | mit ihren Eltern | in einem Einfamilienhaus.*
> *Mit ihren Eltern | wohnen | Tine und Tim | in einem Einfamilienhaus.*
> *In einem Einfamilienhaus | wohnen | Tine und Tim | mit ihren Eltern.*

4 Verändere die Aussageabsicht der folgenden Sätze durch Umstellung.

1. Marie hat schon Bücher von Elfie Donnelly gelesen.
2. Warum haben dir die Geschichten gefallen?
3. Schenke deinem Freund ein Buch von Elfie Donnelly.
4. Liest du gern lange Romane?
5. Max liebt besonders Bildgeschichten.
6. Hole dir ein Buch von Elfie Donnelly aus der Bücherei!

1. Marie hat schon Bücher von Elfie Donnelly gelesen.
Hat Marie schon Bücher von Elfie Donnelly gelesen?
Marie, lies die Bücher von Elfie Donnelly!
2. ...

5 Ermittle mithilfe der Umstellprobe die Satzglieder der folgenden Sätze. Verwende dazu die Tabelle aus Aufgabe 3 b (S. 156).

1. Die elfjährige Tine ist meistens fröhlich.
2. Sie liebt ihre Eltern und ihren Bruder Tim.
3. In der letzten Zeit ist Tine oft traurig.
4. Zum Nachdenken sitzt sie gern auf dem Klo.

Subjekt

1 In den folgenden Sätzen fehlen die Subjekte. Wähle aus den Wortgruppen das jeweils passende Subjekt aus und schreibe die Sätze in dein Heft.

Elfie Donnelly – große Probleme – die Kinder – die Familie – die Eltern – der Name Karl-Heinz

1 ▬▬ erzählt in ihrem Buch »Tine durch zwei geht nicht« über eine ganz normale Familie.
2 ▬▬ besteht aus Vater, Mutter und zwei Kindern.
3 ▬▬ heißen Tine und Tim.
4 ▬▬ heißen Angelika und Kalle.
5 In Kalles Ausweis steht eigentlich ▬▬.
6 Eines Tages treten in Tines Familie ▬▬ auf.

1. Elfie Donnelly erzählt …

 Das Satzglied **Subjekt** ist der Satzgegenstand des Satzes. Über das Subjekt wird etwas ausgesagt, es steht im Nominativ.
Man erfragt das Subjekt mit *Wer?* oder *Was?*, z. B.:
In einer kleinen Stadt lebt Tine mit ihrer Familie.   Wer?
Der siebenjährige Tim ist ihr Bruder.   Wer?
Die Jugendbücherei wird von Tines Mutter geleitet.   Was?

2 Bestimme mithilfe der Frageprobe die Subjekte der folgenden Sätze. Ersetze das Subjekt durch das passende Personalpronomen.

1 Tines Mutter heißt Angelika.
2 Angelika fühlt sich heute nicht wohl.
3 Ihr Kopf schmerzt bei jedem Schritt unerträglich.
4 Auf ihrem Schreibtisch stapeln sich Einladungen, Rechnungen und Karten.
5 Der Schornsteinfegermeister Wippel fragt sie besorgt nach ihrem Befinden.
6 Die Arbeit macht ihr heute keinen Spaß.
7 Am liebsten würde Angelika alles stehen und liegen lassen.
8 Eine Kundin wünscht ihr freundlich gute Besserung.

1. Wer heißt Angelika? Tines Mutter (sie) 2. …

Prädikat

1 Prädikate werden durch Verben ausgedrückt. Wähle ein passendes Verb aus und setze es in der richtigen Form ein.

arbeiten – hassen – gehören – fressen – kochen – aussehen

1. Tines und Tims Vater Kalle ▬▬ als Versicherungsagent.
2. Er ▬▬ Fußball.
3. Kalle ▬▬ gern, aber sehr schlecht.
4. Zur Familie ▬▬ auch der Hund Kaktus.
5. Kaktus ▬▬ sehr freundlich ▬▬.
6. Er ▬▬ gern Teppichfransen, aber auch anderes.

1. arbeitet, 2. …

> **!** Das Satzglied **Prädikat** sagt etwas über das Subjekt aus (Satzaussage). Subjekt und Prädikat sind die beiden Hauptbestandteile des Satzes. Sie bilden den Satzkern. Sie werden mithilfe von Fragen bestimmt, z. B.:
>
> <u>Angelika Fechner</u>   <u>arbeitet</u>   in der Bibliothek.
> Wer? Was?   Was wird ausgesagt?
> Subjekt   Prädikat
>
> Wenn das Prädikat nur aus dem finiten (gebeugten) Verb besteht, nennt man es **einteiliges Prädikat**.

→ S.139 Zeitformen (Tempusformen) der Verben

2

a Schreibe Sätze auf, in denen du die folgenden Verben als einteiliges Prädikat verwendest.

lachen – fangen – singen – wohnen – bemerken – verlieren – zerdrücken

Die Kinder lachen fröhlich. …

b Welche Zeitform hast du verwendet? Begründe, warum.

c Wähle drei Beispiele aus und schreibe sie im Präteritum auf.

Die Kinder lachten fröhlich. …

> **!** Ein **mehrteiliges Prädikat** besteht aus einer finiten (gebeugten) Verbform und anderen infiniten (ungebeugten) Verbformen (Partizip II, Infinitiv) oder weiteren Wörtern, z. B.:
> *Tines Eltern haben sich häufig gestritten. Tine ist lieber bei ihrer Freundin geblieben. Tim wollte am liebsten gar nicht mehr nach Hause kommen. Beide Kinder wichen den Eltern häufig aus.*
> Mehrteilige Prädikate können andere Satzglieder einrahmen. Dann bilden sie einen **prädikativen Rahmen**.

→ S. 139 Zeitformen (Tempusformen) der Verben

3 Die folgenden Sätze enthalten mehrteilige Prädikate.

a Schreibe die Sätze in dein Heft und unterstreiche die Prädikate.

1. Kalle und Angelika Fechner waren seit zwölf Jahren miteinander verheiratet.
2. Sie hatten ein kleines Häuschen am Rande der Stadt gemietet.
3. Vor elf Jahren wurde ihre Tochter Tine geboren.
4. Der Sohn Tim hat vor sieben Jahren das Licht der Welt erblickt.
5. Sie haben viele Jahre zufrieden miteinander gelebt.
6. Aber irgendwann hatten die Streitigkeiten und Probleme begonnen.

b Unterstreiche die Satzglieder, die von den Prädikatsteilen eingerahmt werden, mit einer anderen Farbe.

4 Schreibe Sätze mit folgenden zusammengesetzten Verben auf. Unterstreiche die Teile des Prädikats (den prädikativen Rahmen) doppelt und die eingerahmten Satzglieder einmal.

zurückgeben – aufgeben – angeben – nachgeben – mitgeben

Meine Freundin gab mir | das Buch | gestern zurück.

5 Suche aus Aufgabe 1 (S. 159) die Sätze mit einem einteiligen Prädikat heraus. Forme sie in mehrteilige Prädikate um.

Der einfache Satz 161

Objekt (Ergänzung)

TIPP
Nutze die Frageprobe.

1 Füge in den folgenden Sätzen die passenden Wörter bzw. Wortgruppen als Dativ- oder Akkusativobjekt ein.

dem Streit der Eltern – dem Hund Kaktus – einen Klaps – Papas Koffer – dicke Briefe – ihm – ihre Hausaufgaben – ihn – eine kleine Wohnung

1 Tine saß am Tisch und erledigte ▬.
2 Aber ihre Gedanken folgten nur ▬.
3 Auch Tim war traurig und gab ▬ ▬.
4 Der Streit zwischen seinen Eltern gefiel ▬ gar nicht.
5 Mama packte ▬ und stellte ▬ vor die Tür.
6 Papa zog aus und suchte sich ▬.
7 Ein Jahr lang schickten die Anwälte ▬.

! Das **Objekt** ist ein Satzglied, das das Prädikat ergänzt. Der Fall des Objekts ist vom Verb abhängig, z. B.:

Tim <u>fragt</u> *seine Schwester Tine*.		Wen?	Akkusativobjekt
Tine <u>hilft</u> *ihrer Mutter*.		Wem?	Dativobjekt
Die Mutter <u>stellt</u> *dem Vater*	*seinen Koffer*		vor die Tür.
Wem?	Was?		
Dativobjekt	Akkusativobjekt		

Man kann Dativobjekte mithilfe der Frage *Wem?* und Akkusativobjekte mithilfe der Fragen *Wen?* oder *Was?* bestimmen.

2 Schreibe die Sätze in dein Heft. Bestimme die Objekte durch Fragen und unterstreiche sie. Notiere für Dativobjekte DO, für Akkusativobjekte AO.

1 Tine liebt ihre Eltern und ihren Bruder sehr.
2 Kalle kann die Probleme nicht allein lösen.
3 Beim Kochen hilft Tim seiner Mutter.
4 Tine fragt ihren Vater nach seiner Arbeit.
5 Tim gibt der Schildkröte etwas Futter.
6 Am liebsten möchte Tine Papas Gedanken lesen.
7 Tim hört seiner Schwester aufmerksam zu.

1. Tine liebt <u>ihre Eltern und ihren Bruder</u> sehr.
Wen? (AO)

Satzbau und Zeichensetzung

> **!** **Genitivobjekte** werden selten gebraucht. Sie kommen meistens in der Schriftsprache vor, z. B.:
> Die Geschwister erinnerten sich   der gemeinsamen Familienausflüge.
> Der Vater rühmte sich   seiner Kochkünste.
>   Wessen? Genitivobjekt
> Man kann Genitivobjekte mithilfe der Frage Wessen? bestimmen.

3 Setze in den folgenden Sätzen die passenden Genitivobjekte ein.

bester Gesundheit – der Hilfe – der Stimme – der Kinder –
der schönen gemeinsamen Stunden

1 Die Kinder erfreuen sich ▬▬.
2 Trotzdem bedurften sie ▬▬.
3 Sie gedachten ▬▬.
4 Der Vater enthielt sich heute ▬▬.
5 Eine Freundin wollte sich ▬▬ annehmen.

*1. Die Kinder erfreuen sich bester Gesundheit. –
Wessen erfreuen sie sich?
2. …*

4 Einige Verben verlangen als Ergänzung ein Genitivobjekt.

a Schreibe Sätze mit diesen Verben auf.

sich entledigen – sich rühmen – sich erinnern – sich schämen –
sich bedienen – sich erfreuen – bedürfen – gedenken – sich enthalten –
sich annehmen

Jan entledigt sich seiner Schulden. …

b Bestimme mithilfe der Frageprobe die Genitivobjekte und unterstreiche sie.

*Jan entledigt sich seiner Schulden. –
Wessen entledigt er sich?*

> **!** Objekte, deren Fall von einer Präposition, z. B. *mit, für, über, auf, von*, bestimmt wird, nennt man **Präpositionalobjekte**, z. B.:
>
> | | |
> |---|---|
> | Tim traf sich *mit seinem Freund*. | Mit wem? |
> | Tine regte sich *über ihre Eltern* auf. | Über wen? |
> | Sie hatten Angst *vor einem neuen Streit*. | Wovor? |
> | | (umgangssprachlich: Vor was?) |
> | Die Eltern stritten sich *über Belanglosigkeiten*. | Worüber? |
> | | (umgangssprachlich: Über was?) |

5 Suche aus den folgenden Sätzen die Präpositionalobjekte heraus und schreibe sie zusammen mit dem Infinitiv des Verbs auf.

1. Die Kinder erinnerten sich gern an frühere gemeinsame Ausflüge.
2. Heute stritt der Vater oft mit Mama.
3. Die Geschwister ärgerten sich über ihre Eltern.
4. Aber oft redete der Vater überhaupt nicht mehr mit Mama.
5. Tim wandte sich von Papa ab.
6. Er hielt zu seiner geliebten Mama.
7. Tine und Tim konnten die Eltern nicht von der Trennung abhalten.

1. sich an frühere gemeinsame Ausflüge erinnern, 2. ...

6 Welches Verb verlangt welche Präposition(en)? Ordne zu. Bilde Sätze und schreibe sie in dein Heft.

von – auf – über – gegen
lachen – kämpfen – träumen – warten

Er kämpfte gegen ...

7 Bilde Sätze mit folgenden Wortgruppen. Schreibe sie in dein Heft und unterstreiche die Präpositionalobjekte.

jemanden von einem Vorhaben abhalten – bei einer Veranstaltung mitwirken – über etwas berichten – nach jemandem fragen – gegen etwas kämpfen – sich für etwas einsetzen – auf etwas hoffen – sich über etwas aufregen – mit jemandem sprechen

Adverbialbestimmung (Umstandsbestimmung)

> Prädikate werden häufig durch **Adverbialbestimmungen** der Zeit (Temporalbestimmungen) und des Ortes (Lokalbestimmungen) näher bestimmt.
> - **Temporalbestimmungen** erfragt man mit *Wann? Wie lange? Bis wann? Seit wann?*
>
> | | |
> |---|---|
> | *Vor elf Jahren wurde Tine geboren.* | Wann? |
> | *Die Eltern waren 12 Jahre verheiratet.* | Wie lange? |
> | *Bis vor einem Jahr waren sie glücklich.* | Bis wann? |
> | *Seit einem Jahr schickten die Anwälte dicke Briefe.* | Seit wann? |
>
> - **Lokalbestimmungen** erfragt man mit *Wo? Wohin? Woher?*
>
> | | |
> |---|---|
> | *Die Kinder fühlten sich zu Hause nicht mehr wohl.* | Wo? |
> | *Sie gingen nicht mehr gern nach Hause.* | Wohin? |
> | *Die Mutter kam spät von der Arbeit.* | Woher? |

1 Übertrage die Tabelle in dein Heft. Suche die Temporal- und Lokalbestimmungen aus den Sätzen heraus und ordne sie in die richtige Spalte ein.

Temporalbestimmung	Lokalbestimmung
zwölf Jahre	...
...	

1. Kalle und Angelika Fechner waren zwölf Jahre miteinander verheiratet.
2. Familie Fechner wohnte am Rande der Stadt.
3. Vor elf Jahren wurde Tine geboren.
4. Seit einiger Zeit stritten sich die Eltern sehr oft.
5. Zuerst war Tine aufgefallen, dass Papa und Mama sich keine Abschiedsküsse mehr gaben.
6. Sie machten auch sonntags keine gemeinsamen Ausflüge mehr.
7. Tine wollte am liebsten gar nicht mehr nach Hause kommen.
8. Sie fühlte sich bei ihren Freunden wohler.
9. Tim begann neuerdings wieder, Baby zu spielen.
10. Im Hause Fechner gab es viele Veränderungen.
11. Zum Schluss verließ Papa das gemeinsame Haus.
12. Er zog in eine kleine Wohnung.

Der einfache Satz

> ! Das Prädikat kann durch eine **Adverbialbestimmung der Art und Weise (Modalbestimmung)** näher bestimmt werden. Man fragt danach *Wie?* oder *Auf welche Art und Weise?*
>
> Der Hund Kaktus bellte <u>laut</u>.   Wie?
> <u>Mit großer Freude</u> sprang er an Tine hoch.   Wie?
>   Auf welche Art und Weise?

2

a Suche aus den folgenden Sätzen heraus, durch welche Satzglieder ausgedrückt wird, *wie* etwas geschieht.

1 Der Hund Kaktus tobt gern mit Tine und Tim im Garten herum.
2 Nach der Schule empfängt er sie mit freudigem Gebell.
3 Später lernt Tine überraschend den Hund Bubu kennen.
4 Er begrüßt sie freudig und springt schwanzwedelnd an ihr hoch.
5 Die Schildkröte Summacumlaude verhält sich meist still.
6 Oft kriecht sie langsam unter irgendeinen Schrank.
7 Nur mit Mühe können die Kinder sie dann finden.

b Schreibe diese Satzglieder mit dem dazugehörigen Verb im Infinitiv heraus.

1. gern herumtoben, 2. ...

3 Wie können folgende Tätigkeiten ausgeführt werden? Schreibe Wörter und Wortgruppen auf, die die Art und Weise der Tätigkeiten näher beschreiben.

lesen – sprechen – fragen – gehen – sich bewegen – fahren – begrüßen – lächeln – schreiben

lesen: laut, deutlich, stockend, mit leiser Stimme, mit Betonung, ...

166 Satzbau und Zeichensetzung

> **!** Das Prädikat kann auch durch eine **Adverbialbestimmung des Grundes (Kausalbestimmung)** näher bestimmt werden.
> Man kann sie mit *Warum? Weshalb? Weswegen? Aus welchem Grund?* erfragen, z. B.:
> *Die Eltern stritten sich <u>wegen jeder Kleinigkeit</u>.*   *Weswegen?*
> *Die Kinder waren <u>aufgrund der ständigen Streitigkeiten</u> sehr traurig.*   *Aus welchem Grund?*
> *Die Kinder kamen nicht mehr gern nach Hause, <u>weil sich die Eltern ständig stritten</u>.*   *Warum?*

4 Schreibe aus den folgenden Sätzen die Kausalbestimmungen heraus.

1 Alle Familienmitglieder sind aufgrund der Trennung traurig.
2 Kaktus hat wegen Tines schlechter Laune schon einmal einen Fußtritt bekommen.
3 Tim kann vor Traurigkeit schon gar keinen klaren Gedanken mehr fassen.
4 Deshalb will er von seinem Vater nichts mehr wissen.
5 Kalle sitzt einsam in seiner kleinen Wohnung und ist völlig verzweifelt, weil er sich von seinen Kindern getrennt hat.
6 Aus Verzweiflung beschließt Kalle, seine Tochter zu »entführen« und mit ihr allein Urlaub zu machen.

5 Schreibe Antworten auf folgende Fragen in dein Heft.
Unterstreiche die Kausalbestimmungen.

1 Warum musste das Sportfest ausfallen?
2 Warum bist du zu spät zur Schule gekommen?
3 Weshalb bist du zu spät zu deiner Freundin / deinem Freund gekommen?
4 Aus welchem Grund konntest du deine Hausaufgaben nicht machen?
5 Warum fährst du im Urlaub am liebsten in die Berge / an die See?
6 Weshalb wurde der Angeklagte verurteilt?
7 Warum ist sie heute so gut gelaunt?

Attribut (Beifügung)

> **!** **Attribute** (Beifügungen) bestimmen Nomen/Substantive näher. Sie können vor oder hinter dem Nomen stehen. Man erfragt sie mit *Welche(-r, -s)?* oder *Was für ein(e)?*, z. B.:
> die leere Flasche   Was für eine Flasche?
> die Flasche mit dem bunten Etikett   Welche Flasche?
> Attribute sind keine selbstständigen Satzglieder. Sie können nicht allein umgestellt werden, sondern bleiben immer bei dem Nomen, zu dem sie gehören. Sie werden deshalb **Satzgliedteil** genannt.

TIPP
Die Attribute können vor oder hinter dem Nomen stehen.

1 Schreibe aus dem folgenden Text die unterstrichenen Nomen/Substantive und die dazugehörigen Attribute heraus.

In der Familie Fechner kündigten sich Veränderungen an:
Der erste gemeinsame Sonntag nach langer Zeit brachte ein ungeheures Gewitter: Die Waldwege trieften vor Nässe wie Tines und Tims Haare. Und zwischen Mama und Papa gewitterte es auch.
5 Mama hatte rotgeweinte Augen.
Die ersten harten Worte fielen: Tim und Tine erkannten ihre Eltern kaum wieder.
Die Abstände zwischen den Gewittern wurden kürzer. [...]
Dann ging alles ziemlich schnell und über die Köpfe von Tim und
10 Tine hinweg. Mama packte Papas Koffer und stellte sie ihm vor die Tür und Papa ging wirklich weg. Er suchte sich eine kleine Wohnung.
Ein Jahr lang stapelten sich gewichtig aussehende Briefe von Anwälten im Briefkasten. Der Fall Fechner gegen Fechner wurde
15 gelöst: Die Ehe war geschieden.

der erste gemeinsame Sonntag, ...

a Schreibe den folgenden Satz in dein Heft. Unterstreiche die Attribute.

Die elfjährige Tine wollte die endgültige Trennung der Eltern lange Zeit nicht akzeptieren.

b Stelle mithilfe der Umstellprobe die Anzahl der Satzglieder fest und grenze sie durch senkrechte Striche ab.

Kommasetzung bei Aufzählungen

→ S.149
Konjunktionen

 Manche Sätze enthalten **Aufzählungen** von Wörtern oder Wortgruppen. Sie werden **durch Komma voneinander getrennt**, wenn sie unverbunden sind.
Steht zwischen ihnen eine **aufzählende Konjunktion**, wie *und, oder, sowie* oder *sowohl ... als auch ...*, dann fällt das Komma weg, z. B.:
Zur Familie Fechner gehören Angelika, Kalle, Tine und Tim.
Außerdem gehören sowohl der Hund Kaktus als auch die Schildkröte Summacumlaude dazu.
Steht jedoch zwischen den Gliedern der Aufzählung eine **entgegenstellende Konjunktion**, wie *aber, doch, jedoch* oder *nicht nur ..., sondern (auch) ...*, muss ein Komma gesetzt werden, z. B.:
Angelika kocht nicht gern, aber gut.
Kalle kocht gern, doch nicht besonders gut.
Tine macht sich nicht nur Sorgen um ihren geliebten Papa, sondern auch um Angelika und Tim.

TIPP
Wenn du unsicher bist, lies im Merkkasten nach.

Achtung, Fehler!

1 Schreibe die Sätze ab, unterstreiche die Aufzählungen und setze die fehlenden Kommas.

1. Tines Mutter Angelika arbeitet schon viele Jahre in einer Bibliothek. Viele Kinder Jugendliche und Erwachsene kommen zu ihr, um sich Bücher auszuleihen.
2. Diese Arbeit bringt ihr viel Freude Abwechslung sowie neues Wissen.
3. Ständig beschäftigt sie sich sowohl mit neuen Büchern als auch mit CDs und DVDs.
4. Die Leser stellen viele Fragen wollen beraten werden oder Empfehlungen bekommen.
5. Sie möchten Erzählungen Romane aber auch Sachbücher ausleihen.
6. Viele Leser wollen auch Reiseliteratur haben. Angelika kann sie nicht nur mit Reiseführern sondern auch mit Karten und Filmen über die Reiseziele versorgen.
7. Aber heute ist sie nicht bei der Sache. Ihre Gedanken Gefühle und Ängste wandern immer wieder zu Tine, die verschwunden ist.

1. Tines Mutter Angelika arbeitet schon viele Jahre in einer Bibliothek. Viele Kinder, Jugendliche und Erwachsene kommen zu ihr, um sich Bücher auszuleihen. 2. ...

Der zusammengesetzte Satz

1 Tine reist auf die Kanarischen Inseln.

a Lies den Text und überlege, welche Sätze du miteinander verknüpfen kannst, damit der inhaltliche Zusammenhang zwischen ihnen deutlicher wird. Schreibe die Vorschläge in dein Heft.

> **TIPP**
> Du musst die Sätze beim Zusammenfügen verändern und Kommas setzen.

Eines Tages holt Papa Kalle seine Tochter von der Schule ab. Er will mit ihr eine Reise machen. Tine weiß noch nichts davon. Kalle hat schon alles Notwendige in eine große Reisetasche gepackt. Tine muss nicht mehr nach Hause zu Mama. Sie fahren mit
5 dem Taxi zum Flughafen. Tine war schon oft hier. Sie hat ihre Oma vom Flugzeug abgeholt. Am Schalter gibt Kalle die große Tasche ab. Dann steigen Kalle und Tine ins Flugzeug nach Teneriffa. Ab und zu denkt Tine an Mama. Sie wird sich Sorgen machen. Papa hat ihr nichts von
10 seinen Reiseplänen gesagt. Aber bald ist alles vergessen. Sie sieht nur noch Sonne, Strand und Meer.

Er will mit ihr eine Reise machen, aber Tine weiß noch nichts davon. ...

b Vergleicht eure Lösungen und tauscht euch darüber aus.

> **!** Aus Sätzen, die inhaltlich eng miteinander verbunden sind, kann man **zusammengesetzte Sätze** bilden. Die **Teilsätze** eines zusammengesetzten Satzes werden in der Regel durch ein Komma voneinander abgetrennt. Jeder Teilsatz eines zusammengesetzten Satzes enthält mindestens ein **Subjekt** und ein **Prädikat** (finite Verbform).

c Unterstreicht in euren zusammengesetzten Sätzen die Subjekte und die finiten (gebeugten) Verbformen.

> **TIPP**
> Nutzt die Frageprobe. Beachtet: Subjekt und finite Verbform stimmen in Person und Zahl überein.

Eines Tages <u>holt</u> <u>Papa Kalle</u> seine Tochter von der Schule <u>ab</u>, weil <u>er</u> mit ihr eine Reise machen <u>will</u>.
<u>Er</u> <u>will</u> mit ihr eine Reise machen, aber <u>Tine</u> <u>weiß</u> noch nichts davon. ...

Satzgefüge

→ S.149
Konjunktionen

! **Satzgefüge** bestehen aus **Haupt- und Nebensatz**, die z.B. durch Konjunktionen, wie *weil, wenn, (so)dass, nachdem, bevor, seitdem, damit, als, obwohl,* miteinander verbunden werden. Der Nebensatz wird durch ein **Komma** vom Hauptsatz getrennt. Er kann sowohl vor als auch hinter dem Hauptsatz stehen. Steht der Nebensatz vor dem Hauptsatz, so beginnt der Hauptsatz mit der finiten Verbform, z.B.:
Dass er mit Tine wegfahren will, hat er Angelika nicht gesagt.
　　NEBENSATZ　　,　　HAUPTSATZ　.
Kalle holt Tine ab, weil er mit ihr Urlaub auf Teneriffa machen möchte.
　　HAUPTSATZ　　,　　NEBENSATZ　.

Die meisten **Nebensätze** kann man an folgenden Merkmalen erkennen:
• Die finite (gebeugte) Verbform steht an letzter Stelle.
• Am Anfang steht ein Einleitewort, z.B. eine Konjunktion (Bindewort).
Der Nebensatz ist allein meist nicht verständlich.

 In den folgenden Sätzen fehlen die Konjunktionen und die Kommas.

TIPP
Einige Konjunktionen kannst du mehrfach einsetzen.

a Schreibe die Sätze ab, wähle die passende Konjunktion aus und füge sie ein. Setze die Kommas.

dass – weil – wenn – als – obwohl – sobald

1 Am Nachmittag wartet Angelika vergeblich ▬▬ Tine aus der Schule nach Hause kommt.
2 Allmählich wird sie unruhig ▬▬ Tine sonst immer pünktlich ist.
3 ▬▬ sie sich einmal verspätet ruft sie an und sagt Bescheid.
4 ▬▬ Tine nach dreieinhalb Stunden immer noch nicht zu Hause ist ruft die Mutter den Schuldirektor und Tines Klassenkameraden an.
5 Angelikas Angst wächst ständig ▬▬ alle ihr Mut zusprechen.
6 Tim ahnt ▬▬ Tine mit Papa weggefahren ist.
7 Papa hat einmal gesagt: »▬▬ die Sache mit dem seltenen Besuchsrecht nicht geändert wird gehe ich mit Tine fort.«

b In welchen Sätzen gibt es verschiedene Möglichkeiten? Tauscht euch darüber aus.

Der zusammengesetzte Satz **171**

TIPP
Beachte die Schreibung der Konjunktion.

2 Überlege, welche Konjunktion in den folgenden Sätzen jeweils fehlt. Schreibe die Sätze ab und setze die fehlenden Kommas.

1 Tine wusste nicht ▬▬ Papa mit ihr nach Teneriffa fliegen wollte.
2 Auf dem Flughafen dachte sie noch ▬▬ sie Papa nur bis zur Abfertigung begleitet.
3 Tine wunderte sich ▬▬ sie auch bei der Passkontrolle noch nicht zurückbleiben sollte.
4 Dann erklärte ihr Papa ▬▬ sie gemeinsam Urlaub machen werden.
5 Zuerst gefiel es Tine nicht ▬▬ Kalle seine Pläne nicht mit Mama besprochen hatte.
6 Später ist sie nur noch glücklich ▬▬ sie unbeschwerte Tage mit Papa verbringen wird.

3 Bilde Satzgefüge.

→ S. 135
Pronomen (Relativpronomen)

a Ordnet die Nebensätze mit den Relativpronomen dem jeweils richtigen Hauptsatz zu.

die von ihrem Vater »entführt« wurde – die das alles noch gar nicht fassen kann – das sie nun nach Teneriffa bringen soll

1 Tine sitzt völlig überrumpelt im Flugzeug.
2 Papa hat sie einfach durch die drängelnde Menschenmenge ins Flugzeug geschoben.
3 Tine verspürt Übelkeit im Magen.

1. Tine, die …

TIPP
Achte auf die Kommasetzung.

b Erkläre das fett gedruckte Wort näher. Füge den zweiten Satz direkt hinter dem fett gedruckten Wort als Nebensatz, der durch ein Relativpronomen eingeleitet wird, ein.

1 **Papa** laufen die Tränen über das Gesicht. Er hat sich auf den Sitz neben ihr gesetzt.
2 Als Tine den herrlichen blauen Himmel und die weißen **Wolken** sieht, verschwindet ihre Traurigkeit. Die weißen Wolken ziehen am Fenster vorbei.
3 Sie findet es irre, dass ihr **Papa** sie »entführt« hat. Sie liebt ihren Papa sehr.

1. Papa, der sich auf den Sitz neben ihr …

c Schreibe die Sätze in dein Heft und unterstreiche das Einleitewort des Nebensatzes.

d Überlege, wie du aus dem zweiten Hauptsatz einen Nebensatz gebildet hast.

> **Nebensätze** können auch durch **Relativpronomen**, z. B. durch *der, die, das, welcher, welche, welches*, **eingeleitet** werden. Das Relativpronomen bezieht sich auf ein Nomen im vorangehenden Hauptsatz (Bezugswort). Man nennt diese Sätze **Relativsätze**. Sie bestimmen das Nomen näher, z. B.:
>
> *Im Flugzeug, das sie und Kalle nach Teneriffa bringen soll, ist Tine zuerst sehr aufgeregt.*
>
> *Jetzt denkt Tine gar nicht mehr an Mama, bei der sie sich immer noch nicht gemeldet haben.*
>
> Die Relativsätze werden durch ein **Komma** vom Hauptsatz abgetrennt. Sind sie in den Hauptsatz eingeschoben, werden sie von Kommas eingeschlossen.

4 Schreibe die Sätze ab und füge das passende Relativpronomen im richtigen Fall ein.

1 Angelika, ▬▬ schon alle Klassenkameraden von Tine angerufen hat, ist völlig verzweifelt.
2 Frau Vogt, ▬▬ sie von der Scheidung erzählt, reagiert sehr merkwürdig.
3 Sie fragt Tim, ▬▬ so einige Andeutungen gemacht hat, ob er etwas weiß.

5 Im folgenden Text fehlen die Kommas. Schreibe den Text ab, setze die fehlenden Kommas und unterstreiche das Relativpronomen.

Der Hund Kaktus den Tine heute nicht ausgeführt hat sitzt ratlos herum. Der Polizist dem Angelika dann von der Entführung berichtet hat ist nicht besonders freundlich. Der Beamte der sie misstrauisch mustert schreibt schließlich ein Protokoll.

Der zusammengesetzte Satz **173**

Satzreihe (Satzverbindung)

> **!** Die Verbindung von mindestens zwei **Hauptsätzen** nennt man **Satzreihe (Satzverbindung)**. Die Sätze werden mithilfe von Konjunktionen, z. B. *und, oder, aber, denn, sondern, (je)doch,* miteinander verbunden. Sie werden durch ein **Komma** getrennt, wenn sie nicht durch *und, oder, beziehungsweise (bzw.), sowie* verbunden sind, z. B.:
> *Kalle »entführte« seine Tochter Tine und Angelika schwebte deswegen zu Hause in tausend Ängsten.*
> *Tim schimpfte auf seinen Papa, aber trotzdem hatte er ihn lieb.*
> *Die »entführte« Tine genoss die Zeit mit ihrem Papa, denn auf Teneriffa war die Wirklichkeit in weite Ferne gerückt.*

→ S.149 Konjunktionen

1 Forme die folgenden Satzpaare jeweils zu einer Satzreihe um.

a Wähle für jede Verknüpfung eine Konjunktion und setze die notwendigen Kommas.

und – oder – aber – denn – sondern – (je)doch – sowie

1 Kalle ist heimlich mit Tine nach Teneriffa geflogen. Nun hat er Angst vor einer Bestrafung.
2 Tine hat vorher nichts von Papas Reiseplan gewusst. Sie ist freiwillig mitgeflogen.
3 Ein preiswertes Hotelzimmer haben sie auf der Insel nicht gefunden. Sie übernachten am Strand.
4 Am nächsten Tag fahren sie mit einer Fähre auf die Insel Gomera. Kalle will mit seiner Tochter unentdeckt bleiben.
5 Tine ist begeistert von dem großen weißen Schiff. Sie verliert im Gedränge beinahe ihren Papa.

●●● b Überlege, ob in manchen Sätzen mehrere Konjunktionen möglich sind und welche Bedeutungsunterschiede dadurch entstehen.

Mehrfach zusammengesetzte Sätze

 Wenn **drei oder mehr Haupt- und Nebensätze** miteinander verbunden sind, spricht man von einem **mehrfach zusammengesetzten Satz**. Die Teilsätze werden in der Regel durch **Komma** voneinander getrennt, z. B.:

<u>Bevor</u> Kalle und Tine nach Gomera <u>übersetzen</u>, <u>lernen</u> sie Inge kennen, <u>die</u> ihr Baby Anna in einem Tuch vor dem Bauch <u>trägt</u>.
NEBENSATZ , HAUPTSATZ , NEBENSATZ .

1

a Lies die folgenden Sätze und übertrage sie in dein Heft.

1 Während Kalle und Tine auf ihre Fähre warten, sehen sie interessiert einem Schiff zu, das sich langsam an die Mole schiebt.
2 Der Motor verstummt, das Schiff liegt nun ruhig da und quietschend öffnet sich das riesige Maul, das nun jede Menge Autos, Lastwagen, Baumaschinen und Motorräder ausspuckt.
3 Sie beobachten, dass sich viele Menschen hinunter in den Hafen drängeln, wo sie sich langsam zerstreuen.
4 Eine junge Frau, die ihr Baby vor den Bauch geschnallt hat, spricht Kalle und Tine an, weil die beiden deren dreckverkrustete Turnschuhe so anstarren.

b Unterstreiche in jedem Teilsatz die finite (gebeugte) Verbform und das dazugehörige Subjekt.

c Umkreise die Einleitewörter der Nebensätze (z. B. Konjunktionen, Relativpronomen).

d Bestimme, aus welchen Teilsätzen die Sätze bestehen. Zeichne für jeden Satz das Satzbild.

1. NS, HS, ...   2. ...

TIPP
NS: finites Verb am Ende
HS: finites Verb an zweiter Stelle / am Anfang

2 Schreibe drei mehrfach zusammengesetzte Sätze in dein Heft. Bearbeite die Sätze wie in Aufgabe 1.

Zeichensetzung bei der direkten (wörtlichen) Rede

1 In Elfie Donnellys Buch »Tine durch zwei geht nicht« gibt es sehr viele Passagen, in denen die Schriftstellerin die Personen sprechen lässt.

a Lies vor, was Tine über ihren Anruf aus Teneriffa erzählt. Verdeutliche beim Vorlesen die Unterschiede zwischen der direkten Rede und den anderen Textteilen.

»Mama!«, sage ich, und ich will ihr sagen, dass es mir gutgeht. Aber da schluchzt Mama schon am anderen Ende: »Tine, Tine, meine Kleine…« Papa nimmt mir den Hörer aus der Hand. »Angelika«, sagt er, »es geht ihr gut und sie ist freiwillig mitgekommen.«
5 Am anderen Ende schreit Mama: »Wo seid ihr?«
»Ich kann dir nicht sagen, wo wir sind«, sagt Papa. Er wird rot im Gesicht und stammelt: »Nein, Angelika, bitte!« Ganz plötzlich hängt er den Hörer ein. »Sie
10 hat die Polizei verständigt«, sagt er und sieht sich traurig in der fast schon leeren Halle um.

! **Direkte (wörtliche) Rede** kennzeichnet man am Anfang und am Ende durch **Anführungszeichen**. Oft steht vor, zwischen oder nach der direkten Rede ein **Begleitsatz**, der die Sprecherin oder den Sprecher nennt, z. B.:
<u>Tine sagte zu Papa:</u> »Bestimmt wird Mama jetzt der Polizei sagen, dass alles in Ordnung ist.«
»Sie werden mich einsperren«, <u>murmelte Papa</u>.
»Dann gehe ich mit dir ins Gefängnis«, <u>rief Tine</u>, »weil das alles Quatsch ist!«
Wenn der Begleitsatz vor der direkten Rede steht, folgt ihm ein **Doppelpunkt**. Steht der Begleitsatz nach der direkten Rede oder ist er eingeschoben, wird er durch **Kommas** abgegrenzt.
Ausrufe- und Fragezeichen, die zur direkten Rede gehören, stehen innerhalb der Anführungszeichen.

b Erläutere die Regeln für die direkte Rede anhand der Sätze in Aufgabe a.

2 Nachdem Tine und Kalle Inge kennen gelernt hatten, entwickelte sich am Strand folgendes Gespräch.
Schreibe es ab und kennzeichne die direkte Rede.

Achtung, Fehler!

1 Habt ihr schon was zum Schlafen fragt Inge.
2 Papa schüttelt den Kopf. Wir dachten, wir finden vielleicht noch ein kleines Hotel oder so sagt er.
3 Inge zweifelt Um die Zeit? Nee!
4 Schließlich legen sie sich mit ihren Schlafsäcken an den Strand. Inge drückt Tine ein Küsschen auf die Stirn. Schlaf schön, morgen geht's nach Gomera sagt sie.
5 Nacht, Papa murmelt Tine Nacht, Mama, Nacht, Tim …

3 Nach der Nacht am Strand unterhalten sich Tine und Kalle mit Inge über ihre Situation. Inge möchte mehr über Vater und Tochter wissen. Schreibe eine Unterhaltung zwischen den dreien auf, in der du für die Fragen und Antworten die direkte Rede verwendest. Achte darauf, dass die Begleitsätze nicht immer vor der direkten Rede stehen.

4 Wenn ihr Lust bekommen habt, das Buch »Tine durch zwei geht nicht« zu lesen, besorgt es euch in der Bibliothek und findet heraus, wie die Geschichte endet.

Wortbildung

Zusammensetzungen

1 Kugel oder Ball?

a Bilde zusammengesetzte Nomen/Substantive aus den vorgegebenen Wörtern und *Kugel* oder *Ball*. Schreibe sie mit ihrem Artikel auf.

Leder – Holz – Erde – Hand – Fuß – Glas – Tennis – Wasser – Feder – Metall – Stoff – Bowling – Gummi – Gymnastik – Eis – Schnee

der Lederball, ...

b Ordne zu, was die Bestimmungswörter bezeichnen.

Material: Holzkugel, ...   *Sportgerät: Fußball, ...*

TIPP
Bei einigen Wörtern sind verschiedene Zuordnungen möglich. Und nicht alle Wörter lassen sich zuordnen.

> **!** **Zusammensetzungen** bestehen aus einem Bestimmungswort und einem Grundwort. Das **Bestimmungswort** verändert die Bedeutung des Grundwortes. Das **Grundwort** entscheidet über die Wortart der Zusammensetzung und ihr grammatisches Geschlecht (Genus). Manchmal muss ein **Fugenelement**, wie -e-, -(e)s-, -(e)n- oder -er-, eingefügt werden, z. B.:
> süß + das Holz → das Süßholz   Nomen
> die Zitrone + gelb → zitronengelb   Adjektiv

2 Übertrage die Tabelle in dein Heft. Bilde Zusammensetzungen und ergänze bei Nomen den bestimmten Artikel.

Bestimmungswort	Grundwort	Zusammensetzung
zehn	der Kampf	der Zehnkampf
schwimmen	die Halle	...
hoch	der Sprung	...
der Bär	stark	...
die Butter	weich	...

Ableitungen

1 Bilde aus den Wortbausteinen Ableitungen und ordne sie nach Wortarten.

zählen   eigen   kämpfen   frei   neu   finden   legen   Ende

senden   brechen   ehren   er-   be-   ent-   ver-   zer-   -lich

-ig   -isch   -bar   -heit   -keit   -ung   -schaft   -er   -erin

> **!** **Ableitungen** entstehen vor allem durch Anfügen von **Präfixen** (Vorsilben) und **Suffixen** (Nachsilben) an einen Wortstamm, z. B.:
> ver- + spiel + -en → verspielen; spiel- + -er → der Spieler.
> Ableitungen entstehen auch durch **Änderung des Stammvokals**, z. B.:
> fliegen → der Flug; binden → das Band, der Bund.

2 Schreibe die Ableitungen in dein Heft und trenne sie durch senkrechte Striche in ihre Wortbausteine. Unterstreiche den Wortstamm.

Schwimmerin – erringen – Wagnis – Tapferkeit – versuchen – Wahrheit – Entdeckung – Entdecker – besiegen – Sieger – kräftig – neidisch

Schwimm|er|in, …

3 Schreibe in dein Heft, auf welches Verb sich die abgeleiteten Nomen zurückführen lassen.

der Gesang – der Kuss – der Sturm – der Trank – der Biss – der Sprung – der Antrieb – der Wurf – der Klang – der Zug – der Griff

der Gesang – singen, …

4 *Un-* oder *miss-*? Schreibe das Gegenteil auf, unterstreiche das Präfix.

wichtig – gelingen – achten – achtsam – sportlich – besiegbar – fair – verständlich – bekannt – gönnen – dankbar – zufrieden – trauen

wichtig – unwichtig, gelingen – misslingen, …

Wortfamilien

> **!** Wörter mit einem gemeinsamen Wortstamm sind miteinander verwandt und bilden eine **Wortfamilie**. Eine Wortfamilie besteht also aus zusammengesetzten und abgeleiteten Wörtern, z. B.:
> **Ableitungen**: *der Wähler, wählerisch, verwählen, …*
> **Zusammensetzungen**: *auswählen, der Wahlzettel, …*

1 Ordne folgende Wörter den Zweigen des Wörterbaums *fahren* zu.

Fuhrwerk – Gefährt – Fahrt – Fahrzeug – Führer – Führung – Fuhrpark – Ausfuhr – einführen – Einfuhr – Fuhrmann – Fähre – Fährschiff – abfahren – einfahren – befahrbar

2 Beide Wortfamilien enthalten jeweils drei Wörter, die nicht zur Wortfamilie gehören. Benenne sie. Woran erkennst du sie?

1 lehren – Leergut – Lehrling – Belehrung – Leerstelle – Lehrstelle – Lehrbuch – Fachlehrerin – leeren – Gelehrter
2 Einbrecher – abbrechen – Abbruch – abbuchen – ausbrechen – Abbuchung – Umbruch – verbuchen

3 Sucht zu den Wortstämmen *trink-* und *find-* so viele Wortverwandte wie möglich.

trink-: trinken, Trinkbecher, …
find-: finden, erfinderisch, …

Wortbedeutung

Mehrdeutige Wörter

1 Carolin zeigt ihrer Freundin Josephine eine Zeichnung.

a Sieh die Abbildung genau an.

b Erkläre, worin der Witz besteht.

c Kennst du ähnliche Witze? Erzähle sie deinen Klassenkameraden.

> **!** Viele Wörter haben nicht nur eine Bedeutung, sondern mehrere. Man nennt sie **mehrdeutige Wörter**. Welche der Bedeutungen gemeint ist, wird erst aus dem Verwendungszusammenhang klar.

2 Die folgenden Nomen/Substantive sind mehrdeutig.

a Lies sie laut vor.

Wurzel – Tafel – Birne – Kopf – Flügel – Pferd – Brücke – Zug – Läufer

b Nenne die unterschiedlichen Bedeutungen der Nomen.

c Verwende jedes Wort in zwei Sätzen mit unterschiedlicher Bedeutung.

*Stolpere nicht über die Wurzel der alten Eiche. –
Der Zahnarzt behandelt die Wurzel des Backenzahns.*

Mehrdeutige Wörter **181**

3 Adjektive können ebenfalls mehrdeutig sein.

a Bilde mit dem Adjektiv und je einer Wortgruppe in Klammern Sätze.

1 leicht (die Tasche, die Aufgabe)
2 süß (eine kleine Katze, die Marmelade)
3 schwach (die Oma, die Leistungen)
4 groß (ein Gebäude, die Angst)
5 schlecht (die Zensur, der Nachtisch)

1. Die Tasche ist leicht. Die Aufgabe ist leicht.

b Suche diejenigen Wortgruppen heraus, in denen du das Adjektiv durch eins mit ähnlicher Bedeutung ersetzen kannst. Schreibe beide Wortgruppen in dein Heft.

die leichte Aufgabe –> die einfache Aufgabe

4 Auch Verben können mehrere Bedeutungen haben.

a Lies die Sätze laut vor.

1 Der Vater haftet für sein Kind.
2 Beim Stoppschild muss man halten.
3 Wir werden nächste Woche umziehen.
4 Ein Magnet zieht Eisenteile an.
5 Wir müssen die gegnerische Mannschaft schlagen.

b Nenne die Bedeutung der Verben in den Sätzen aus Aufgabe a.

c Bilde jeweils einen weiteren Satz, in dem eine andere Bedeutung des Verbs deutlich wird.

1. Der Klebezettel haftet am Kühlschrank.
2. …

Synonyme

1 Machen dir Kreuzworträtsel Spaß?

TIPP
Wenn das Buch nicht dir gehört, lege eine Folie über das Rätsel.

a Löse das folgende Rätsel.

Fenstervorhang
Radau
Funktelefon
Mitteilung
Großmutter

b Beschreibe, wie du das Rätsel gelöst hast.

Wörter können sinngleiche oder -ähnliche Bedeutungen haben. Man nennt sie **Synonyme**. Sie bilden ein **Wortfeld**, mit dessen Hilfe man einen Text abwechslungsreicher gestalten und Wortwiederholungen vermeiden kann. Sehr häufig weisen Synonyme kleine Bedeutungsunterschiede auf, z. B.:
sagen, reden, sprechen, rufen, meinen;
schnell, eilig, flink, hastig, zügig.

2 Ordne die folgenden Wörter zu Synonympaaren. Schreibe sie in dein Heft.

Ross – Metzger – Brötchen – Pferd – Telefon – Fleischer – Semmel – Geschäft – Fernsprecher – Laden

Ross – Pferd, …

3 Im Deutschunterricht hat Josephine einen Text geschrieben.

a Lies den Text.

> In unserem Garten wachsen alle Pflanzen sehr schnell. Besonders in der letzten Zeit sind die Brombeeren gewachsen. Da es sehr viel geregnet hat, ist aber auch das Unkraut gut gewachsen. Außerdem sind rund um unser Haus auch alle Bäume und Sträucher sehr gewachsen. Wir finden das prima, denn so kann keiner der Nachbarn sehen, wie gut alles bei uns wächst.

b Die Lehrerin hat Wortwiederholungen rot angestrichen.
Wähle passende Wörter aus und ersetze die unterstrichenen Verben.

gedeihen – sich entfalten – reifen – sich herausmachen – in die Höhe schießen – sich vergrößern

4 Wie viele Synonyme findet ihr innerhalb von zwei Minuten zu dem Verb *sagen*? Veranstaltet einen Wettbewerb. Wer die meisten Synonyme notiert hat, gewinnt.

5 Suche möglichst viele Synonyme zu den folgenden Wörtern. Schreibe sie in dein Heft.

rennen – anfangen – klug – blank – Verbrecher – dick – schauen – City

Redewendungen, Sprichwörter und feste Vergleiche

> **!**
>
> **Redewendungen** (Wortgruppen) sind feste sprachliche Wendungen, mit denen man etwas besonders anschaulich und einprägsam ausdrücken kann, z. B.: *auf die Nase fallen, sich den Kopf zerbrechen*.
>
> **Sprichwörter** (in der Form eines Satzes) geben Erfahrungen, Beobachtungen und Einsichten der Menschen anschaulich und einprägsam wieder, z. B.: *Wer andern eine Grube gräbt, fällt selbst hinein*.
>
> **Feste Vergleiche** sind Wortgruppen mit dem Vergleichswort *wie*, z. B.: *arm wie eine Kirchenmaus, kämpfen wie ein Löwe*.

1 Welche Redewendungen stecken in den folgenden Zeichnungen? Erkläre ihre Aussage.

2 Suche die passenden Nomen für die folgenden Redewendungen. Schreibe sie in dein Heft und erkläre ihre Bedeutung.

1 ins ▬▬ treten **2** den ▬▬ unterm Arm tragen **3** kalte ▬▬ bekommen **4** etwas aus den ▬▬ verlieren **5** Bohnen in den ▬▬ haben **6** sich die ▬▬ raufen **7** ein Herz und eine ▬▬ sein **8** etwas aus dem ▬▬ schütteln **9** jemandem die ▬▬ versalzen **10** ▬▬ auf den Zähnen haben

1. ins Fettnäpfchen treten, 2. ...

3 Tragt Redewendungen zusammen, in denen es um folgende Körperteile geht.

Herz – Nase – Augen – Zehen – Mund – Ohren

das Herz auf der Zunge tragen, ...

Redewendungen, Sprichwörter und feste Vergleiche

4 Ergänze folgende Sprichwörter und erkläre ihre Bedeutung.

1. Wer zuletzt lacht, …
2. Wenn zwei sich streiten, …
3. Viele Köche …
4. Lieber den Spatz in der Hand …
5. Kommt Zeit, kommt …
6. Der Klügere …
7. Ohne Fleiß kein …
8. Erst die Arbeit, dann …

5 Wähle passende Adjektive oder Verben aus und ergänze die festen Vergleiche. Schreibe sie in dein Heft, unterstreiche das Vergleichswort.

gefräßig – schnell – klar – schwarz – listig – schlau – schimpfen – kämpfen – zittern – schnattern – lahm – flink

1. ▬▬ wie eine siebenköpfige Raupe 2. ▬▬ wie eine Ente 3. ▬▬ wie ein Löwe 4. ▬▬ wie ein Rohrspatz 5. ▬▬ wie Kloßbrühe 6. ▬▬ wie die Nacht 7. ▬▬ wie ein Fuchs 8. ▬▬ wie Espenlaub 9. ▬▬ wie ein Wiesel

1. gefräßig wie eine siebenköpfige Raupe, 2. …

6 Sucht nach Redewendungen und Sprichwörtern anderer Länder. Tragt einige zusammen und tauscht euch darüber aus.

Was habe ich gelernt?

7 Überprüfe, was du über Wortbedeutung gelernt hast. Beantworte dazu die folgenden Fragen.

1. Was sind mehrdeutige Wörter?
2. Welche Wörter findest du in einem Wortfeld?
3. Wie unterscheiden sich Redewendungen und Sprichwörter?

Teste dich selbst!

1 Schreibe den folgenden Text ab (eventuell am Computer).

Achtung, Fehler!

1. Elfie Donnelly ist die Tochter eines Engländers und einer Österreicherin. Sie wurde 1950 in London geboren aber ihre Kindheit und Jugend verbrachte sie in Wien. Schon als junges Mädchen arbeitete sie dort als Journalistin. Sie begann in Wien als Texterin in einer Presseagentur.
2. Mit 26 Jahren veröffentlichte sie ihr erstes Buch »Servus Opa, sagte ich leise«. Diese Geschichte die von einem kleinen Jungen und dem Tod seines Großvaters erzählt hat viele Leser berührt. Für dieses Buch bekam Elfie Donnelly 1978 den deutschen Jugendbuchpreis. Für das Drehbuch zum gleichnamigen Fernsehspiel wurde sie 1979 mit dem Adolf-Grimme-Preis ausgezeichnet.
3. Ab 1977 schrieb sie 65 Folgen »Benjamin Blümchen« und 40 Folgen »Bibi Blocksberg«. Benjamin Blümchen den viele Kinder lieben feierte 2007 schon seinen 30. Geburtstag.
4. Bibi Blocksberg hat Elfie Donnelly erfunden weil sie nach ihren zwei Söhnen endlich ein Mädchen haben wollte. Der Erfolg der kleinen Hexe liegt wohl darin dass sie in einer Umgebung lebt die sich alle Leserinnen und Leser gut vorstellen können.
5. Im Jahr 2001 verfasste Elfie Donnelly das Drehbuch zum Film »Bibi Blocksberg«. 2002 war dieser Film mit fast 2,5 Millionen Zuschauern der erfolgreichste Kinofilm.
6. Nicht nur die Kleinen mögen ihre Bücher und Filme, sondern auch die Erwachsenen. Für diese Leser hat Elfie D. jetzt mit dem Schreiben von Kriminalromanen begonnen.
7. Ein Journalist fragte einmal Elfie Donnelly: Angenommen, Sie selbst könnten hexen. Was würden Sie mit dieser Fähigkeit anfangen? Ich *kann* hexen. Ich tu's nur nicht antwortete die Schriftstellerin.

2

a. Unterstreiche in den Absätzen 2 bis 4 alle Nebensätze. Markiere die finiten (gebeugten) Verbformen.

b. Markiere die Einleitewörter (Konjunktion, Relativpronomen) verschiedenfarbig.

c. Setze die fehlenden Kommas.

3

a Bestimme in den folgenden Sätzen den Fall der Objekte.

1. Elfie Donnelly schenkte den Kindern viele lustige Geschichten.
2. 1967 bekam Elfie Donnelly ihren ersten Sohn Christoph.
3. 1973 heiratete sie Peter Lustig.

b Unterstreiche im Absatz 4 je eine Adverbialbestimmung der Art und Weise (Modalbestimmung) und des Grundes (Kausalbestimmung).

c Der Absatz 7 enthält wörtliche (direkte) Rede. Setze die fehlenden Anführungszeichen und Kommas.

4

a Schreibe aus dem Text für jede Wortart (Nomen, Verb, Adjektiv, Adverb, Numerale, Konjunktion) mindestens zwei Beispiele heraus.

b Suche im Absatz 6 je ein Beispiel für nominalisierte/substantivierte Verben und Adjektive.

TIPP
Nur von vier Verben lässt sich ein sinnvolles Partizip I bilden.

5

Übertrage die Tabelle in dein Heft. Trage die infiniten Verbformen aus dem Text ein. Ergänze jeweils die fehlenden Formen.

Infinitiv	Partizip I	Partizip II
…	…	…

6

Forme die Sätze um, nutze dabei Passivformen der Verben.

1. Man zeichnete Elfie D. 1979 aus.
2. Man verleiht ihr den Preis.
3. Jemand verfilmte ihr Drehbuch.

7

Schreibe je zwei Beispiele für bestimmte und unbestimmte Numeralien heraus.

8

Schreibe aus den Absätzen 2 und 4 je drei Beispiele für Ableitungen und Zusammensetzungen heraus.

Richtig schreiben

Fehler erkennen – Fehler korrigieren

1 Man sollte sich immer bemühen, möglichst richtig zu schreiben, denn Fehler können beim Lesen stören. Manchmal sind sie aber auch lustig, z. B. auf Speisekarten im Restaurant oder in Werbeangeboten in Geschäften.

Achtung, Fehler!

a Lies die folgenden Angebote. Begründe, warum man schmunzeln muss.

Rechtschreibhilfe: im Wörterbuch nachschlagen

→ S. 19 Im Lexikon Informationen suchen

Rechtschreibhilfe: Regeln anwenden

b Schreibe die Wörter aus der Speisekarte richtig auf. Benutze dabei auch ein Rechtschreibwörterbuch.

c Berichtige den Fehler auf der Werbetafel. Schreibe in dein Heft.

d Begründe die unterschiedliche Schreibung von *arme* und *haut*.

Da kann man nur sagen: die arme Haut.
Gefährlich wird es aber, wenn die Arme haut.

Fehler erkennen – Fehler korrigieren

Achtung, Fehler!

2 Der folgende Märchenanfang ist sehr schwer zu lesen, weil die Wortgrenzen und die Groß- und Kleinschreibung nicht beachtet werden.

a Schreibe den Text richtig in dein Heft.

eswareinmaleinkleinesmädchen/dashattejedermannlieb/
deresnuransah/amallerliebstenaberhatteesdiegroßmutter

b Kennst du das Märchen? Schreibe die Überschrift über die korrigierte Fassung in dein Heft.

TIPP
Lies von oben nach unten.

3 Füge die untereinander stehenden Wortteile zusammen. Markiere dann alle Trennmöglichkeiten durch senkrechte Striche.

schulz-	wald-	hau-	flieg-	in-	mensch-
immer	am-	stier	enge-	dia-	enge-
	eisen		wicht	nerz-	menge
			eichen		

Schul|zim|mer, ...

4 Hier sorgt ein kleines Komma für großes Durcheinander.

a Wann beginnen denn nun die Ferien? Erkläre das Problem.

Heute nicht, morgen beginnen die Ferien.
Heute, nicht morgen beginnen die Ferien.

b Finde nun selbst heraus, an welchen Stellen man ein Komma setzen kann. Erkläre die dabei entstehenden unterschiedlichen Bedeutungen.

Achtung, Fehler!

1 Wir nicht die Schüler der 6c haben das Spiel gewonnen.
2 Freue dich nicht du hast beim Kartenspielen verloren.
3 Er will Fritz nicht.
4 Anton behauptete Ernst habe ihn beleidigt.

5

a Paul hat bald Geburtstag. Lies seinen Entwurf für eine Einladung. Sein Freund Tom hat die Fehler unterstrichen.

> Hallo,
> wie ihr <u>wist</u>, habe ich bald wieder <u>Gebortstag</u>. Daher möchte ich alle meine <u>freunde</u> ganz herzlich einladen. Wir feiern bei uns zu Hause, und zwar am kommenden <u>Donerstag</u>. Es gibt wieder viele <u>überraschungen</u>. Bringt bitte gute <u>laune</u> und Badesachen mit. <u>Vergest</u> aber mein Geschenk <u>nich</u>. Ich bin <u>nähmlich</u> schon sehr neugierig. Wir <u>trefen</u> uns um 15 Uhr bei mir. Meine Eltern <u>faren</u> uns dann an einen geheimen <u>ort</u>. Ich freue mich schon <u>riesich</u>.
> Paul

Achtung, Fehler!

TIPP
Überlege, welche Rechtschreibhilfen du nutzen kannst.

b Übertrage die folgende Tabelle in dein Heft. Schreibe die unterstrichenen Wörter aus Aufgabe a richtig auf und begründe, warum du das Wort so schreibst. Füge bei den Nomen/Substantiven den Artikel hinzu.

korrigiertes Wort	Begründung
wis**s**t	wis_sen (Verlängerungsprobe)
...	...

6

a Schreibe den Text ab und füge, wenn nötig, in die Lücken die fehlenden Doppelkonsonanten ein. Begründe deine Entscheidung.

1 Gestern Mi☐tag war die Straße gespe☐rt.
2 Ein kapu☐ter LKW sta☐nd quer vor unserem Haus.
3 Da☐n kamen im schne☐len Tempo die Feuerwehr und die Polizei.
4 Mit einem Kran scha☐ften sie es, den Laster wegzuschieben.
5 Gespa☐nt verfolgte ich zusa☐men mit einem Beka☐nten vom Straßenra☐nd aus das Geschehen.
6 Plötzlich gab es einen lauten Kna☐l aus dem Auspu☐f des Lasters.
7 Mit einem i☐mer stärker werdenden Blu☐bern bega☐n der Motor wieder zu laufen.
8 Alle waren froh, da☐s sie es so schne☐l gescha☐ft ha☐ten.

Fehler erkennen – Fehler korrigieren **191**

b Schreibe den folgenden Text ab. Entscheide, ob die unterstrichenen Wörter mit oder ohne *h* geschrieben werden.

Es war einmal eine kleine Kuh,
die trug nur einen Schuh.
Wie unbequem
und wenig angenem
5 und kein schönes Gefül,
denn es war erst Früling und noch sehr kül.
Da kam ein frecher Han daher,
der krähte ser:
»Warum felen dir der Schuhe drei?«,
10 fragt der Han und grinst dabei.
»Lass' mich in Ruh'«,
muht die Kuh,
»und kümmere dich um dein lames Hun,
denn das legt gerade ein holes Ei
15 und stralt dabei.«

Achtung, Fehler!

So könnt ihr ein Jokerdiktat schreiben
1. Lest zuerst den ganzen Satz vor.
2. Diktiert dann die einzelnen Satzteile bis zur Markierung (/) bzw. bis zum Satzschlusszeichen.
3. Lest zum Schluss noch einmal den ganzen Text vor.
4. Unterstreicht fünf Jokerwörter, bei deren Schreibung ihr nicht sicher seid.
5. Notiert eine zweite Schreibmöglichkeit.
   Ist eine der beiden Schreibungen richtig, wird kein Fehler angerechnet.

c Diktiert euch gegenseitig den folgenden Text als Jokerdiktat.

Über die Sitten und Gebräuche anderer Länder / sollte man
sich / schon vor der Reise informieren. Sonst kann man
nämlich / böse Überraschungen erleben.
In England muss man mit dem Auto / auf der linken Seite der
5 Straße fahren. Früher saßen die Führer von Pferdegespannen / auf
der Kutsche. Wenn sie rechts fuhren, / haben sie manchmal mit der
Peitsche / Fußgänger getroffen. Deshalb wurde das Fahren / auf der
linken Seite angeordnet. Außerhalb von Europa / wird in insgesamt
62 Ländern / noch links gefahren.

Gewusst wie

Mit Fehlern umgehen

So kannst du fehlerhaft geschriebene Wörter üben
1. das Wort richtig aufschreiben und die Fehlerstellen markieren, z. B.: *inte*r*essant, Me*d*aille, Fah*r*rad, Famili*e
2. das Wort laut lesen und in Silben sprechen (Robotersprache), z. B.: *in-te-res-sant, Me-da-il-le, Fahr-rad, Fa-mi-li-e*
3. verwandte oder ähnliche Wörter suchen, z. B.: *interessant – interessieren; Medaille – Goldmedaille; Fahrrad – Motorrad*
4. Wortgruppen bilden, z. B.: *ein interessantes Buch, den Medaillenspiegel lesen*
5. Merkhilfen suchen, z. B. Eselsbrücken
   Das Wörtchen stets *kann man vorwärts und rückwärts lesen.*
   In Interesse *stecken die Wörter* inter *und* esse.

Eine Fehlerkartei anlegen

1 Lege eine Fehlerkartei an. Du benötigst dazu Karteikarten und eine Schachtel.

a Schreibe das Fehlerwort in die Mitte der Karteikarte. Kennzeichne die Fehlerstelle farbig.

le*s*en	ich le*s*e	du lie*s*t
vorle*s*en	Vorle*s*ewettbewerb	
	er lie*s*t	
er la*s*	wir la*s*en	Le*s*er

Er lie*s*t seinem kleinen Bruder vor.
Lie*s* bitte leise mit.

b Schreibe verwandte Wörter auf die Karteikarte und unterstreiche ebenfalls die Fehlerstelle.

c Nimm eine Karteikarte heraus und präge dir alle Wörter genau ein. Schreibe sie anschließend aus dem Gedächtnis auf.

Gewusst wie: Mit Fehlern umgehen 193

d Nimm Karteikarten mit Übungswörtern, die du mehrmals richtig geschrieben hast, aus der Fehlerkartei heraus. Die anderen verbleiben noch in der Kartei, bis du sie richtig schreiben kannst.

2 Übe besonders schwierige Wörter. Bearbeite dazu die folgenden Aufgaben.

a *Fahrrad*

1 Aus welchen Wortbausteinen besteht diese Zusammensetzung?
2 Schreibe das Wort auf und markiere drei mögliche Fehlerstellen.
3 Wie heißt der Stamm des Bestimmungsworts? Suche weitere Wörter mit diesem Wortstamm und schreibe sie auf.
4 Bilde möglichst viele Zusammensetzungen mit den Wortbestandteilen *fahr* und *rad*.

b *Ingenieur*

1 Schlage das Wort im Wörterbuch nach und schreibe es richtig auf. Achte auf die Aussprache.
2 Schreibe das Wort nach Silben gegliedert auf.
3 Was für Ingenieure gibt es? Schreibe in dein Heft.
   Bauingenieur, …
4 Welche Wörter sind in *Ingenieur* versteckt?
   in, …

c *Medaille*

1 Suche im Wörterbuch die richtige Aussprache.
2 Schreibe die Pluralform auf. Unterstreiche mögliche Fehlerstellen.
3 Gliedere das Wort nach Silben.
4 Welche Medaillen werden bei den Olympischen Spielen vergeben?
5 Suche fünf weitere Zusammensetzungen mit *Medaille* und schreibe diese in dein Heft.
6 Überlege, wie man sich die Schreibung dieses schwierigen Fremdworts am besten merken kann.

Häufig vorkommende Wortstämme richtig schreiben

Wörter mit langem Stammvokal

1 Kurze und lange Stammvokale sind oft schwer zu unterscheiden.

a Lies die folgenden Wörter laut und zerlege sie in Sprechsilben.

Schalter – Schale – Rose – Silbe – senden – leben – Spaten – kleben

b Schreibe die Wörter in dein Heft und unterstreiche den letzten Buchstaben der ersten Silbe.

Scha<u>l</u>–ter, Sch<u>a</u>–le, …

> Endet die erste Silbe des Wortstamms auf einen **Konsonanten** (Mitlaut), dann ist der Stammvokal in der Regel **kurz** (u̇), z. B.:
> *Schal-ter, hal-ten.*
> Steht dagegen ein **Vokal** (Selbstlaut) am Ende der ersten Silbe, dann wird der Stammvokal immer **lang** (a̱) gesprochen, z. B.:
> *Scha-le, Se-gel*
> Einsilbige Wörter muss man verlängern, z. B.:
> *Rad – Rä-der, Feld – Fel-der*

Rechtschreibhilfe: Zerlegeprobe

c Übertrage die Tabelle in dein Heft. Lies die Wörter laut und ordne sie in die richtige Spalte ein. Markiere die Länge des Stammvokals.

Segel – halten – Tante – Vene – Spuren – Schuhe – suchen – Boden – offen – Felsen – Schere – Nadel – Regen – falten – Hunger – Wasser

langer Stammvokal	kurzer Stammvokal
Segel	halten
…	…

Rechtschreibhilfe: Verlängerungsprobe

d Verlängere die einsilbigen Wörter zu zweisilbigen, lies diese laut und ordne sie in die richtige Spalte der Tabelle aus Aufgabe c ein.

Rad – Ball – Land – Hund – Flug – Los – Stab – Wind – Kind – Kamm

Wörter mit langem Stammvokal

2 Lang gesprochene Vokale werden unterschiedlich geschrieben.

a Schreibe die hervorgehobenen Wörter heraus, unterstreiche die lang gesprochenen Vokale und markiere vorhandene Dehnungszeichen.

Wo tut es weh?
Hol ein bisschen Schnee,
hol ein bisschen kühlen Wind,
dann vergeht es ganz geschwind.

Wo tut es weh?
Trink ein Schlückchen Tee,
iss einen Löffel Haferbrei,
morgen schon ist es vorbei.

b Übertrage die Tabelle in dein Heft und ordne die Wörter richtig ein.

Hase – Brot – Bohne – Kahn – nehmen – leben – Boot – Fliege – Riese – Schuhe – sparen – Schal – Mehl – Saat – Stahl – Krug – Tiger

ohne Dehnungszeichen	mit *h*	mit *ie*	mit Doppelvokal
Hase	…	…	…

TIPP
6 Wörter sind waagerecht zu finden, 6 Wörter senkrecht.

c In diesem Buchstabengitter findest du zwölf Wörter mit *h*. Schreibe sie in dein Heft, suche mindestens jeweils drei verwandte Wörter. Achte auf die Aussprache des langen Stammvokals.

M	A	F	E	H	L	E	N	W	D
C	O	B	W	F	A	H	R	E	N
V	E	R	K	E	H	R	S	S	A
I	L	M	L	H	M	A	S	E	H
E	R	H	L	L	M	F	S	A	M
H	Ö	H	L	E	X	C	E	Y	B
M	H	R	U	R	M	M	Ü	L	E
C	R	P	H	M	C	I	H	C	R
Y	E	H	R	L	I	C	H	B	Ü
Q	Ö	Ä	H	N	L	I	C	H	G

Häufig vorkommende Wortstämme richtig schreiben

> **!** Steht das *h* **am Ende einer Silbe**, nennt man es **Dehnungs-h** (**silbenschließendes h**). Dieses steht nur vor *l, m, n* und *r*, z. B.:
> *Höh-le, Müh-le, neh-men, seh-nen, fah-ren.*
> Steht das *h* **am Anfang** der zweiten Silbe, nennt man es **silbenöffnendes h**. Es hilft beim Lesen, indem es zwei Vokale voneinander trennt, z. B.:
> *Schu-he, ge-hen, Mü-he, Ru-he, Kü-he, Re-he.*
> Einsilbige Wörter muss man verlängern, z. B.:
> *Stuhl – Stüh-le, Schuh – Schu-he.*
> Bei verwandten Wörtern bleibt das *h* im Wortstamm erhalten, z. B.:
> *fahren, Fahrer, fuhr, Gefährt, Fähre, Fahrzeug, …*

3

a Schreibe zu den folgenden Verbformen den Infinitiv in dein Heft und markiere das *h* farbig.

es blüht – sie dehnt – er befiehlt – sie näht – du gehst – er bemüht sich – sie droht – ich führe – du siehst – es geschieht – sie wählt – es weht – er belohnt uns – sie erfährt es – du ahmst nach – er gewöhnt sich ein

Rechtschreibhilfe: Zerlegeprobe

b Übertrage die Tabelle in dein Heft. Zerlege die Infinitive und ordne sie richtig in die Spalten ein.

Dehnungs-*h*	silbenöffnendes *h*
…	blü-hen

4 Notiere alle Wörter, die kein Dehnungs-*h* aufweisen, und markiere die Konsonanten am Wortanfang farbig.

klar – kahl – Kram – Krume – gähnen – quälen – quer – Krone – Fehler – Schal – schmal – Fahrer – spüren – Sporen – Sohlen – Spur – Span – Sparer – Lohn – Tal – Stahl – Tor – Ruhm – Ton – schon – schämen – Sohn

klar, …

 Beginnt ein Wort mit *kl, kr, qu, sp, t* und *sch*, steht **nie** ein Dehnungs-*h*, z. B.: *klar, Krone, Qual, Spur, Tal, Schal.*

Achtung, Fehler!

5 Schreibe den folgenden Text ab und setze, wenn nötig, in die unterstrichenen Wörter ein *h* ein.

Eine gefärliche Fart

Wir starteten sehr früh am Morgen an der Sparkasse. Es war zwar noch Frühjar, aber die Sonnenstralen wärmten schon. Die Luft war klar und rein. Alle Farräder wurden noch einmal geprüft. Bald furen wir durch ein wunderschönes Tal. Nur wenige Bäume waren
5 noch kal. Aber der Radweg war sehr schmal. Plötzlich verlor mein Vorderrad die Luft und ich kam aus der Spur und landete im Graben. Glücklicherweise war nur eine Sene im Fuß gedent. Ich umwickelte das Bein mit einem Schal, sodass ich noch nach Hause faren konnte. Aber eine Qual war es schon.

6

TIPP
Nutze auch die Verwandtschaftsprobe.

a Übertrage die Tabelle in dein Heft und ordne die Wörter richtig ein.

fahren – Schale – sehen – fühlen – Spule – lehren – zahlen – wählen – Kram – fliehen – Krümel – fehlen – Qual – Scham – nähen – Schwur – strahlen – Spüle – leihen – verzeihen

Dehnungs-*h*	silbenöffnendes *h*	ohne *h*
fahren	...	Schale

b Bilde von den Verben der linken Spalte sinnvolle Nomen/Substantive.

fahren – Fahrer, ...

c Bilde von den Nomen der rechten Spalte Verben.

Schale – schälen, ...

d Bilde von den Verben der mittleren Spalte die 2. Person Singular Präsens und die 3. Person Singular Präteritum.

sehen – du siehst – er sah, ...

 **e** Bilde möglichst viele Zusammensetzungen mit den folgenden Nomen.

Kran – Schal – Schwan – Spur – Ton

→ S.191 Jokerdiktat

7
a Diktiert euch gegenseitig den folgenden Text als Jokerdiktat. Achtet beim Diktieren auf die Satzzeichen und Markierungen (/).

Milchbäume

Das hört sich schon komisch an. Aber es ist wahr / und gar nicht gelogen. Nicht nur Kühe und Ziegen geben Milch, / sondern auch Bäume. Diese stehen in Südamerika, / und zwar in den riesigen Urwäldern Brasiliens. Die Milch dieser Bäume / ist ziemlich klebrig
5 und zähflüssig. Die Einwohner rühren / in den rohen Saft Brot / und trinken die braune Brühe / aus einer Schale. Ein einziger Baum gibt am Tage / mehrere Liter dieser nahrhaften Flüssigkeit ab. Übrigens kann man ohne große Mühe / aus dieser Baummilch auch Kaugummi herstellen.

b Tauscht euch über die Schwierigkeiten aus und berichtigt die falsch geschriebenen Wörter.

8
a Ergänze die folgenden Reime.

Die Löwen mit ihren großen Mähnen
liegen im Zoo und g_____.

Auf dem Kahn
gibt es einen Kran
und auf dem sitzt ein H_____.

b Bilde weitere Reime mit den folgenden Wortpaaren und schreibe sie in dein Heft. Markiere das *h* farbig.

führen – spüren   Sohn – Mohn   zahm – lahm   wählen – quälen

Schule – Spule   Spuren – Uhren   Tal – Stahl

9 Welches Wort passt jeweils nicht in die Reihe? Begründe deine Meinung.

1 dehnen – sehnen – drehen – gähnen – Kohle – Uhr – Ehre
2 geht – flieht – kräht – sieht – blüht – dreht – zählt – weht
3 klären – Krone – Sporen – Sahne – Schwan – Tor – spülen

Wörter mit langem Stammvokal

Rechtschreibhilfe: Wörter einprägen

10 Nur wenige Wörter werden mit einem Doppelvokal geschrieben. Schreibe die im Rätsel gesuchten Wörter in dein Heft. Markiere den Doppelvokal.

1 schlangenähnlicher Fisch
2 wachsen auf dem Kopf
3 wächst am Strauch (Mehrzahl)
4 vierblättriger Glücksbringer
5 großer, festlicher Raum
6 Wasserfahrzeug
7 Tierpark
8 Niederschlag in fester Form

> **!** Die Buchstabenverbindungen *ii* und *uu* könnte man schlecht lesen. Deshalb gibt es keine deutschen Wörter mit diesen Stammvokalen. Im Deutschen wird das **lang gesprochene** *i* meist als *ie* und manchmal nur als *i* geschrieben, z. B.: *lieb, Tiger*.
> *ih* tritt nur in den Wörtern *ihm, ihn, ihr, ihre* auf. Ganz selten wird *ieh* geschrieben, z. B.: *Vieh, siehst, lieh*.

11 Wörter mit langem *i*

a Übertrage die Tabelle in dein Heft. Suche aus Wilhelm Buschs Gedicht die Wörter mit langem *i* heraus und ordne sie in die richtige Spalte ein.

Seid gegrüßt, ihr lieben Bienen,
vom Morgensonnenstrahl beschienen,
wie fliegt ihr munter ein und aus
in Imker Dralles Bienenhaus.
Und seid zu dieser Morgenzeit
So früh schon voller Tätigkeit…

ie	ih	ieh
lieben	…	…
…		

b Ergänze in jeder Spalte zwei eigene Beispiele.

Wörter mit kurzem Stammvokal

Rechtschreibhilfe: Wörter deutlich sprechen

 1

a Lies die Wörter laut und deutlich. Achte auf den kurzen Stammvokal.

halten – Halle – finden – schwimmen – Kanne – Tante – singen – kalt – Bagger – brummen – glatt – bunt – klettern – Dank – Anker – Pudding

Rechtschreibhilfe: Regeln anwenden

b Übertrage die Tabelle in dein Heft und ordne die Wörter aus Aufgabe a richtig ein. Markiere die beiden Konsonanten (Mitlaute) verschiedenfarbig.

zwei gleiche Konsonanten	zwei unterschiedliche Konsonanten
Ha<u>ll</u>e	ha<u>l</u>ten
…	…

c Füge mindestens fünf weitere Beispiele in jeder Spalte hinzu.

> Nach kurzem Stammvokal stehen meist zwei Konsonanten (Mitlaute). Der **Konsonant** wird nach einem kurzen Vokal (Selbstlaut) **verdoppelt**, wenn er zwei Silben wie ein Gelenk miteinander verbindet (**Silbengelenk**), z. B.:
> *die Tan ne, die Wol le, die Fal le.*
>
> Entsteht bei zwei unterschiedlichen Konsonanten kein Silbengelenk, wird nicht verdoppelt, z. B.:
> *die Tan te, die Wol ke, die Fal te.*
>
> Einsilbige Wörter muss man verlängern, um zu entscheiden, wie sie geschrieben werden, z. B.:
> he■ – hel ler → hell, ke■t – ken nen → kennt.

Rechtschreibhilfe: Verlängerungsprobe

2 Verlängere, wenn möglich, die folgenden einsilbigen Wörter. Nenne die Wörter, die man nicht verlängern kann.

Ball – nass – plus – Stoff – Kamm – Stamm – zum – dünn – stopp – Herr – starr – Fett – wann – kann – von – Kuss – muss – Tritt

Wörter mit kurzem Stammvokal

> ! Wenn das Wort nicht verlängert werden kann, dann erfolgt auch keine Dopplung, z. B.: *plus, zum, von*.
> Ausnahmen sind *wann, wenn, dann, denn*, weil sie früher auch zweisilbig waren (*wanne, wenne, danne, denne*).

TIPP
Bilde bei Verben den Infinitiv, bei Adjektiven eine Steigerungsform.

3 Entscheide, ob die folgenden Verben und Adjektive mit einem Doppelkonsonanten geschrieben werden.

1 Der Hund hat gebe■lt. **2** Er ren■t schne■l. **3** Die Maschine schru■bt den Boden. **4** Der Läufer scha■ft es. **5** Alle hatten richtig geti■pt. **6** Das Flugzeug ko■mt pünktlich. **7** Das Auto sto■pt. **8** Der Zug hä■lt an. **9** Die Sonne scheint he■l. **10** Alle Gäste wurden sa■t. **11** Die Bäume werden nicht gefä■lt. **12** Das Mädchen isst das ka■te Eis.

1. bellen – gebe<u>ll</u>t, 2. rennen – …

4 Schreibe die Lösungen des Rätsels in dein Heft. Markiere den Doppelkonsonanten.

1 Fortbewegungsstange für ein Boot
2 das Gegenteil von *Flut*
3 sehr großer Hund
4 sich auf dem Bauch bewegen
5 im Freien laufen
6 Lieblingsbeschäftigung
7 süßer Nachtisch
8 Maschine, um Gräben auszuheben

5 In jedem Wortpaar gibt es nur einen »echten« Doppelkonsonanten. Schreibe die Wörter mit dem »unechten« Doppelkonsonanten heraus. Markiere diese Konsonanten. Wie ist diese Schreibung entstanden?

1 offen – auffahren
2 Egge – weggehen
3 fallen – vielleicht
4 kommen – Strommast
5 Ebbe – Staubbeutel
6 Stoffe – Hoffenster
7 einnehmen – erkennen
8 Fass – aussehen
9 Karren – Motorrad
10 Mitte – mitteilen

1. au<u>f</u> – <u>f</u>ahren, 2. …

Wörter mit s, ss, ß im Wortstamm

 1 Die Schreibung der Wörter mit s, ss oder ß ist nicht immer einfach. Tragt zusammen, welche Regeln ihr zur s-Schreibung kennt.

2 Überprüfe und ergänze deine Kenntnisse mithilfe der folgenden Aufgaben.

Rechtschreibhilfe: Wörter deutlich sprechen

a Lies das Gedicht laut und deutlich vor und vergleiche die Aussprache der unterstrichenen Wörter.

Es wachsen alle Kinder
sogar im kalten Winter.
Sie wachsen stets sehr leise,
sie werden klug und weise.
Und würde man sie gießen,
dann wüchsen sie zu Riesen.

TIPP
Verlängere einsilbige Wörter.

b Untersuche den s-Laut in den folgenden Wörtern.
- Wird der Stammvokal lang oder kurz gesprochen?
- Wird das s gezischt (stimmloses s) oder gesummt (stimmhaftes s)? Vorsicht! Ein Wort passt jeweils nicht in die Reihe.

1 wissen – fa■en – mü■en – Ka■e – Me■er – Glä■er – wä■rig – Schlu■ – Genu■ – ein bi■chen
2 fließen – grü■en – bei■en – Ho■e – Stra■e – Fu■ – sü■
3 lesen – Lo■e – Rei■e – sau■en – lei■e – Grü■e – Blu■e
4 Maus – Hau■ – Gra■ – Prei■ – Ga■ – nie■t – pa■t

Rechtschreibhilfe: Regeln anwenden

c Schreibe die Wörter ab und setze in die Lücken s, ss, ß ein. Ordne dabei das »schwarze Schaf« in die richtige Reihe ein.

 In Wörtern mit **langem Stammvokal** oder **Diphthong** (Zwielaut) schreibt man s, wenn der s-Laut stimmhaft (summend) gesprochen wird, z. B.:
lösen, rieseln, Eisen.
In Wörtern mit **langem Stammvokal** oder mit **Diphthong** schreibt man ß, wenn der s-Laut stimmlos (zischend) gesprochen wird, z. B.:
fließen, gießen, grüßen.
Nach **kurzem Stammvokal** wird ss geschrieben, z. B.:
wissen, müssen.

Wörter mit s, ss, ß im Wortstamm 203

TIPP
Nutze auch die Verlängerungs- oder Verwandtschaftsprobe.

d Schreibe ab und setze die fehlenden Reimwörter ein.

Ein niedlicher Hase Die freche Maus Der Papa liest
mit kleiner N▬ sitzt im H▬ und der Opa n▬.
schnüffelt im Gr▬. und geht nicht r▬.

 Bei Verbformen und abgeleiteten Wörtern (Nomen/Substantiven, Adjektiven) wechseln **ss** und **ß** nach den bekannten Regeln, z. B.:
essen – aß – isst – Esszimmer – essbar.

Rechtschreibhilfe: Regeln anwenden

e Notiere finite Verbformen und Ableitungen von folgenden Verben.

messen – lassen – wissen – reißen – fließen – schließen – beißen

messen, er misst, sie maß, Messung, …

f Schreibe die Regeln ab und vervollständige sie.

1 ss steht immer nach ▬ (kurzem/langem) Stammvokal.
2 ss wird immer ▬ (gezischt/gesummt).
3 ß steht immer nach einem ▬ (kurzen/langen) Stammvokal.
4 ß wird immer ▬ (gezischt/gesummt).
5 s steht immer nach einem ▬ (kurzen/langen) Stammvokal oder einem Diphthong (z. B. *ei, ai, eu, au*).
6 s wird zwischen zwei Vokalen (z. B. *lesen*) immer ▬ (gezischt/gesummt), am Wortende (z. B. *los*) immer ▬ (gezischt/gesummt).
7 Wechsel von *ss/ß*: Nach kurzem Vokal schreibt man ▬, nach langem Vokal oder Diphthong schreibt man ▬.

Rechtschreibhilfe: Wörter einprägen

→ S.145 Adjektive

3

a Bilde von den Adjektiven die Steigerungsformen.

böse – leise – riesig – eisig

böse – böser – am bösesten, leise – …

b Notiere von den Verben die Leitformen/Stammformen.

liest – verreist – grüßt – zerreißt – schließt – gießt – vergaß – aß – ließ

lesen – las – gelesen, verreisen – …

4 Schreibe den Text ab und setze in die Lücken s, ss oder ß ein.

Spa■ im Winter

Dicke hä■liche Handschuhe, kratzende Pullover, na■e Fü■e –
da kann einem der Spa■ an der Winterkälte schnell vergehen.
Doch inzwischen gibt es ein wintertaugliches Material für drau■en,
sodass niemand mehr auf den Genu■ im Freien verzichten mu■.
5 Der Erfinder hei■t Robert Gore. Das Material ist wa■erdicht und
winddicht, lä■t aber Wasserdampf von innen gut durch. So kann
der Schwei■ verdunsten. Besonders eignet sich der neue Stoff für
Schuhe. Na■e Fü■e sind selbst im grö■ten Matsch kein Thema
mehr. Wenn nur der hohe Prei■ nicht wäre! An der Ka■e mü■en die
10 Eltern ganz schön schnaufen. Aber dafür ist man viele Sorgen lo■.
Ohne Angst vor Nä■e und Kälte kann man den Winter genie■en,
mit Schlittschuhen über das Ei■ sau■en, mit einem Schlitten den
Berg hinabra■en, durch verschneite Stra■en laufen und au■erdem
die warmen Schuhe im Klassenzimmer anla■en.

5 Bilde mit den folgenden Wörtern Wortgruppen.

außen – draußen – außerdem – bloß – schließlich – ein bisschen

die Fenster außen streichen, ...

6 Setze die Nomen in den Plural und in den Genitiv Singular.

Fuß – Spieß – Spaß – Soße – Straße

der Fuß – die Füße, des Fußes; der Spieß –

7 Wie kommt man vom ersten Wort zum letzten?
Tausche bei jedem Wort jeweils nur einen Buchstaben aus.

1 Mast – R■■■ – R■■■ – Rose

2 Messe – M■■■ – G■■■ – Gosse

3 Nüsse – K■■■ – K■■■ – Tasse

das oder *dass*?

→ S.154
das oder *dass*?

Rechtschreibhilfe:
Ersatzprobe

1
a Überlegt, zu welchen Wortarten *das* bzw. *dass* gehören können.

b Entscheide, wie geschrieben werden muss.

1 Ich hoffe, ▬▬ Spiel gefällt dir.
2 Du bekommst ein Geschenk, ▬▬ ich selbst gebastelt habe.
3 Ich hoffe, ▬▬ du pünktlich bist.
4 ▬▬ du kommst, freut mich.

2 Vervollständige die Sprichwörter. Wende die Ersatzprobe an.

a Füge *das* oder *dass* ein und schreibe die Sätze in dein Heft.
Markiere *das* bzw. *dass* verschiedenfarbig.

1 Morgen, morgen, nur nicht heute, ▬▬ sagen alle faulen Leute.
2 Was du heute kannst besorgen, ▬▬ verschiebe nicht auf morgen.
3 Es währt nicht ewig, ▬▬ zwei sich raufen.
4 Glück und Glas, wie leicht bricht ▬▬.
5 Was der Mensch sät, ▬▬ wird er auch ernten.
6 Was man nicht im Kopf hat, ▬▬ hat man in den Beinen.

b Erkläre die Sprichwörter.

3 Vervollständige die Sätze und schreibe sie auf. Achte auf das Komma.

1 Tim hofft, ▬▬.
2 Maria weiß, ▬▬.
3 Ihr Vater meint, ▬▬.
4 Der Polizist sieht, ▬▬.
5 Er freut sich, ▬▬.
6 Wir freuen uns, ▬▬.
7 Ich wünsche meinen Eltern, ▬▬.
8 Franz glaubt, ▬▬.
9 Es ist kaum zu glauben, ▬▬.
10 Nur mein Freund weiß, ▬▬.

> **!** ***Dass*** steht oft in Verbindung mit den Verben *hoffen, sehen, meinen, glauben, sich freuen, wissen, wünschen,* z.B.:
> Tim <u>hofft</u>, <u>dass</u> zum Geburtstag viele Gäste kommen werden.

4 Handyverbot in der Schule? Notiere deine Meinungen mithilfe von fünf Sätzen mit der Konjunktion *dass*.

Gleich und ähnlich klingende Laute

1 Welche Wörter werden gesucht?

Rechtschreibhilfe: Verlängerungsprobe

a Löse das Rätsel. Sprich die gesuchten Wörter deutlich aus und gib an, auf welchen Laut sie enden.

1. Wohnort von Rittern
2. Farbe vom Eidotter
3. jemand, der stiehlt
4. Backmasse für Kuchen
5. Gegenteil von *eckig*
6. Sitzgelegenheit im Park
7. Tier, das vom Wolf abstammt
8. Kopfbedeckung

b Schreibe die Wörter in dein Heft und überprüfe mithilfe eines Wörterbuchs, ob du sie richtig geschrieben hast.

c Was hat euch geholfen, die richtige Schreibung am Wortende zu finden? Tauscht euch darüber aus.

> ! Die Konsonanten *b – p, d – t* und *g – k* klingen im Stammauslaut gleich. Die **Verlängerungsprobe** hilft dabei, die richtige Schreibung zu ermitteln, z. B.:
> gel → gelber, plum → plumper, der Mun → die Münder,
> die Wel → die Welten, der We → die Wege, der Schran → die Schränke.

2 *b* oder *p*, *g* oder *k*, *d* oder *t*?

TIPP Nutze die Verlängerungsprobe.

a Entscheide, welche Buchstaben ergänzt werden müssen.

1 Unser Nachbarplane, der Mars, gleicht einer roten Wüste: Die Lanschaft ist kar und steini und es ist eiskal. 2 Der feine Stau kriecht in jeden Felsspal und färt alles ro. 3 Und in dieser unwirlichen Gegen soll eines Tages Leben möglich sein? 4 Hier soll irgendwann ein ganzer Wal den Planeten begrünen und ein Ozean auf der Norhalkugel wogen? 5 Unmöglich! Doch seit 2008 ist bekannt, dass es auf dem Mars gefrorenes Wasser git. 6 Und Wasser ist schließlich der Quell allen Lebens. Allerdings ist das Wasser nicht flüssi. 7 Doch Forscher suchen bereits nach einem Auswe.

 **b** Diktiert euch den Text gegenseitig als Jokerdiktat.

→ S.191 Jokerdiktat

Rechtschreibhilfe: Verwandtschaftsprobe

3 Beim Sprechen sind *e* und *ä* sowie *eu* und *äu* kaum zu unterscheiden.

a Begründe die Schreibung der folgenden Wörter.

Fäuste – Rächer – Vermächtnis – verbeugen – bläulich – Beule – verächtlich – bereuen – erbeuten – Anhäufung – lästig

b Entscheide, ob du *ä* oder *e* einsetzen musst.

L■nder – F■lsen – H■md – D■cher – Ern■hrung – Gl■ser – fr■md – gl■nzen – versch■nken – verst■ndigen – l■cheln

c Suche zu den Wörtern mit *ä* mindestens ein verwandtes Wort mit *a* und schreibe es in dein Heft.

> Die **Verwandtschaftsprobe** hilft meist, zwischen *ä* und *e* und zwischen *äu* und *eu* zu unterscheiden. Gibt es ein verwandtes Wort mit *a* oder *au*, schreibt man *ä* oder *äu*. Wenn nicht, schreibt man *e* oder *eu*.

TIPP
Nutze die Verwandtschaftsprobe.

4 *e* oder *ä*, *eu* oder *äu*? Lies den folgenden Text und entscheide, welche Buchstaben ergänzt werden müssen.

1 Durch die unsch■tzbare Erk■nntnis, dass es auf dem Mars gefrorenes Wasser gibt, gerieten Forscher weltweit aus dem H■schen und sahen sich ihren Tr■men ein gutes Stück n■her. **2** Denn das Wasservorkommen bez■gt: Leben auf dem Mars ist grunds■tzlich möglich. **3** Forscher tüfteln an Pl■nen, wie sie die Atmosphäre auf dem Mars mit Treibhausgasen erw■rmen könnten, um in ca. 100 Jahren flüssiges Wasser zu haben. **4** Selbstverst■ndlich würden auch dann nicht gleich ganze W■lder sprießen. **5** Doch einfache Gew■chse wie Fl■chten könnten dann bereits gedeihen.

Rechtschreibhilfe: Wörter einprägen

5 Zu einigen Wörtern mit *ä* lassen sich nur schwer verwandte Wörter mit *a* finden. Präge dir ihre Schreibung gut ein.

a Schreibe die Wörter aus der Wortschlange untereinander in dein Heft.

DÄMMERUNGMÄRCHENSÄGELÄRMKRÄHEMÄDCHENBÄRTRÄNE

b Bilde zu jedem Wort einen Satz und schreibe ihn daneben.

Worttrennung

1 Manchmal reicht am Zeilenende der Platz für ein Wort nicht mehr und es muss getrennt werden.

Achtung, Fehler!

a Lies die getrennten Wörter von oben nach unten. Überlege, was sie bedeuten und warum du beim Lesen Probleme hast.

| Blumento-pferde | Ball-ade | Vers-tand | Kurs-aal | Tram-polin |
| Kran-ich | Pol-armee-reis | Wüst-eng-eier | Bluto-range | |

b Lies die Regeln zur Trennung der Wörter am Zeilenende.

1 Mehrsilbige einfache Wörter werden nach Sprechsilben getrennt, z. B.: *Kin-der, Schu-le, Hal-le, Eu-ro-pa, Fei-er, Gärt-ner.*
2 Einzelne Vokale am Wortanfang oder am Wortende werden nicht abgetrennt, z. B.: *Abend, Treue.*
3 Die Buchstabenverbindungen *ch, ck, sch, ph, th* werden nicht getrennt, z. B.: *la-chen, Zu-cker, Wä-sche, Stro-phe, Goe-the.*
4 Zusammengesetzte Wörter und Wörter mit Präfixen (Vorsilben) trennt man zwischen den einzelnen Wortbausteinen, z. B.: *Fuß|ball – Fuß-ball, Fern|seh|turm – Fern-seh-turm.*

Rechtschreibhilfe: Regeln anwenden

c Schreibe die Wörter von Aufgabe a mit allen sinnvollen Trennmöglichkeiten auf.

Blu-men-topf-er-de (1, 4), ...

d Schreibe hinter jedes Wort die Nummer(n) der angewendeten Trennungsregel(n).

e Trenne die folgenden Wörter richtig.

lauschen – Zither – Strophe – riechen – backen – löschen – Saphir – Apotheke – lachen – Wecker – stechen – Fische – Hecke – wackeln

2

a Zerlege die folgenden Wörter in sinnvolle Wortbausteine. Schreibe die Wörter untereinander in dein Heft.

Straßenbahnfahrer – Schokoladeneisverkäufer – Elefantenrennen – Computerspielerfinder

Straßen|bahn|fahrer

...

b Gib weitere Trennmöglichkeiten an.

Straßen|bahn|fahrer – Stra-ßen-bahn-fah-rer

...

TIPP
Vier Wörter kann man nicht trennen.

3 Übertrage die Tabelle in dein Heft. Ordne die folgenden Wörter in die richtige Spalte ein.

Hase – Igel – Krokodil – Treue – Fußball – gesund – Erkenntnis – Schulmeisterschaft – verlaufen – Flughafen – Geburtstag – Dampfer – putzen – Knospe – oder – Schülerin – Schiedsrichter – Computer – Hauseingang – Elefant – Betttuch – Donnerstag – Lieblingsbeschäftigung – Schreie

nicht trennbar	zweisilbig trennbar	mehrsilbig trennbar
...	Ha-se	...

Achtung, Fehler!

4 Hier gibt es Probleme mit der Silbentrennung. Nur ein einziges Wort ist richtig abgetrennt. Berichtige alle anderen und schreibe sie in dein Heft.

mach-en – beiß-en – Mus-eum – Train-ing – Heim-at – Fahr-rad – Famil-ie – ein bis-schen – interess-ieren – viell-eicht – Elt-ern – si-tzen – Fen-ster – knus-prig – Bren-nnessel – em-pfangen – allmähl-ich – Bagg-er – Temper-atur – Masch-ine – Stä-dte – Bäck-er – Schok-olade – Pudd-ing – einand-er – Verans-taltung – Magn-et

ma – chen, ...

Groß- und Kleinschreibung

→ S.131 Nomen/Substantive

1 Was weißt du schon über die Großschreibung im Deutschen?

a Überlege, warum wir im Deutschen die Großschreibung haben. Überprüfe deine Aussagen mithilfe des folgenden Textes.

Die Großschreibung hilft uns beim Lesen. Nomen/Substantive sind wichtige Wörter und mit einem Großbuchstaben erkennt man sie besser. So ist es auch mit den Satzanfängen. Im Deutschen wird seit über 400 Jahren großgeschrieben. Es stimmt auch, dass
5 wir deshalb Texte in Deutsch ein bisschen schneller lesen können, obwohl der Satzbau komplizierter ist als in den verwandten Sprachen Englisch und Französisch. Nach der Abschaffung der Nomengroßschreibung in Dänemark und Holland vor über 60 Jahren sind wir mit der Großschreibung nunmehr die einzigen in der Welt.

b Ergänze die folgenden Regeln und schreibe sie in dein Heft.

1. Satzanfänge schreibt man ▬▬▬.
2. Nomen/Substantive werden im Deutschen ▬▬▬geschrieben.
3. Nomen erkennt man am Ar▬▬▬.
4. Alle anderen Wortarten, z. B. V▬▬▬, ▬▬▬, ▬▬▬, ▬▬▬, ▬▬▬, ▬▬▬, werden ▬▬▬geschrieben.

Achtung, Fehler!

c Lies den folgenden Text und erzähle den Witz nach.

in der zweiten klasse sollen die kinder haustiere aufschreiben. moritz schreibt in sein heft: hündchen, entchen, pferdchen,
5 schweinchen, hühnchen, kätzchen. das sieht der lehrer: »moritz, lass doch das -chen weg. das sind doch schon große tiere.« moritz ist ein folgsamer schüler. jetzt
10 schreibt er in sein heft: eichhörn, meerschwein und kanin.

Rechtschreibhilfe: Regeln anwenden

d Übertrage den Text in der richtigen Schreibung in dein Heft und unterstreiche alle Nomen/Substantive.

Nominalisierte/Substantivierte Verben

→ S.133
Nominalisierte/
Substantivierte
Verben und
Adjektive

1 In dem folgenden Text sind einige Verben zu Nomen/Substantiven geworden.

a Schreibe die nominalisierten/substantivierten Verben heraus und ordne sie den Gruppen zu.

Auf das Sportfest hatte sich unsere Klasse lange gefreut. Schon beim Betreten des Stadions herrschte Spannung. Als Erstes ging es zum Laufen. Doch das Siegen wurde uns diesmal nicht leicht gemacht. Durch intensives Trainieren war die 6 b sehr stark geworden.
5 Trotzdem gewannen unsere Mädchen das spannende Rennen. Ihr ausgelassenes Lachen war im ganzen Stadion zu hören. Das Springen und das Werfen entschieden nur unsere Jungen für sich. Für die Mädchen ist wohl für das nächste Jahr fleißiges Üben angesagt.

Artikel: das Siegen, ...
Artikel + Adjektiv: ...
Adjektiv: ...
Pronomen + Adjektiv: ...
Präposition + Artikel: beim (bei dem) Betreten, ...
Präposition + Adjektiv: ...

> **!** Verben können zu Nomen/Substantiven werden. Sie werden dann **nominalisierte/substantivierte Verben** genannt und **großgeschrieben**. Man kann sie erkennen an:
> - Artikeln (*der, die, das; ein, eine, ...*), z.B.: <u>das Laufen</u>,
> - Adjektiven (*schnell, gut, ...*), z.B.: <u>schnelles Laufen</u>,
> - Pronomen (*mein, dein, sein, ...*), z.B.: <u>ihr Lachen</u>,
> - Präpositionen (+ Artikel) (*auf, im/in dem, ...*), z.B.: <u>zum Springen</u>.

b Bilde je einen Satz mit dem Verb und einen mit dem nominalisierten Verb und schreibe sie in dein Heft.

lesen – essen – schlafen – gewinnen – lachen – trinken

Ich lese gern spannende Bücher. Beim Lesen von spannenden Büchern vergesse ich die Zeit. ...

 **c** Verwende die Verben als Nomen. Nutze das folgende Muster.

laufen – spielen – singen – schreiben

Artikel:	*das Laufen*
Artikel + Adjektiv:	*das schnelle Laufen*
Präposition + Pronomen:	*durch sein Laufen*
Präposition + Pronomen + Adjektiv:	*durch sein schnelles Laufen*

Rechtschreibhilfe: Artikelprobe

d Schreibe die folgenden lustigen Sätze in richtiger Groß- und Kleinschreibung ab. Füge bei den Nomen Artikel hinzu und unterstreiche sie farbig.

1 WENN FLIEGEN HINTER FLIEGEN FLIEGEN, DANN FLIEGEN FLIEGEN FLIEGEN HINTERHER.
2 WENN ROBBEN HINTER ROBBEN ROBBEN, DANN ROBBEN ROBBEN ROBBEN HINTERHER.
3 WENN BÜRSTEN BÜRSTEN BÜRSTEN, DANN BÜRSTEN BÜRSTEN BÜRSTEN.
4 WENN WALZEN WALZEN, DANN WALZEN WALZEN.

Wenn die Fliegen hinter den Fliegen fliegen, dann ...

Nominalisierte/Substantivierte Adjektive

→ S. 133
Nominalisierte/
Substantivierte
Verben und
Adjektive

1 Schreibe die nominalisierten/substantivierten Adjektive heraus und ordne sie den Gruppen zu.

Das Süße lockt

Die Deutschen sind Weltmeister im Essen von Schokolade. Das Unglaubliche ist, dass jeder etwa 9 kg im Jahr futtert. Schokolade war früher etwas Besonderes. Sie wurde nur zu großen Festen genossen. Schon vor 3 000 Jahren galt Schokolade bei den Ureinwohnern Mittelamerikas als etwas Wertvolles. Man bezahlte sogar mit Kakaobohnen. Für 10 Bohnen gab es dann ein kleines Huhn.
In Europa konnten sich nur die Reichen Schokolade leisten.
Das Gute ist, dass sie heutzutage nicht mehr so viel kostet. Aber für die Armen in der Welt ist sie immer noch etwas Seltenes.

Artikel: das Süße, …
Präposition + Artikel: …
unbestimmtes Zahlwort: …

> **!** Auch Adjektive können zu Nomen/Substantiven werden. Sie werden dann **nominalisierte/substantivierte Adjektive** genannt und **großgeschrieben**. Man kann sie erkennen an:
> - Artikeln (*der, die, das; ein, eine, …*), z. B.:   *das Gute*,
> - Pronomen (*mein, dein, sein, …*), z. B.:   *unser Bestes*,
> - unbestimmten Zahlwörtern (*alles, viel, …*), z. B.:   *etwas Frisches*,
> - Präpositionen (+ Artikel) (*im/in dem, …*), z. B.:   *zum Wertvollsten*.

2 Bilde mit den unbestimmten Zahlwörtern und Adjektiven Sätze.

Zahlwörter: alles – etwas – manch – nichts – viel – wenig
Adjektive: lieb – bunt – gut – ärgerlich – teuer – lustig

Zum Geburtstag wünsche ich dir alles Liebe. …

Groß- und Kleinschreibung

TIPP
Lies den Merkkasten und führe die Erweiterungsprobe durch.

3 Entscheide, ob die Wörter in den Klammern groß- oder kleingeschrieben werden, und begründe deine Entscheidung.

1. Über die Dinosaurier gibt es viel ▬▬ (interessantes) und manch ▬▬ (geheimnisvolles) zu berichten.
2. Allein ihre Größe ist ▬▬ (unglaublich). Sie wurden immerhin 40 Meter lang und bis zu 17 Metern hoch.
3. Aber warum waren sie so ▬▬ (riesig)? Offensichtlich lag es an dem schnellen ▬▬ (herunterschlingen) der Nahrung.
4. Da sie beim ▬▬ (fressen) nicht gekaut haben, besaßen die meisten Riesendinos auch keine Zähne.
5. Ihnen reichte deshalb ein ▬▬ (kleiner) Kopf und ein ▬▬ (langer) Hals, was nicht nur für das ▬▬ (trinken) praktisch war, sondern auch für das ▬▬ (ergreifen) von Blättern an den Bäumen.
6. Sie konnten deshalb an Futter ▬▬ (gelangen), an das andere Tiere nicht kamen.
7. Typisch für sie war auch das ▬▬ (legen) von Eiern.

1. viel Interessantes (nominalisiertes Adjektiv), …

> **!** Als **nominale Wortgruppe** bezeichnet man ein Nomen/Substantiv mit seinen Begleitern. Das Wort, das in einer nominalen Wortgruppe ganz rechts steht, wird großgeschrieben. Du kannst also zusätzlich zur Artikelprobe eine **Erweiterungsprobe** mit Attributen machen, z.B.:
>
> das Lesen   der Neue
> das <u>leise</u> Lesen   der <u>blaue</u> Neue
> das <u>schnelle</u> <u>leise</u> Lesen   der <u>große</u> <u>blaue</u> Neue
> bei <u>deinem</u> <u>schnellen</u> <u>leisen</u> Lesen   mit <u>ihrem</u> <u>großen</u> <u>blauen</u> Neuen

Rechtschreibhilfe: Erweiterungsprobe

4 Führe nun innerhalb der Wortgruppe eine Erweiterungsprobe mit Attributen durch.

das Blau   das Laufen
das ▬▬ Blau   das ▬▬ Laufen
das ▬▬ ▬▬ Blau   das ▬▬ ▬▬ Laufen
mit dem ▬▬ ▬▬ ▬▬ Blau   das ▬▬ ▬▬ ▬▬ Laufen

 **5** Bilde fünf Sätze mit nominalen Wortgruppen.
Vor dem nominalisierten/substantivierten Verb oder Adjektiv sollen mindestens zwei Attribute stehen.

Fremdwörter

1 Erzähle zu dieser Karikatur eine Geschichte.
Warum ist wohl der Junge von dem Geschenk seiner Oma enttäuscht?

! **Fremdwörter** enthalten häufig typische Wortbauteile, wie die **Suffixe** (Nachsilben) *-ier(en), -ie, -ik, -iv, -(t)ion* und *-ität*, z.B.:
reparieren, Energie, Musik, positiv, Aktion, Aktivität.

Rechtschreibhilfe:
Regeln anwenden,
Wörter einprägen

2 Suche jeweils das Verb mit dem Suffix *-ier(en)* und das Nomen/Substantiv mit dem Suffix *-(t)ion*. Schreibe sie zusammen mit der Erklärung in dein Heft und unterstreiche die Suffixe.

1 etwas besprechen: dis▭ – Dis▭
2 etwas bauen, entwickeln: kon▭ – Kon▭
3 Nomen/Substantive beugen: de▭ – De▭
4 jemanden beglückwünschen: gra▭ – Gra▭
5 eine Auskunft geben: inf▭ – Inf▭
6 auf etwas eingehen: reag▭ – Reak▭
7 etwas vorbereiten: org▭ – Org▭
8 etwas herstellen: pro▭ – Pro▭
9 Verben beugen: kon▭ – Kon▭

1. etwas besprechen: diskutieren – Diskussion, 2. ...

3 Bilde aus den Nomen Verben mit dem Suffix *-ier(en)*, schreibe sie auf und unterstreiche das Suffix. Verwende die Verben in Sätzen.

Reserve – Interesse – Training – Musik – Experiment – Fantasie – Frisur

Reserve – reserv<u>ieren</u>
Meine Eltern haben vier Plätze reserviert. …

Rechtschreibhilfe: Bedeutungen verstehen

4 Wähle das richtige Verb aus und ersetze die falsch gebrauchten Fremdwörter. Verwende die richtigen Wortgruppen in kurzen Sätzen.

kompensieren – kompostieren – abonnieren – elektrifizieren – absolvieren – konzentrieren – engagieren – konferieren

1 Gartenabfälle komponieren **2** sich während der Mathearbeit kondensieren **3** eine Zeitung annoncieren **4** eine Bahnstrecke elektrisieren

1. Man sollte Gartenabfälle kompo… 2. …

Achtung, Fehler!

 5 Diktiert euch gegenseitig die Fremdwörter mit dem Suffix *-(t)ion*. Bildet Verben aus den Nomen. Unterstreicht das Verbsuffix.

Demonstration – Deklination – Diskussion – Konjugation – Konzentration – Organisation – Produktion – Qualifikation – Sensation

Demonstration – demonstr<u>ieren</u>, Deklination – …

TIPP
Ein Nomen lässt sich nicht umformen.

 Das **Suffix *-ie*** wird als langes *i* gesprochen. Es gibt eine ganze Reihe häufig verwendeter Wörter mit *ie*. Ihre Schreibung solltest du dir einprägen, z. B.: *Biografie, Biologie, Chemie, Fotografie*.

Rechtschreibhilfe: im Wörterbuch nachschlagen

→ S. 19 Im Lexikon Informationen suchen

6 Schlage in einem Wörterbuch die Bedeutung der folgenden Wörter nach und schreibe sie in dein Heft.

Biologie – Choreografie – Demokratie – Geometrie – Kopie – Lotterie – Magie – Orthografie – Prärie – Regie – Sympathie

Biologie: Wissenschaft von den Lebewesen, …

Fremdwörter **217**

7 Hier sind die Silben durcheinandergeraten.

a Schreibe das gesuchte Fremdwort richtig auf und markiere die Suffixe.

TIPP
Achte auf die Groß- und Kleinschreibung.

1. Unterrichtsfach, in dem experimentiert wird: sik – phy
2. lateinischer Name für den 2. Fall: ni – tiv – ge
3. Unterrichtsfach, in dem oft gesungen wird: sik – mu
4. Staatsform: blik – re – pu
5. anderes Wort für *tätig, wirksam:* tiv – ak
6. lateinischer Name für den 3. Fall: tiv – da
7. Unterrichtsfach, in dem viel gerechnet wird: the – tik – ma – ma
8. anderes Wort für *gut*: si – tiv – po
9. lateinischer Name für den 1. Fall: mi – tiv – na – no

b Suche Fremdwörter mit den Suffixen *-ik* und *-iv*. Kläre ihre Bedeutung. Schreibe sie in dein Heft und markiere die Suffixe verschiedenfarbig.

8 Bilde aus den folgenden Adjektiven Nomen mit dem Suffix *-ität* und erläutere deren Bedeutung. Nutze dazu ein Wörterbuch.

aktiv – solidarisch – real – national – musikalisch – aggressiv – stabil – speziell – genial

aktiv – Aktivität: Drang nach ...,

9 Hier sind alle Suffixe verlorengegangen. Suche sie und schreibe das Wort in der richtigen Groß- und Kleinschreibung in dein Heft.

KRIT▬ – KONZENTRA▬ – FABR▬ – GRAMMAT▬ – NEGAT▬ – AGGRESS▬ – NAT▬ – GRAF▬ – KONSTRUK▬ – SUBSTANT▬ – STAT▬

Kritik, ...

TIPP
Manchmal gibt es mehrere Lösungen.

Teste dich selbst!

1 Langer oder kurzer Stammvokal, doppelter oder einfacher Konsonant? Schreibe den Text richtig in dein Heft.

Siebenschläfer

Am 27. Juni achten vi■le auf Erscheinungen am Him■el. Wird es Ni■derschlag geben, braucht man viel■eicht sogar einen Scha■l oder bleibt es kla■r? Denn nach alter Bauernregel entscheidet sich an diesem Tag das Som■erwet■er. Der kleine Siebenschläfer aber,
5 der einem Eichhörnchen se■r ä■nlich ist und Rinden von den Bäumen schä■lt, hat damit ga■r nichts zu tun. Der Na■me leitet sich von einer Sa■ge ab. Sieben schlafende Brüder sol■en im alten Rom, eingemauert in einer schma■len Hö■le, fas■t 200 Ja■re geschlafen haben. Aber das ist nicht die einzige Verwir■ung
10 um diesen Tag. Of■ensichtlich ist auch ein Rechenfe■ler im Zusam■enhang mit einer Reform des Kalenders für diesen Tag verantwortlich. Eigentlich hä■te man zehn Tage dazuzä■len müssen. Aber das wurde of■ensichtlich verges■en.

2 Schreibe den Text ab und vervollständige die Wörter mit den fehlenden Buchstaben. Markiere *s, ss, ß* farbig.

Das kostbare Nass

An vielen Stellen unserer Erde gibt es Wa■er in gro■en Ma■en. Dennoch ist Wa■er sehr kostbar, auch wenn wir rie■ige Mengen davon besitzen. Der grö■te Teil des Wa■ers ist nämlich Salzwa■er. Da■ ist für Menschen, Tiere und die mei■ten Pflanzen ungenie■bar.
5 Blo■ das Sü■wasser können wir trinken. Da■ mei■te Sü■wa■er kommt als Ei■ und Schnee an den Polen vor. Es befindet sich auch in den Flü■en und Seen oder im Grundwa■er. Jeder von uns benötigt täglich fa■t 100 Liter Wa■er.

3 Schreibe dieses kleine Gedicht von Gotthold Ephraim Lessing ab und füge *s*, *ss* oder *ß* in die Lücken ein.

»Da_ ist doch sonderbar bestellt«,
sprach Hänschen Schlau zu Vetter Fritzen,
»da_ nur die Reichen in der Welt
da_ mei_te Geld besitzen.«

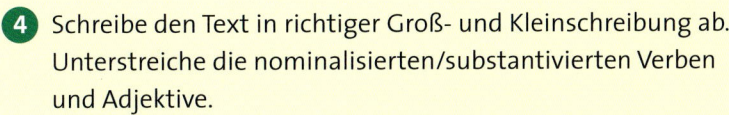

4 Schreibe den Text in richtiger Groß- und Kleinschreibung ab. Unterstreiche die nominalisierten/substantivierten Verben und Adjektive.

über das wohnen in japan

in den häusern ist das tragen von schuhen nicht erwünscht. meist ist mindestens ein raum mit strohmatten ausgestattet. die schuhe werden beim betreten der wohnung ausgezogen. dadurch wird das beschmutzen des fußbodens vermieden. das aufbewahren der
5 schuhe erfolgt im eingangsbereich. das benutzen von hausschuhen ist erwünscht. seit ungefähr 600 jahren ist in japan das verwenden von strohmatten für den fußboden üblich. im winter verbreiten sie eine angenehme wärme und im sommer eine erfrischende kühle.

Achtung, Fehler!

5 Verwende die folgenden Wortpaare jeweils in einem kurzen Satz.

1 die alten Sagen – die Alten sagen
2 der gefangene Floh – der Gefangene floh
3 kaltes Essen – Kaltes essen

6 Suche die passenden Fremdwörter auf *-ik* und *-iv* und schreibe sie mit ihrer Bedeutung in dein Heft.

1 Lehre vom Licht: Op____
2 sucht der Kommissar: Mo____
3 Betrieb, Werk: Fa____
4 geschichtliche Aufzeichnung: Chro____
5 Unterrichtsfach: Ma____
6 Gestell für Fotoapparate: Sta____
7 Tadel: Kri____

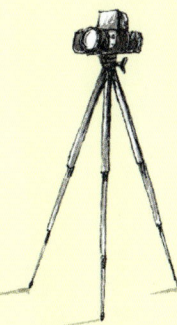

Vorhang auf – Lasst die Puppen tanzen

Einen szenischen Text gestaltend lesen

 1 Habt ihr schon einmal eine Puppenspiel-Aufführung besucht? Tauscht euch über eure Erfahrungen aus.

2 Informiere dich genauer über das Puppenspiel. Lies dazu den folgenden Text.

Von Kasperle bis Hurvínek

Puppentheater gibt es in fast allen Ländern der Erde. Vor vielen hundert Jahren kam das Puppenspiel aus Ostasien und Indien nach Europa. Ganze Puppenspielerfamilien verdienten sich so ihren Lebensunterhalt. Sie zogen mit
5 ihren Wandertheatern durch das Land und spielten auf Jahrmärkten. Hauptthema der Stücke war die Auseinandersetzung zwischen Gut und Böse, zwischen Himmel und Hölle. Es entstanden einige typische Figuren, wie der Hanswurst und der Kasper.
10 Für das Spiel können viele unterschiedliche Puppenarten verwendet werden. Die Palette reicht von einfachen Fingerpuppen über Handpuppen und Stabpuppen bis hin zu Marionetten. In Deutschland gibt es verschiedene Puppenbühnen, die nicht nur Stücke für Kinder, sondern auch für Erwachsene spielen.
15 Einige besitzen eine feste Spielstätte, z. B. das Puppentheater Halle oder das Theater Waidspeicher in Erfurt. Andere ziehen auch heute noch von Ort zu Ort und treten z. B. in Schulen auf. Puppenspieler ist ein richtiger Beruf, der an Hochschulen für Schauspielkunst erlernt werden kann.
20 Das wohl berühmteste Marionettentheater stammt aus Prag. Spejbl und Hurvínek sind vielen Kindern und Erwachsenen seit der Gründung ihres Theaters im Jahre 1930 ein Begriff. Hauptfiguren aller Inszenierungen sind Spejbl und Hurvínek, Vater und Sohn, die meist unterschiedlicher Meinung sind.
25 Eine wichtige Rolle spielt auch Hurvíneks Freundin Mánička. Da das Theater seine Stücke in acht Sprachen aufführen kann, gibt die Spielertruppe regelmäßig Gastspiele in aller Welt.

→ S.17 Informationen sammeln

3 Informiere dich im Internet über den Beruf des Puppenspielers. Präsentiere deine Ergebnisse auf einem Plakat.

●●● **4** Eine weitere Form des Puppenspiels ist das Schattentheater. Informiere dich darüber und bereite einen kurzen Vortrag vor.

5 Lies die folgende Puppenspielszene und überlege dir eine passende Überschrift.

Miloš Kirschner, Pavel Grym

Spejbl und Hurvínek

Licht auf der Vorbühne. Spejbl steht direkt im Scheinwerferlicht, Hurvínek kommt auf seinen Vater zugetrippelt.

Hurvínek Tschau, Pappi!
Spejbl Wo warst du denn so lange?
Hurvínek Im Park.
Spejbl So spät noch? Wenn die Nacht schon hereinbricht?
5 **Hurvínek** Ich bin schon seit dem Nachmittag dort gewesen ...
Spejbl Nachmittags macht es mir nichts aus ... jetzt, abends geht es mir gegen den Strich, wenn da langsam alle möglichen Dingsda hinkommen und anfangen, sich ...
Hurvínek Na ... ich hab ...
10 **Spejbl** Um diese Zeit hast du nichts auf der Straße zu suchen ... Du sollst zu Hause sein, die Gute-Nacht-Sendung hören und marsch ins Bett!
Hurvínek Aber ich war ja nicht allein dort ...!
Spejbl Und mit wem, wenn ich fragen darf ...!
15 **Hurvínek** Mit der Mánička!
Spejbl So spät noch?
Hurvínek Wir sind schon seit dem Nachmittag dort gewesen ...
Spejbl *(erbost)* Nachmittags macht's mir nichts aus, hab' ich gesagt! Mir geht es so spät gegen den Strich.
20 *(verdächtigend)* Und überhaupt ...? Was habt ihr denn gemacht, wenn ihr dort schon seit dem Nachmittag gewesen seid?
Hurvínek Na, gespielt haben wir ...
Spejbl Bis jetzt zum Abend?
25 **Hurvínek** Jawohl, bitte.
Spejbl Und was habt ihr gespielt? Jetzt, wo man die Hand nicht mehr vor den Augen sieht?
Hurvínek Wir haben nachmittags gespielt ...
Spejbl Nachmittags ist mir das egal ... *(nachdrücklich)*
30 Jetzt abends ... was ... habt ihr da gespielt?

Hurvínek Blindekuh!

Spejbl *(regt sich wieder auf)* Sei nicht frech, sonst stelle ich dir die Holzschuhe vor die Tür …!

Hurvínek Aber … wirklich, im Ernst! Aber dann genierten wir uns doch irgendwie und haben Vater und Mutter gespielt …

Spejbl Was? Wie?

Hurvínek Na, wie man eben Vater und Mutter spielt, so wie die anderen …

Spejbl Welche anderen?

Hurvínek Na die Dingsda, die da hinkamen …

Spejbl Also bitte, da habt ihr ihn …! Das kleine Einmaleins, das sind für ihn spanische Dörfer, aber den Teufel am Bart zupfen, das kann er schon … *(Hurvínek rollt mit den Augen.)* Roll nicht immer so mit den Augen!

Hurvínek Also, ich verstehe dich überhaupt nicht mehr! Du sprichst in Rätseln …

Spejbl Dafür verstehe ich dich umso besser … Das ist aber auch eine Idee … wie hast du gesagt, Vater und Mutter spielen … Noch dazu in der Öffentlichkeit … Wenn es zu Hause wäre, meinetwegen, wo man's nicht sieht, nicht wahr … dann von mir aus … aber … Und überhaupt: Wie spielt man das?

Hurvínek Du kennst das nicht?

Spejbl Na, auf diese Weise jedenfalls nicht! Also, wie war es?

Hurvínek Na, wir haben uns bei der Hand gehalten … und … so …

Spejbl Was heißt … und so?

Hurvínek Na … und so!

Spejbl Was heißt »und so«, hab ich gefragt??!!

Hurvínek … na … und ich wollte Máničku überreden … weil sie nicht wollte …

Spejbl *(fällt ihm ins Wort)* Was …??? Also, du hast die Máničku überreden wollen?

Hurvínek *(weinerlich)* Jawohl, bitte.

Spejbl Und sie wollte nicht?

Hurvínek Sie wollte nicht …

Spejbl *(moralisch bis aufs Äußerste entrüstet)* Und weißt du, was ich jetzt tun werde? Ich hole den Doktor aus Spanien und werde dir damit eine Medizin verabreichen, dass dir … Wozu wolltest du sie überreden?

Hurvínek *(heulend)* Na … ich wollte … die Máničku … überreden … dass wir … nach Hause gehen sollen, weil es schon so spät war …!

(Spejbl ist von der Pointe wie erschlagen und fällt rücklings hin.)

Einen szenischen Text gestaltend lesen **223**

6 Gib die Pointe dieses Stückes mit eigenen Worten wieder.
Worin besteht das Missverständnis zwischen Vater und Sohn?

7 Gestaltet den Text durch Lesen mit verteilten Rollen.

a Probiert aus, wie Vater und Sohn sprechen könnten.
Die Stimmen müssen sich deutlich voneinander unterscheiden.

b Berücksichtigt beim Lesen die Regieanweisungen. Sie geben euch
Hinweise, in welcher Stimmung die Textpassage gesprochen
werden soll.

8 Stellt die Szene als Puppenspiel dar. Die Tipps auf den Seiten 228–229
helfen euch dabei.

9 Denkt euch weitere Szenen zwischen Eltern und Kind aus, die ein
Missverständnis zum Thema haben.

Hurvínek, Mánička und Hund Žéryk

10 »Der kleine Prinz« ist ein modernes Märchen für Kinder und Erwachsene. Ein Kind, der kleine Prinz, begibt sich auf die Suche nach dem Sinn von Freundschaft. Auf seiner Reise zu verschiedenen Planeten begegnet er sprechenden Rosen und einem sprechenden Fuchs.

 a Lest die Theaterfassung dieser Begegnungen mit verteilten Rollen.

Nach Antoine de Saint-Exupéry

Der kleine Prinz

16. Szene
Der kleine Prinz betritt einen Rosengarten auf der Erde.
kleiner Prinz Guten Tag.
Rosen Guten Tag.
kleiner Prinz *(erstaunt)* Wer seid ihr?
5 **Rosen** Wir sind Rosen.
kleiner Prinz Ach! *(unglücklich)* Meine Blume hat mir erzählt, dass sie auf der ganzen Welt einzig in ihrer Art sei. Und siehe! Da sind fünftausend davon, alle gleich, in einem einzigen Garten. […] Ich glaubte, ich sei reich durch eine einzigartige Blume, und
10 ich besitze nur eine gewöhnliche Rose. […]
(Der kleine Prinz weint.)

17. Szene
Der kleine Prinz und der Fuchs auf der Erde. Ein Apfelbaum.
Fuchs Guten Tag.
kleiner Prinz *(höflich)* Guten Tag.
15 *(Der kleine Prinz dreht sich um, sieht aber nichts.)*
Fuchs Ich bin hier unter dem Apfelbaum …
kleiner Prinz Wer bist du? Du bist sehr hübsch …
Fuchs Ich bin ein Fuchs.
kleiner Prinz Komm und spiel mit mir. Ich bin so traurig …
20 **Fuchs** Ich kann nicht mit dir spielen. Ich bin noch nicht gezähmt!
kleiner Prinz Ah, Verzeihung!
(Schweigen.)
kleiner Prinz Was bedeutet das: »zähmen«?
Fuchs Du bist nicht von hier, was suchst du?
25 **kleiner Prinz** Ich suche die Menschen. Was bedeutet »zähmen«?
Fuchs Die Menschen, die haben Gewehre und schießen. Das ist sehr lästig. Sie ziehen auch Hühner auf. Das ist ihr einziges Interesse. Du suchst Hühner?

kleiner Prinz Nein, ich suche Freunde. Was heißt »zähmen«?
30 **Fuchs** Das ist eine in Vergessenheit geratene Sache.
Es bedeutet: sich »vertraut machen«.
kleiner Prinz Vertraut machen?
Fuchs Gewiss. Du bist für mich noch nichts als ein kleiner Knabe, der hunderttausend kleinen Knaben völlig gleicht. Ich brauche
35 dich nicht, und du brauchst mich ebenso wenig. Ich bin für dich nur ein Fuchs, der hunderttausend Füchsen gleicht. Aber wenn du mich zähmst, werden wir einander brauchen. Du wirst für mich einzig sein in der Welt. Ich werde für dich einzig sein in der Welt ...
40 **kleiner Prinz** Ich beginne zu verstehen. Es gibt eine Blume ... ich glaube, sie hat mich gezähmt ...
Fuchs Das ist möglich. Man trifft auf der Erde alle möglichen Dinge ...
kleiner Prinz Oh, das ist nicht auf der Erde.
45 **Fuchs** *(aufgeregt)* Auf einem anderen Planeten?
kleiner Prinz Ja.
Fuchs Gibt es Jäger auf diesem Planeten?
kleiner Prinz Nein.
Fuchs Das ist interessant! Und Hühner?
50 **kleiner Prinz** Nein.
Fuchs Nichts ist vollkommen!
Mein Leben ist eintönig. Ich jage Hühner, die Menschen jagen mich. Alle Hühner gleichen einander, und alle Menschen gleichen einander. Ich langweile mich also ein wenig. Aber
55 wenn du mich zähmst, wird mein Leben wie durchsonnt sein. Ich werde den Klang deines Schrittes kennen, der sich von allen anderen unterscheidet. Die anderen Schritte jagen mich unter die Erde. Der deine wird mich wie Musik aus dem Bau locken. Und dann schau! Du siehst da drüben die Weizenfelder?
60 Ich esse kein Brot. Für mich ist der Weizen zwecklos. Die Weizenfelder erinnern mich an nichts. Und das ist traurig. Aber du hast weizenblondes Haar. Oh, es wird wunderbar sein, wenn du mich einmal gezähmt hast! Das Gold der Weizenfelder wird mich an dich erinnern. Und ich werde das Rauschen des Windes
65 im Getreide lieb gewinnen. *(Schweigen.)* Bitte ... zähme mich!
kleiner Prinz Ich möchte wohl, aber ich habe nicht viel Zeit. Ich muss Freunde finden und viele Dinge kennen lernen.
Fuchs Man kennt nur die Dinge, die man zähmt. [...] Wenn du einen Freund willst, so zähme mich!
70 **kleiner Prinz** Was muss ich da tun?

Fuchs Du musst sehr geduldig sein. Du setzt dich zuerst ein wenig abseits von mir ins Gras. Ich werde dich so verstohlen, so aus dem Augenwinkel anschauen, und du wirst nichts sagen. Die Sprache ist die Quelle der Missverständnisse. Aber jeden Tag wirst du dich ein bisschen näher setzen können …

18. Szene

Der kleine Prinz und der Fuchs am nächsten Morgen auf der Erde.

Fuchs Es wäre besser gewesen, du wärst zur selben Stunde wiedergekommen. Wenn du zum Beispiel um vier Uhr nachmittags kommst, kann ich um drei Uhr anfangen, glücklich zu sein. Je mehr Zeit vergeht, umso glücklicher werde ich mich fühlen. Um vier Uhr werde ich mich schon aufregen und beunruhigen; ich werde erfahren, wie teuer das Glück ist. Wenn du aber irgendwann kommst, kann ich nie wissen, wann mein Herz da sein soll […].

19. Szene

Fuchs Ach! Ich werde weinen.

kleiner Prinz Das ist deine Schuld, ich wünschte dir nichts Übles, aber du hast gewollt, dass ich dich zähme …

Fuchs Gewiss.

kleiner Prinz Aber nun wirst du weinen!

Fuchs Bestimmt.

kleiner Prinz So hast du nichts gewonnen!

Fuchs Ich habe die Farbe des Weizens gewonnen. Geh die Rosen wieder anschauen. Du wirst begreifen, dass die deine einzig ist in der Welt.

kleiner Prinz Adieu.

Fuchs Adieu. Es ist ganz einfach: Man sieht nur mit dem Herzen gut. Das Wesentliche ist für die Augen unsichtbar.

b Vergleiche die Vorstellungen des Fuchses zum Thema »Freundschaft« mit deinen eigenen.

c Am Ende verrät der Fuchs dem kleinen Prinzen sein Geheimnis. Erkläre, wie man »mit dem Herzen sehen« (Z. 96–97) kann.

 d Spielt die Begegnung der beiden nach. Entscheidet euch für eine bestimmte Art des Puppenspiels (Spiel mit Kochlöffelpuppen, Schattentheater o. Ä.).

Einen Jugendbuchauszug zu einem szenischen Text umschreiben

1 Auch Geschichten oder Auszüge aus Romanen lassen sich auf die Bühne bringen. Die Abenteuer von Tom Sawyer (S. 124–127) wurden zu einem szenischen Text umgeschrieben.

a Lies den Anfang des szenischen Textes.

Tom Sawyer

Tom: *(Tom streicht einen Zaun. Schon nach ein paar Pinselstrichen hört er auf und brütet vor sich hin.)* Bald werden die Jungen auf dem Weg zur Badestelle hier vorbeikommen und über mich spotten. *(Missmutig streicht Tom weiter. Plötzlich hält er inne.)*
5 **Tom:** *(freudig)* Ich hab's! *(siegessicher)* Wenn mein Plan aufgeht, werden sich die anderen Jungen noch um meine Arbeit reißen! *(lacht)* Ich bin dann fein raus und kann faulenzen!
(Ben Rogers kommt in ausgelassener Stimmung heran.)
Tom: *(zum Publikum gewandt)* Passt mal auf, wie ich den guten Ben
10 an der Nase herumführen werde!
(Ben Rogers kommt näher. Dabei tut er so, als wäre er ein Dampfer.)
Ben: *(stößt einen langen Pfeifton aus)* Bickebuckebickebuckebickebucke! Stoppen! Klingeling-ling!
(Während Ben immer näher kommt, streicht Tom seelenruhig weiter.)
15 **Ben:** *(rudert mit den Armen und ruft wie ein Kapitän)* Halbe Kraft rückwärts! Klingeling-ling! Steuerbord rückwärts!

b Vergleiche den Anfang des Textauszugs auf den Seiten 124–127 mit dieser szenischen Fassung. Wie wurden Informationen des Erzählers eingebaut?

2 Schreibt die Szene weiter, indem ihr euch an dem Erzähltext orientiert.

Was habe ich gelernt?

3 Überprüfe, was du über das Puppenspiel gelernt hast. Ergänze dazu die folgenden Sätze. Schreibe in dein Heft.
1 Das weiß ich jetzt über das Puppenspiel: …
2 Meine persönlichen Lieblingstipps zum gestaltenden Lesen von szenischen Texten: …
3 Das hat mir in diesem Kapitel Spaß gemacht: …

Gewusst wie

Kochlöffelpuppen herstellen

Mit einfachen Mitteln lassen sich Puppen für eine Aufführung basteln, z. B. aus Kochlöffeln.

Material:
- Holzkochlöffel
- Filz- und Farbstifte
- Stoff-, Fell- und Wollreste, Knöpfe
- Schere, Klebstoff

So geht's:
- mit Filzstift auf der nach innen gewölbten Seite des Kochlöffels ein charakteristisches Gesicht zeichnen, das die Grundhaltung der Figur erkennen lässt
- aus Fell, Plüsch oder Wollresten Haare und Bärte fertigen und ankleben
- für die Kleidung aus einem Stück Stoff einen Kreis zuschneiden
- in die Mitte des Kreises ein kleines Loch für den Kochlöffelstiel schneiden
- den Halsausschnitt am Kochlöffel festkleben

Tipps:
- farbenfrohe Kleidung für lustige Figuren, gedeckte Farben für ältere, arme oder traurige Figuren nutzen
- die Kleidungsgröße so wählen, dass die Hände bequem darunterpassen
- besondere Figuren mit zusätzlichen Details versehen, z. B. eine Krone für den König, Hörner und Schwanz für den Teufel

1 Verfasse aus den Stichpunkten eine Bastelanleitung in ganzen Sätzen.

2 Gestalte zu einem der Texte aus diesem Kapitel einfache Kochlöffelpuppen.

Gewusst wie

Tipps für Puppenspieler

Das Spiel mit der Puppe erfordert ein hohes Maß an Geschicklichkeit und muss geübt werden. Hier sind einige Tipps dafür:

Bühnenaufbau
Dafür eignet sich eine Tischkante oder ein Karton. Dabei solltet ihr auch auf einen Bühnenhintergrund, ausreichend Lichtquellen und deren Position achten.

Probe des Puppenspiels
Führe die Puppe immer so über dem Bühnenrand, dass alle Zuschauer ihr Gesicht sehen können. Welche Puppe gerade spricht, wird durch langsames und überdeutliches Spiel angezeigt.
Da Worte und Bewegungen zueinander passen müssen, ist es wichtig, die Gestik deiner Puppe einzustudieren. Überlege daher, wie sie etwas verneinen, traurig oder lustig sein kann.

Szenisches Lesen oder Sprechen
Die Figuren müssen sich in ihrer Sprechweise deutlich unterscheiden. Stimme dich daher mit deinen Partnern ab, welche Figur z. B. tief und bedächtig, welche besonders schnell und hoch sprechen soll. Übt das szenische Lesen gemeinsam, damit jeder Einsatz stimmt und das Spiel nicht stockt.

1. Überlegt euch kleine Szenen mit euren Puppen und führt sie vor.

2. Plant nun ein ganzes Puppenspiel und fertigt dazu ein Bühnenbild an.

Verknüpfte Geschichten

Eine verknüpfte Geschichte schreiben

1 In dem Buch »Die Insel der 1000 Gefahren« von Edward Packard musst du als Leser immer wieder wählen, welchen Fortgang die Geschichte nehmen soll.

Eine verknüpfte Geschichte untersuchen

a Lies die folgenden Textausschnitte.

Du machst eine Expedition zu den Galapagosinseln auf einem Schiff, das eines Tages Schiffbruch erleidet.

S. 8 Ob du das alles nur geträumt hast? Aber du weißt, dass es kein Traum gewesen sein kann. Anstatt in deinem Bett liegst du nämlich hoch oben auf einer riesigen Sanddüne. Hinter dir siehst du einen breiten, leicht abfallenden Strand. Du schaust zu, wie die schäumenden Wellen gegen ihn klatschen. Vor dir liegt eine Wiese aus hohem Schilfrohr, umgeben von hohen, felsigen Hügeln. Du bist hungrig und durstig. Du schaust auf das Meer und siehst nichts als endloses blaues Wasser. Bis auf ein paar Seemöwen, die über die Wellen segeln, bist du ganz allein.
Wenn du dich entscheidest, am Strand entlangzugehen, lies weiter auf Seite 9.
Wenn du dich entscheidest, die felsigen Hügel hinaufzuklettern, lies weiter auf Seite 10.

S. 9 Du gehst am Strand entlang. Der Sand ist so weich und heiß unter deinen Füßen, dass du hinuntergehst ans Meer, dorthin, wo der Sand sich kühl und fest anfühlt. Du gehst immer weiter, und oft hast du das Gefühl, es endlich geschafft zu haben – aber dann kommt ein neues Stück Strand. Du bist hungrig und durstig und so müde, dass du kaum noch gehen kannst. Da siehst du plötzlich, wie gleich neben deinem Fuß Wasser aus dem Sand sprudelt. Du gräbst ein bisschen und holst eine Muschel hervor und dann noch eine. Du brichst die Schale auf und nimmst das fleischige Stück heraus. Es sieht nicht sehr appetitlich aus.
Wenn du dich entscheidest, die Muscheln zu essen, lies weiter auf Seite 11.
Wenn du dich entscheidest, die Muscheln nicht zu essen, lies weiter auf Seite 12.

Eine verknüpfte Geschichte schreiben **231**

> **S. 10** Du gehst auf den felsigen Hügel zu und kommst dabei durch eine sumpfige Wiese. Vorsichtig hältst du nach Schlangen Ausschau. Du findest ein paar leckere Beeren, die deinen Durst löschen und dich etwas stärken. Du gehst weiter und kletterst immer höher. Dabei wird dir klar, dass du über ziemlich steil und gefährlich aussehende Felsen klettern musst, wenn du den Gipfel erreichen willst.
> Wenn du dich entscheidest, auf die steilen Felsen zu klettern, lies weiter auf Seite 13.
> Wenn du dich entscheidest, zu den Beeren zurückzugehen und dort über Nacht zu bleiben, lies weiter auf Seite 14.

b Beschreibe, wie dieser Text aufgebaut ist. Wähle das passende Schema aus.

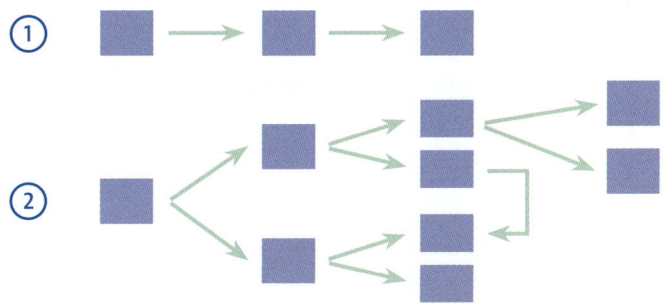

! Ein **Hypertext** ist ein Text, der durch **Hyperlinks** (Verknüpfungen) netzartig mit anderen Texten oder Textteilen verbunden ist. Hypertexte kann man am besten am Computer erstellen und lesen. Die Textteile werden in verschiedenen Dateien abgespeichert und der Leser bestimmt durch Anklicken eines Hyperlinks, was er als Nächstes lesen möchte.

Eine Hypertext-Geschichte schreiben

2 Schreibt eine Geschichte als Hypertext.

a Schreibt den folgenden Anfang der Geschichte in eine Word-Datei.

Michaela starrte ungläubig auf das Ungetüm aus Eisen und Drähten. Seit sechs Monaten hatte ihr großer Bruder Peter Tag und Nacht im Hobbykeller der Eltern verbracht. »Und dieser Schrotthaufen soll uns in ein anderes Jahrhundert bringen?«, spottete Michaela. In diesem Moment betätigte Peter einen Hebel ...

Einen Hypertext planen

b Sucht euch aus dem Anfang der Geschichte ein Stichwort heraus, zu dem ihr etwas schreiben wollt. Markiert es und verknüpft es durch einen Hyperlink mit einer neuen Datei.

> **So kannst du einen Hyperlink erstellen**
> 1. Markiere in der Datei das Wort, das du als Stichwort für deine Weiterführung der Geschichte ausgewählt hast.
> 2. Wähle in der Menüleiste »Einfügen« und klicke auf »Hyperlink«. Ein Fenster öffnet sich.
> 3. Klicke auf »Link zu: Neues Dokument erstellen« und gib in das Feld »Name des neuen Dokuments« einen Dateinamen ein. Diese Datei soll sich bei einem Klick auf den Link öffnen.
> 4. Bestätige deine Eingabe mit OK.

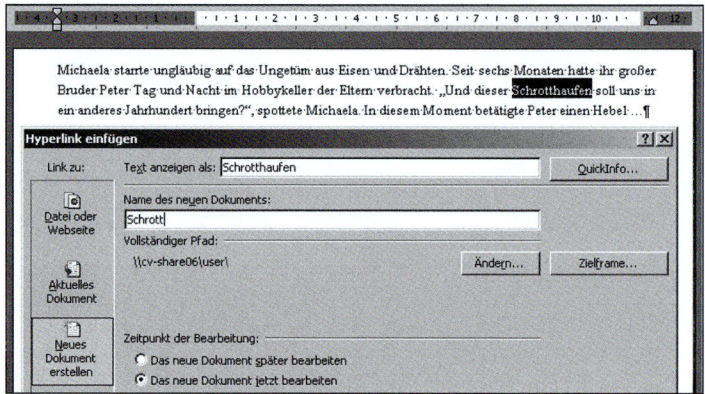

→ S. 117 Erzählen

c Erstellt einen Erzählplan für die Fortsetzung eurer Geschichte und schreibt euren Textentwurf in die neue Word-Datei.

Den Entwurf überarbeiten

d Überarbeitet eure Geschichte. Nutzt dazu auch die Möglichkeiten des Computers, z. B. das Rechtschreibprogramm.

●●● e Gestaltet eure Texte, indem ihr mit verschiedenen Schriften, Schriftgrößen oder Farben arbeitet und eventuell Bilder einfügt.

 ❸ Ihr könnt eure Geschichte vielen Lesern vorstellen. Veröffentlicht sie mithilfe eures Informatik-Lehrers auf der Homepage eurer Schule.

Was habe ich gelernt?

 ❹ Überprüfe, was du über das Verfassen von Hypertexten gelernt hast. Erstelle dazu eine Checkliste »Eine verknüpfte Geschichte schreiben«.

Gewusst wie

Einen Cluster entwerfen

> Ein **Cluster** (engl. *cluster* – Haufen, Schwarm, Anhäufung) ist, wie das Brainstorming, eine Methode zum Sammeln von Ideen. Dabei häuft man Begriffe an, die mit dem Thema in Zusammenhang stehen.
> In die Mitte eines Blattes schreibt man einen zentralen Begriff des Themas und ordnet ringsherum weitere Begriffe zum Thema an. Dann verdeutlicht man die Beziehungen zwischen den Begriffen durch Verbindungslinien, sodass ein Netz entsteht.

1 Sieh dir das folgende Beispiel zu »Spuk in der Mittsommernacht« (S. 115–116) an.

2 Erstelle einen Cluster für deine Geschichte (S. 231, Aufgabe 2a).

Feste feiern – Traditionen wahren

Präsentieren: Sächsische Feste und Bräuche

 1 Zu welchen Themen habt ihr schon einmal einen Kurzvortrag gehalten? Wie seid ihr bei der Vorbereitung vorgegangen? Tauscht euch über eure Erfahrungen aus.

→ S. 89 Präsentieren: Ein Buch vorstellen

2 In deiner Klasse sollen mehrere Kurzvorträge zum Thema »Sachsen: Feste und Bräuche« erarbeitet werden.

a Über welche sächsischen Feste und Bräuche könnte in einem Kurzvortrag informiert werden? Übertrage den folgenden Cluster in dein Heft.

b Ergänzt weitere Ideen im Cluster.

→ S. 233 Einen Cluster entwerfen

3 Auf den Seiten 235–239 findest du verschiedene Materialien zum Thema »Sachsen: Feste und Bräuche«.

a Betrachte die Bilder und überfliege die Texte.

b Überlegt, zu welchen Teilbereichen von eurem Cluster aus Aufgabe 2 die Materialien jeweils passen.

Ostereierschieben auf dem Protschenberg

Der Protschenberg am Bautzener Stadtrand hält jedes Jahr zu Ostern eine besondere Attraktion für Einheimische und Gäste bereit: das beliebte Ostereierschieben. Schon um 1550 wurde das »Eierrollen« in Bautzen erstmals erwähnt. Ursprünglich ließen die wohlhabenden Kinder hartgekochte Eier den Hang herabrollen. Diese wurden dann von ärmeren Kindern mit viel Geschick aufgefangen. Zusätzlich zu den hartgekochten Eiern wurden im Laufe der Zeit auch weitere runde Gegenstände den Berg hinuntergerollt, z. B. Äpfel, Nüsse oder Gebäck. Was die Kinder sich in ihre Sammeltasche gesteckt hatten, durften sie behalten. In einer abgewandelten Form ließen Kinder Eier den Hang hinunterrollen und kürten denjenigen zum Sieger, der am Schluss die meisten unzerbrochenen Eier hatte oder dessen Eier unversehrt blieben beziehungsweise die weiteste Strecke zurücklegten.
Nach dem Zweiten Weltkrieg wurde das Eierschieben um 1950 erstmals wieder veranstaltet. Allerdings musste es in den folgenden Jahren – beispielsweise aufgrund von Lebensmittelknappheit – immer wieder eingestellt werden.
Seit 2001 ist der Brauch des Ostereierschiebens in Bautzen wiederbelebt: Heute rollen die Kinder bunte Plastikbälle den Berg hinunter. Die Plastikbälle können anschließend gegen Preise eingetauscht werden.
Der sogenannte Eierjokel – historisch betrachtet ein Straßenhändler in zerrissener Kleidung – begleitet als Spielleiter und Moderator das Treiben auf dem Protschenberg. Das Ostereierschieben ist zweifellos eine der größten Touristenattraktionen der Region.

Bemmchen mit Schiebböcker Kaas

Zutaten:
120 g Brot (etwa vier Scheiben)
100 g Griebenschmalz
200 g Harzer Käse mit Kümmel
1 Bund Radieschen
2 Stängel Petersilie

Das Brot mit dem Schmalz bestreichen. Den Käse in Scheiben auf das Brot legen. Mit Radieschenröschen und der Petersilie dekorieren.

Kleines sächsisches Küchenvokabular

Aardäpplbrei	Kartoffelbrei
Bemmchen (Bemme/Bämme)	kleine belegte Brotscheiben
diddschn, offdiddschn	eintauchen, tunken
Fliederbeeren	Holunderbeeren
Frieslich (*Erzgebirge*)	Schnittlauch
Gähsegeilchen	Käsekuchen, Quarkkeulchen
grähdsch	grätenreich (Fisch)
Griegeniffte (*Vogtland*)	Klöße aus grünen rohen Kartoffeln
Muckefuck (Muggefugg)	Malzkaffee
Rawinzlsalat (*Erzgebirge*)	Feldsalat
ä Schälchen Heeßn	eine Tasse Kaffee
Schiebböcker Kaas	Sauermilchkäse
zerknietschen	zerdrücken, zerstampfen

»Eechndiehmlichgeeden«

Eine der liebenswerten »Eigentümlichkeiten« des Sachsen ist das »Diddschn«. Wenn er sich in der Öffentlichkeit nicht gerade beobachtet fühlt (zu Hause sowieso nicht), dann diddscht […] er gerne ein. Am liebsten die Buttersemmel oder das Kuchenstück in den
5 Kaffee, und wenn dann die Fettaugen oben schwimmen, genießt er glücklich.
Aber auch die Soßen (sämig und ganz viel davon) müssen »offgediddscht« werden. Egal ob es mit Kartoffeln, grünen Klößen oder Wickelklößen geschieht, der »echte Genuss« kommt erst, wenn
10 alles so richtig schön »zerknietscht« ist …

Meißner Porzellan – Eine 300-jährige Erfolgsgeschichte aus Sachsen

Heutzutage findet es sich in den meisten Haushalten im Küchenschrank. Früher allerdings war Porzellan eine seltene Kostbarkeit, die sich nur die reichen Fürsten leisten konnten. Schon vor über 1000 Jahren entwickelten die Chinesen ein Verfahren zur Herstellung von Porzellan. Den Europäern gelang es jedoch über Jahrhunderte hinweg nicht, hinter das Geheimnis des »weißen Goldes« zu gelangen. Deshalb mussten die wertvollen Teller, Tassen und Vasen über den gefährlichen Seeweg aus China importiert werden. Die zündende Idee für ein Verfahren zur Porzellanherstellung ließ bis ins 18. Jahrhundert auf sich warten und stammt von dem Apothekerlehrling Johann Friedrich Böttger und dem Naturforscher Ehrenfried Walther von Tschirnhaus. Bis heute ist nicht geklärt, wer von den beiden den größeren Anteil an der Erfindung hatte. Ursprünglich bestellte Kurfürst Friedrich August von Sachsen den jungen Böttger für ein vollkommen aberwitziges Vorhaben an seinen Hof: Er sollte Gold herstellen. Natürlich klappte das nicht und der Apothekerlehrling zog den Zorn des Fürsten auf sich.

Zu Böttgers Glück wurde der angesehene Gelehrte Graf von Tschirnhaus auf den jungen Mann aufmerksam. Der Graf brütete schon seit Jahren über einer Rezeptur für Porzellan. Er gab Böttger den Tipp, die Herstellung von Porzellan zu erforschen, statt weiterhin vergeblich nach einem Rezept für Gold zu suchen. 1707 konnte Böttger tatsächlich das erste Gefäß aus Porzellan präsentieren. Am 23. Januar 1710, vor rund 300 Jahren, gründete Kurfürst Friedrich August die Porzellanmanufaktur in Meißen. In der Albrechtsburg wurde das »weiße Gold« zum ersten Mal in größeren Mengen produziert. Böttger selbst leitete die erste europäische Porzellanfabrik. Neben Tassen und Vasen wurde bald auch edler Tafelschmuck hergestellt. Besonders die zierlichen Porzellanfiguren waren bei den reichen Sammlern an den europäischen Fürstenhöfen heiß begehrt. Heute ist das Porzellan aus Meißen in der ganzen Welt bekannt und beliebt. Seit über 300 Jahren erkennt man es an seinem Markenzeichen: zwei gekreuzte blaue Schwerter.

Carl Gottlieb Hering

Morgen, Kinder, wird's was geben

Morgen, Kinder, wird's was geben,
morgen werden wir uns freun,
welch ein Jubel, welch ein Leben
wird in unserm Hause sein,
5 einmal werden wir noch wach,
heißa, dann ist Weihnachtstag!

Wie wird dann die Stube glänzen
von der großen Lichterzahl,
schöner als bei frohen Tänzen
10 ein geputzter Kronensaal.
Wisst ihr noch, wie vorges Jahr,
es am heil'gen Abend war?

Wisst ihr noch mein Räderpferdchen,
Malchens nette Schäferin,
15 Jettchens Küche mit dem Herdchen
und dem blankgeputzten Zinn?
Heinrich's bunten Harlekin
mit der gelben Violin?

Welch' ein schöner Tag ist morgen!
20 Neue Freuden hoffen wir.
Unsre guten Eltern sorgen
lange, lange schon dafür.
O gewiss, wer sie nicht ehrt,
ist der ganzen Lust nicht wert!

Zauberhafter Lichterglanz

Weit über die Landesgrenzen von Sachsen hinaus schmückt er zur Weihnachtszeit die Fenster: der Schwibbogen. Im Jahr 1726 fertigte der Bergschmied Johann Teller in Johanngeorgenstadt den Kerzenständer besonderer Art. Er schmiedete einen Bogen, auf
5 dem halbkreisförmig Wachskerzen angebracht werden konnten, und schnitt im Inneren des Bogens ein Motiv heraus. Anfang des 19. Jahrhunderts änderte sich die Gestaltung hin zu Bildern aus dem Alltag der Menschen. Der typische »Erzgebirgs-Schwibbogen« entstand aber erst im Jahr 1937.

Ein Meisterwerk aus dem Schlaraffenland

Tonnenschwere Leckereien – ein Traum aus dem Schlaraffenland? Von wegen! Alle Jahre wieder präsentieren sächsische Bäckermeister während des Dresdner Stollenfestes ein kulinarisches Wunderwerk der Extraklasse: den Riesenstollen.

Das Dresdner Stollenfest hat – wie so vieles in Sachsen – seine Wurzeln in der Zeit, als August der Starke Kurfürst von Sachsen und König von Polen war. 1730 gab August ein legendäres Fest: das »Zeithainer Lustlager«. Als Höhepunkt der Feier schuf der königliche Bäckermeister Zacharias einen etwa 1,8 Tonnen schweren Riesenstollen. Mit dem berühmten »Großen Stollenmesser« wurde das Backwerk angeschnitten und an die Gäste des sächsischen Hofstaates verteilt.

Der Kunst- und Kulturexperte Dr. Peter Mutscheller stieß 1993 auf Grafiken und Berichte über das »Zeithainer Lustlager«. Davon war er so fasziniert, dass er 1994 die Dresdner Stollenfest-Tradition wieder belebte. Inzwischen bildet das Stollenfest ein ganz besonderes Glanzlicht der Adventszeit in Sachsen. Höhepunkt des Stollenfestes ist auch heute noch das Backen eines drei bis vier Tonnen schweren Riesenstollens sowie die traditionelle Stollenprozession der Dresdner Bäcker und Konditoren. Während einer feierlichen Enthüllungszeremonie auf dem Schlossplatz wird das Gewicht des Riesenstollens bekannt gegeben. Unter den staunenden Blicken zahlreicher Schaulustiger formiert sich anschließend der farbenfrohe Festumzug durch die barocke Dresdner Altstadt. Ziel der Stollenprozession ist der älteste deutsche Weihnachtsmarkt, der Dresdner Striezelmarkt. Mit einem stolzen Gewicht von 2 720 Kilogramm gelang dem gigantischen Backwerk 1994 der Einzug ins Guinnessbuch der Rekorde. In den folgenden Jahren konnten die Dresdner Bäcker und Konditoren ihren Rekord mehrfach überbieten. Der bisherige Weltrekord stammt aus dem Jahr 2000. Der Super-Striezel des 7. Dresdner Stollenfestes brachte exakt 4 200 Kilogramm auf die Waage. Mehr als 80 Bäcker und Konditoren des Stollenschutzverbandes waren daran beteiligt, dieses Meisterwerk aus dem Schlaraffenland zu backen. Verarbeitet wurden unter anderem etwa 1,5 Tonnen Mehl, 455 Kilogramm Zucker, 2,5 Millionen Sultaninen und 44 Liter Jamaica-Rum.

4 Entscheidet in der Klasse, zu welchen Teilbereichen Kurzvorträge erarbeitet werden sollen, wie viel Zeit ihr für die Erarbeitung einplanen wollt und wie lange die Kurzvorträge dauern sollen.

5 Bildet Kleingruppen aus vier bis fünf Personen, die gemeinsam einen Kurzvortrag zu einem Thema erarbeiten.

→ S.17 Informationen sammeln

6 Die einzelnen Gruppen müssen sich für ihren Kurzvortrag passendes Material suchen.

a Entscheidet in eurer Gruppe, welche der Materialien auf den Seiten 235–239 ihr für euren Vortrag nutzen könnt.

b Welche anderen Möglichkeiten habt ihr, um an Informationen zu eurem Thema zu gelangen? Notiert Vorschläge.

7 Setzt euch in euren Themengruppen zusammen und klärt gemeinsam die folgenden Fragen zur Vorbereitung des Kurzvortrags.

1 Wo wollen wir nach Informationen suchen?
2 Wer übernimmt welche Aufgaben bis wann?
3 Wie sollen die Informationen festgehalten werden (z. B. Stichpunkte, Cluster, Tabelle)?

8 Untersucht in der Themengruppe eure Materialien.

Informationen sammeln und ordnen

a Stellt euch gegenseitig die Ergebnisse eurer Informationssuche vor und wählt aus, welche Informationen ihr im Vortrag präsentieren wollt.

b Legt für jedes Unterthema eine Karteikarte an und notiert die wichtigsten Informationen darunter.

c Gliedert euren Kurzvortrag. Bringt dafür alle Informationen in eine sinnvolle Reihenfolge und ordnet eure Karteikarten dementsprechend.

9 Überlegt, wie ihr euren Kurzvortrag anschaulich gestalten könnt.

Den Vortrag gestalten

Porzellanfigürchen als Anschauungsbeispiel, …

Den Vortrag proben

 10 Probt den Kurzvortrag in eurer Gruppe.

a Legt zuerst die Redezeit jedes Einzelnen fest.

b Lest die folgenden Beobachtungsaufträge zur Bewertung eines Kurzvortrags und verteilt sie anschließend: Jedes Gruppenmitglied wählt ein bis zwei Punkte, auf die sie/er beim Zuhören besonders achtet.

> *Einen Kurzvortrag bewerten:*
> *Wurde die festgelegte Redezeit eingehalten?* ✓
> *Wurden alle wichtigen Informationen genannt?* ✓
> *Wurde alles gut verständlich erklärt?* ☐
> *Wurde laut und deutlich gesprochen?* ☐
> *Hat die/der Vortragende die Zuhörenden angeschaut?* ☐
> *Wurde der Kurzvortrag anschaulich gestaltet?* ☐

c Jedes Gruppenmitglied trägt mithilfe der Notizen auf den Karteikarten (S. 240, Aufgabe 8 b) seinen Teil des Kurzvortrags vor.

d Gebt euch in der Gruppe nach jedem Vortrag eine Rückmeldung.

Den Vortrag halten

 11 Haltet eure Kurzvorträge vor der Klasse.

12 Wertet die Kurzvorträge in der Klasse aus.

Den Vortrag bewerten

a Welche Kurzvorträge haben euch besonders gefallen? Begründet eure Meinung.

b Welche Informationen waren für euch neu? Welche fandet ihr besonders interessant? Gebt sie in eigenen Worten wieder.

Was habe ich gelernt?

13 Überprüfe, was du über das Präsentieren gelernt hast. Übertrage dazu die Tabelle in dein Heft und fülle sie aus.

Präsentieren

Das kann ich jetzt gut:	Daran möchte ich noch arbeiten:
…	…

Merkwissen

Sprechen – Zuhören – Schreiben – Lesen

Berichten	Beim Berichten informiert man Leser oder Hörer möglichst **knapp**, **sachlich** und **in der richtigen Reihenfolge** über einen Sachverhalt oder ein Ereignis. Ein Bericht beantwortet meist die wichtigsten *W*-Fragen: *Was? Wann? Wo? Warum? Wer? Welche Folgen ergaben/ergeben sich?* Die Auswahl der Informationen und die Gestaltung des Berichts hängen vom Anlass, vom Zweck und vom Empfänger des Berichts ab. **Schriftliche Berichte** über vergangene Ereignisse werden meist im Präteritum verfasst. In **mündlichen Berichten** kann man das Präteritum oder das Perfekt verwenden. Berichte, in denen es unwichtig ist, wer handelt, werden in **unpersönlicher Ausdrucksweise** verfasst.
Beschreiben	Beim Beschreiben informiert man Leser oder Hörer über Gegenstände, Lebewesen, Erscheinungen, Vorgänge, Handlungen und Ähnliches so, dass man sie wiedererkennen, nachvollziehen oder sich gut vorstellen kann. Welche Merkmale für die Beschreibung besonders wichtig sind, hängt davon ab, was man für wen und aus welchem Anlass beschreibt. • Beschreiben von **Gegenständen**: **allgemeine Merkmale** (z. B. Größe, Form, Farbe, Material) und **besondere Merkmale** (z. B. Besonderheiten der Größe, Form, Farbe, des Materials, Auffälligkeiten) • Beschreiben von **Personen**: **Gesamterscheinung** (Geschlecht, Alter, Größe, Figur), **Einzelheiten** (z. B. Gesichtsform, Augen, Nase, Mund) und **besondere Merkmale** (z. B. Narben, Leberflecke) • Beschreiben von **Tieren**: **Aussehen**, **Verhalten**, **Lebensweise**, **Lebensraum**, **Ernährung** und **besondere Fähigkeiten** • Beschreiben von **Pflanzen**: **Bestandteile** (z. B. Wurzeln, Stamm, Äste, Nadeln, Blüten, Früchte), **Vorkommen** (z. B. im Juli, in Nadelwäldern) und **Besonderheiten** (z. B. Essbarkeit, unter Naturschutz) • Beschreiben von **Vorgängen**: **Materialien** (Materialliste), **Teilhandlungen** (Arbeitsschritte) in der richtigen Reihenfolge
Buchvorstellung	Eine Buchvorstellung ist eine besondere Form der Präsentation, in der man Zuhörer mit einem Buch bekanntmacht, um sie dafür zu interessieren und sie zum Lesen anzuregen. Zur **Vorbereitung** werden Informationen und Anschauungsmaterial gesammelt, geordnet und übersichtlich notiert, z. B. auf Karteikarten.

	Eine Buchvorstellung kann so aufgebaut sein: - Autorin/Autor und Titel des Buches, - handelnde Personen, - kurze Zusammenfassung der Handlung, - Vortrag einer besonders witzigen oder spannenden Stelle, - Zusammenfassung, warum einem das Buch besonders gefallen hat. Beim **Halten des Vortrags** sollte man auf freies, langsames und deutliches Sprechen achten und Blickkontakt zu den Zuhörern halten.
Diskutieren, Diskussion	Durch Diskutieren lassen sich strittige Fragen und Probleme klären. Zur **Vorbereitung** einer Diskussion muss man überlegen: - Welches Problem soll gelöst werden? - Welche einzelnen Fragen sind dazu zu klären? - Welche Meinung habe ich dazu? - Wie kann ich diese Meinung sachlich begründen? Im **Verlauf** einer Diskussion muss man sich mit den Meinungen anderer auseinandersetzen. Dazu sollte man auf sie eingehen, d. h.: - **zustimmen** (z. B.: *Ja, das stimmt. Dieser Meinung bin ich auch.*), - **ablehnen** (z. B.: *Meinst du das wirklich? Das ist keine gute Idee!*) - oder einen **Kompromiss** vorschlagen (alle weichen von ihrer Meinung etwas ab und einigen sich, z. B.: *Ich schlage vor, wir verbinden beides und fahren mit Fahrrädern an den See. Ich bin einverstanden, wenn …*).
Erzählen	Beim Erzählen stellt man Erlebnisse, Ereignisse oder Erfundenes (Fantasiegeschichten) möglichst anschaulich und unterhaltsam dar, sodass Leser oder Hörer das Geschehen sowie die Gedanken und Gefühle des Erzählers und/oder der Figuren gut nachempfinden können. Dazu lassen sich verschiedene **Gestaltungsmittel** nutzen: - die Figuren lebendig beschreiben, - Gedanken und Gefühle der Figuren verdeutlichen, - wörtliche Rede einbauen, - anschauliche Vergleiche sowie treffende Verben und Adjektive verwenden. Um **Ideen** für eine Geschichte zu **sammeln**, kann man z. B.: - einen **Erzählplan** machen, - einen **Erzählkern** nutzen und ausgestalten, - ein **Brainstorming** durchführen, - eine Reizwortkette oder - Bilder als Anregungen nutzen. Geschichten kann man **aus verschiedenen Perspektiven erzählen**, d. h. aus der Sicht verschiedener Personen.

	Ein **Ich-Erzähler** ist am Geschehen selbst beteiligt und erzählt aus seiner Sicht, gibt seine Gedanken und Gefühle wieder, z. B.: *Heute ging ich besonders früh zu Bett, denn ich wollte …* Eine **Sie-Erzählerin** / Ein **Er-Erzähler** ist nicht selbst beteiligt, sondern beobachtet von außen, z. B.: *Heute ging Fanny besonders früh zu Bett, denn sie wollte …*
Erzählkern	Ein Erzählkern gibt Ort, Zeit und Personen sowie wichtige Handlungsschritte vor. Dem Erzählkern werden alle wichtigen Informationen entnommen. Dann denkt man sich eine passende Geschichte dazu aus und fügt z. B. weitere Personen und Handlungsschritte hinzu.
Erzählplan	Mit einem Erzählplan kann man eine **Erzählung vorbereiten**. Dazu stellt man sich folgende Fragen: ▪ **Worüber** soll erzählt werden? ▪ Welche **Handlungsschritte** sind wichtig? ▪ An welchen **Orten** und zu welcher **Zeit** geschieht etwas? ▪ Welche **Personen** spielen eine Rolle? ▪ Welche **Dialoge** sollen eingebaut werden? ▪ Welche **Einleitung** macht den Leser neugierig? ▪ Welcher **Schluss** rundet die Geschichte ab?
Nacherzählen	Beim Nacherzählen gibt man gelesene oder gehörte Geschichten **mit eigenen Worten** wieder. Dazu muss man zuerst genau lesen bzw. gut zuhören. Zur Vorbereitung teilt man die Geschichte in Abschnitte ein und notiert Stichpunkte zum Inhalt. Besonders achten muss man auf die zeitliche Abfolge der Handlung, auf den Ort und auf die Gedanken und Gefühle der handelnden Personen.
Präsentieren	Beim Präsentieren informiert man Zuhörer über verschiedene Themen, Vorhaben oder Arbeitsergebnisse. Dabei kommt es darauf an, die Aufmerksamkeit und das Interesse der Zuhörer zu gewinnen. Zur **Vorbereitung** muss man Informationen und Anschauungsmaterial sammeln und ordnen sowie übersichtliche Stichpunkte anfertigen (z. B. auf Karteikarten). Beim **Halten des Vortrags** ist auf freies, langsames und deutliches Sprechen sowie auf Blickkontakt zu den Zuhörern zu achten.

Texte verfassen	Beim Verfassen von Texten sind verschiedene **Arbeitsphasen** und **Arbeitsschritte** nötig. So kann man vorgehen: - **Schreibaufgabe bedenken** (Für wen, warum, was/worüber soll geschrieben werden?), - **Text planen und gestalten** (Ideen/Informationen sammeln, ordnen und gliedern; Textteile formulieren, z. B. Einleitung, Schluss), - **Textentwurf schreiben**, - **Textentwurf überarbeiten** (Schreibaufgabe erneut bedenken, Inhalt, Wortwahl, Satzbau, Rechtschreibung und Zeichensetzung überarbeiten; eventuell eine Schreibkonferenz durchführen), - **Endfassung schreiben** (und eventuell gestalten).
unpersönliche Ausdrucksweise	Die unpersönliche Ausdrucksweise verwendet man in Texten, in denen es **unwichtig** ist, **wer handelt**, z. B. in Berichten oder Beschreibungen. Es gibt zwei Formen der unpersönlichen Ausdrucksweise: - die Verbform steht im Passiv, z. B.: *Ein Zeitplan wurde beschlossen. Das Wasser wird dazugegeben.* - die *man*-Form, z. B.: *Man hat einen Zeitplan beschlossen. Man gibt das Wasser dazu.*
verknüpfte Geschichten (Hypertexte) schreiben	Ein Hypertext ist ein Text, der nicht »der Reihe nach« (linear) gelesen wird, er ist ein verknüpfter Text. Um am Computer eine verknüpfte Geschichte (Hypertext) zu schreiben, geht man so vor: - den Anfang / einen Teil der Geschichte in eine Word-Datei schreiben, - ein Stichwort für die Weiterführung der Geschichte markieren, - in der Menüleiste auf »Einfügen« und dann auf »Hyperlink« klicken, - in das Feld »Name des neuen Dokuments« einen Dateinamen eingeben (diese Datei soll sich bei einem Klick auf den Link öffnen), - Eingaben immer mit OK bestätigen, - die Fortsetzung der Geschichte zum ausgewählten Stichwort in die neue Datei schreiben, - Text eventuell gestalten (z. B. Schriftart, -farben, -größen, Bilder einfügen).

Mit Texten und Medien umgehen

Autorin, Autor	(*lat.* auctor – Urheber, Verfasser) Verfasser von literarischen (erzählenden, lyrischen, dramatischen) Texten, aber auch von Drehbüchern, Fernsehspielen oder Sachtexten (Fachbuch-, Lehrbuch-, Sachbuchautor).
Bücher	Bücher sind wichtige **Medien** (**Printmedien**), die den Menschen zur Information, Wissensgewinnung, Unterhaltung, Entspannung dienen. Von einem Manuskript bis zum Erscheinen eines Buches vergeht meist ein langer Zeitraum, in dem viele Menschen mit verschiedenen Berufen beteiligt sind (z. B. Autoren, Illustratoren, Lektoren, Drucker, Buchbinder).
Dialog	(*griech.* dialogos – Wechselrede, Zwiegespräch) Unterredung zwischen zwei oder mehreren Personen im Unterschied zum Monolog (Selbstgespräch). Theaterstücke bestehen fast ausschließlich aus Dialogen, diese kommen aber auch in allen anderen Textsorten vor.
Fabel	Die Fabel ist ein kurzer erzählender oder gereimter Text. Zu ihren **Merkmalen** gehören: ▪ Tiere denken, handeln und sprechen wie Menschen, ▪ Tieren sind bestimmte menschliche Eigenschaften zugeordnet, ▪ Fabeln enthalten eine Lehre (zentrale Aussage).
Figur	(*lat.* figura – Gestalt, Wuchs) Jede Person, die in einem literarischen Text vorkommt.
Gedicht	In einem Gedicht werden Gedanken und Gefühle oft mithilfe sprachlicher Bilder und Vergleiche ausgedrückt. Gedichte kann man in **Strophen** unterteilen, die aus **Versen** (Gedichtzeilen) bestehen. Gedichte haben einen bestimmten **Rhythmus** und können sich nach einem bestimmten Schema **reimen**.
Gestik	Bezeichnet Körperbewegungen, um Aussagen zu unterstützen oder um sich ohne Worte zu verständigen.
Konflikt	(*lat.* conflictus – Zusammenstoß) Problem der Hauptfigur, das sie im Verlauf der Handlung lösen muss. Das kann ein Streit sein oder eine schwierige Entscheidung.
Literatur	(*lat.* litteratura – Buchstabenschrift, Schrifttum) Bezeichnung für alle Texte, die aufgezeichnet und veröffentlicht werden. Manchmal wird der Begriff Literatur auch in einem engeren Sinn verwendet und meint dann vor allem die künstlerische Literatur.

Märchen	Viele Märchen sind an folgenden **Merkmalen** zu erkennen: gleicher oder ähnlicher Beginn, gleicher oder ähnlicher Schluss, Gegensatzpaare, magische Zahlen, Fantasiewesen, wiederkehrende Sprüche, Verwandlungen, Zaubereien, meist siegt das Gute über das Böse. **Volksmärchen** wurden meist mündlich überliefert. Der Autor sowie Zeit und Ort des Entstehens lassen sich nicht mehr eindeutig feststellen. **Kunstmärchen** sind die Schöpfung eines Dichters.
Medien	Medien sind Mittel zur **Verständigung der Menschen** untereinander, wie z. B. Zeitung, Zeitschrift, Hörfunk, Film und Fernsehen, Computer. Man unterscheidet Medien zum Lesen (**Printmedien**) und Medien zum Hören und Sehen (**audiovisuelle Medien**).
Mimik	(auch Miene oder Mienenspiel) Bezeichnet den Gesichtsausdruck. Im Alltag und auf der Bühne oder im Film kann man an der Mimik die Gefühle eines Menschen ablesen.
Monolog	(*griech.* monologos – allein sprechend) Selbstgespräch einer Person im Gegensatz zum Zwiegespräch (Dialog). Im Drama, aber auch in erzählender Literatur, kann eine handelnde Figur in einem Monolog ihre Gedanken äußern.
Pantomime	(*griech.* pantomimos – alles nachahmend) Eine Form der Schauspielkunst, bei der die Handlung ohne Worte, sondern nur durch Mimik und Gestik veranschaulicht wird.
Parallelgedicht	Übernimmt das Muster des Vorbilds und füllt es mit neuem Inhalt.
Puppenspiel	(auch Figurentheater) Sonderform des darstellenden Spiels, bei dem Figuren oder Gegenstände von einem meist verdeckten Puppenspieler geführt werden.
Refrain	(*frz.* refrain – Echo) Regelmäßig wiederkehrende Wortgruppe in Liedern oder Gedichten. Der Refrain steht meist zwischen den einzelnen Strophen.
Regieanweisung	(*frz.* régie – Verwaltung) Hinweise des Bühnenautors zu Bühnenbild, Sprechweisen, Figurenverhalten und Kostümen. Diese Hinweise werden nicht mitgesprochen. Im Text sind sie meist schräg gedruckt oder in Klammern gesetzt.

Reim	Gleichklang von Wörtern (*Hut – gut*). Die häufigste Reimform ist der Endreim, d. h., Wörter reimen sich am Ende zweier Verse. Endreime sind z. B. der Paar-, der Kreuz- und der umarmende Reim. Beim Paarreim reimen sich zwei Verse unmittelbar aufeinander (Form: aabb). Beim Kreuzreim reimt sich ein Vers jeweils mit dem übernächsten (Form: abab). Und beim umarmenden Reim wird ein Paarreim von einem anderen Reim umschlossen (Form: abba).
Rollenkarte	Eine Methode, um sich in literarische Figuren hineinzuversetzen. Dient zur Vorbereitung auf das szenische Spielen. Auf der Vorderseite steht der Name der Figur, auf der Rückseite werden wichtige Informationen wie Alter, Wohnort, Aussehen, Eigenschaften, Verhalten, Gefühle und eine typische Aussage notiert.
Sage	Mündlich überlieferte Erzählung von teils wunderbaren Begebenheiten, die sich auf historische Ereignisse, Naturerscheinungen oder landschaftliche Eigenheiten beziehen. In der Sage können auch Zwerge, Elfen, Riesen, vermenschlichte Tiere oder Menschen mit übernatürlichen Fähigkeiten auftreten, im Gegensatz zum Märchen wird jedoch ein höherer Realitätsanspruch gestellt. Man unterscheidet Heimat- und Ortssagen (wie »Krabat« oder »Die Rosstrappe«), Göttersagen (wie »Prometheus«) oder Heldensagen. Die Helden zeichnen sich dadurch aus, dass sie eine große Aufgabe erfüllen oder einem vorherbestimmten Schicksal folgen müssen. Oft stehen sie in Kontakt mit Göttern, haben magische Helfer (wie Tarnkappen, Zauberschwerter) oder übernatürliche Kräfte. Es gibt bekannte griechische Heldensagen, wie die um »Odysseus Irrfahrten« oder den »Trojanischen Krieg«, keltische Heldensagen um »Artus und die Ritter der Tafelrunde«, germanische Heldensagen, wie den »Ring der Nibelungen«.
Stegreifspiel	Kurzes Rollenspiel, das unvorbereitet in Szene gesetzt wird. Nur das Thema ist meist vorgegeben.
Strophe	(*griech*. strophe – Wendung, Dehnung) Abschnitt eines Gedichts, der sich aus mehreren Versen zusammensetzt.
Szene	(*griech*. skene – Zelt, Bühne) Sinneinheit innerhalb einer Handlung. Sie ist die kleinste Einheit eines Theaterstücks, oft werden mehrere Szenen zu einem Akt zusammengefasst. Im Film besteht eine Szene aus einer oder mehreren Einstellungen.
szenischer Text	Wird in Dialogen geschrieben, es gibt keinen Erzähler. Ziel ist es, den Text als Handlung zu spielen. Oft gibt es Regieanweisungen, die Hinweise zur Handlung oder zum Sprechen geben.

Vers	(*lat.* versus – Wendung, Linie) Bezeichnet die einzelne Gedichtzeile. Mehrere Verse ergeben eine Strophe.

Wortarten und Wortformen

Adjektiv	Adjektive sind eine Wortart. Sie bezeichnen **Eigenschaften** und **Merkmale**. Adjektive werden **dekliniert** (gebeugt), d. h., sie verändern ihre Form in Fall (Kasus), Zahl (Numerus) und Geschlecht (Genus), z. B.: *ein schönes Buch, mit schönen Bildern*. Die meisten Adjektive lassen sich **komparieren** (steigern): • Positiv (Grundstufe), z. B.: *klein,* • Komparativ (Mehrstufe), z. B.: *kleiner,* • Superlativ (Meiststufe), z. B.: *am kleinsten.*
Adverb	Adverbien sind eine Wortart. Sie geben an, **wann**, **wo**, **wie** und **warum** etwas geschieht. Man unterscheidet: • Adverbien **der Zeit** (Fragen: *Wann? Wie oft?*), z. B.: *morgens, heute,* • Adverbien **des Ortes** (Fragen: *Wo? Wohin?*), z. B.: *oben, dort,* • Adverbien **der Art und Weise** (Frage: *Wie?*), z. B.: *seltsamerweise,* • Adverbien **des Grundes** (Frage: *Warum?*), z. B.: *darum, deswegen*. Adverbien sind in der Regel **unveränderbar**. Oft ersetzen sie Wortgruppen oder Sätze, z. B.: *Auf dem Weg nach unten gingen wir vorsichtig. Abwärts gingen wir vorsichtig.*
Artikel	Artikel sind eine Wortart. Nomen/Substantive können als **Begleiter** Artikel bei sich haben. Sie verdeutlichen Fall (Kasus), Zahl (Numerus) und Geschlecht (Genus) des Nomens und lassen sich deklinieren, z. B.: *das Haus, dem Haus, des Hauses, eine Straße, (in) einer Straße.* **Unbestimmte Artikel** (*ein, eine, einer*) verwendet man meist, um etwas neu ins Gespräch oder in den Text einzuführen. **Bestimmte Artikel** (*der, die, das*) verwendet man in der Regel, wenn etwas schon bekannt oder im Text bereits eingeführt worden ist, z. B.: *Sie hat ein neues Fahrrad. Das alte Rad war zu klein.*
Deklination	Die Deklination ist die **Beugung** (Formveränderung) von Nomen/Substantiven, Artikeln, Adjektiven und Pronomen. Diese Wortarten verändern sich nach ihrem grammatischen **Geschlecht** (Genus), ihrer **Zahl** (Numerus) und ihrem **Fall** (Kasus) z. B.: Nominativ: *das neue Haus, die neuen Häuser* Genitiv: *des neuen Hauses, der neuen Häuser* Dativ: *dem neuen Haus, den neuen Häusern* Akkusativ: *das neue Haus, die neuen Häuser*

Genus	Mit Genus bezeichnet man das grammatische **Geschlecht** eines Nomens/Substantivs oder eines Adjektivs: **männlich**, **weiblich** oder **sächlich**. Das grammatische Geschlecht erkennt man am **Artikel** (der/einer, die/eine, das/ein), z. B.: *der Regen, eine warme Jacke, das kalte Wetter.*
Kasus	Der Kasus ist der **Fall** eines deklinierbaren Wortes (Nomen/Substantiv, Artikel, Adjektiv, Pronomen). Es gibt vier Fälle: - **Nominativ** (Fragen: *Wer? Was?*), z. B.: *Die Lehrerin liest vor. Langsam fließt das Wasser ab.* - **Genitiv** (Frage: *Wessen?*), z. B.: *Er fragt den Bruder seines Freundes.* - **Dativ** (Fragen: *Wem? Wo?*), z. B.: *Er hilft seiner Mutter. Wir helfen ihm.* - **Akkusativ** (Fragen: *Wen? Was? Wohin?*), z. B.: *Ihren kleinen Hund finden alle lustig. Wir spielen ein neues Spiel.*
Konjugation	Die Konjugation ist die **Beugung** (Formveränderung) von Verben. Verben verändern sich nach ihrer **Person**, **Zahl** (Numerus), **Zeit** (Tempus) und Handlungsform (**Aktiv**, **Passiv**), z. B.: *(ich) schreibe, (du) schreibst; (wir) schrieben; (es) wurde geschrieben.*
Konjunktion	Konjunktionen (Bindewörter) verbinden Wörter, Wortgruppen und Teilsätze miteinander. Es gibt verschiedene Arten, z. B.: - **aufzählende Konjunktionen** treten bei Aufzählungen auf, z. B.: *und, sowie, sowohl … als auch, oder, weder … noch* - **entgegenstellende Konjunktionen** drücken einen Gegensatz aus, z. B.: *aber, doch, nicht nur …, sondern auch …*
Nomen/ Substantiv	**Nomen/Substantive** sind eine Wortart. Sie bezeichnen Lebewesen, Gegenstände, Gefühle, Vorstellungen, Vorgänge, Orte und Veranstaltungen. Nomen können einen Begleiter bei sich haben (Artikel, Demonstrativ-, Possessivpronomen). An den Begleitern erkennt man das grammatische **Geschlecht** (Genus), die **Zahl** (Numerus) und den **Fall** (Kasus), z. B.: *die Wiese, unser Garten.* Nomen können **dekliniert** (gebeugt) werden. Sie treten in einer bestimmten **Zahl** (Numerus) und einem bestimmten **Fall** (Kasus) auf, z. B.: *(das) Haus – (die) Häuser – (in den) Häusern.* Über den Fall der Nomen entscheiden Verben und Präpositionen. Nomen schreibt man **mit großem Anfangsbuchstaben**. Im Deutschen kann jedes Wort **als Nomen gebraucht** – also nominalisiert – werden. Es wird dann auch großgeschrieben und kann ebenfalls einen Begleiter bei sich haben, z. B.: *das Blau, euer lautes Rufen.*

Numerale	Numeralien sind **Zahlwörter**, die eine Menge oder eine Anzahl angeben. Man unterscheidet: - **bestimmte Numeralien**, z. B.: *eins, zwei, erster,* - **unbestimmte Numeralien**, z. B.: *einige, viele, alle.* Numeralien gehören zu **verschiedenen Wortarten**: - Nomen/Substantiv, z. B.: *eine Million,* - Adjektiv, z. B.: *zwei Schüler, in der sechsten Klasse,* - Adverb, z. B.: *er rief dreimal.*
Numerus	Mit Numerus bezeichnet man die **Zahl** eines Nomens/Substantivs, Artikels, Adjektivs oder Pronomens. Es gibt eine Form für den **Singular** (Einzahl) und eine andere Form für den **Plural** (Mehrzahl), z. B.: *(das) Kind – (die) Kinder.*
Präposition	Präpositionen sind eine Wortart. Sie drücken räumliche, zeitliche oder andere Beziehungen zwischen Wörtern und Wortgruppen aus, z. B.: *in, aus, bei, mit, nach, vor, hinter, über, zu.* Präpositionen stehen meist **vor dem Nomen/Substantiv** und seinen Begleitern und **fordern einen bestimmten Fall**, z. B.: *im Haus, mit dem Ball* (Dativ); *für den Freund* (Akkusativ), *wegen des Gewitters* (Genitiv), *auf den Tisch* (Wohin? → Akkusativ), *auf dem Tisch* (Wo? → Dativ)
Pronomen	Pronomen sind eine Wortart. Sie können **Stellvertreter** oder **Begleiter** eines Nomens/Substantivs sein. Sie können wie Nomen **dekliniert** (gebeugt) werden. - **Personalpronomen** stehen stellvertretend für Nomen, z. B.: *ich, du, er, sie, es,* - **Possessivpronomen** zeigen den Besitz oder die Zugehörigkeit an, z. B.: *mein, dein, sein, ihr,* - **Demonstrativpronomen** weisen auf ein vorher genanntes Nomen hin, z. B.: *dieser, jene,* - **Relativpronomen** leiten Nebensätze ein, die ein Nomen im Hauptsatz näher erklären, z. B.: *der, welche.*

Verb	Verben sind Wortarten. Sie bezeichnen **Tätigkeiten** (was jemand tut), **Vorgänge** (was geschieht) und **Zustände** (was ist). Sie haben infinite (ungebeugte) und finite (gebeugte) Verbformen. Die **infiniten Verbformen** sind der • **Infinitiv** (Grund-/Nennform), z. B.: *spielen, rennen,* • das **Partizip I**, z. B.: *spielend, rennend,* • das **Partizip II**, z. B.: *gespielt, gerannt.* Beide Partizipien kann man wie Adjektive verwenden, z. B.: *das spielende Kind, die gespielte Freude.* Die **finiten Verbformen** (Personalformen) entstehen durch **Konjugation** (Beugung) bei der Verwendung von Verben in Wortgruppen oder Sätzen. Die finite Verbform stimmt in Person und Zahl immer mit dem Subjekt des Satzes überein, z. B.: *Ich springe zuerst. Du springst zuletzt.* Verben bilden **Zeitformen** (Tempusformen), die angeben, ob etwas abgeschlossen ist, noch andauert oder in der Zukunft stattfinden wird. **Präsens** und **Präteritum** sind **einfache Zeitformen**, sie bestehen aus nur einer Verbform, z. B.: *Ich lese gern. Er las gestern einen Krimi.* **Perfekt**, **Plusquamperfekt** und **Futur** sind **zusammengesetzte Zeitformen**, sie bestehen aus mindestens zwei Verbformen, z. B.: *Wir haben viel gelesen. Er hatte viele Bücher mitgebracht. Bald werden wir neue Bücher bestellen müssen.* Um alle Formen eines Verbs richtig bilden und schreiben zu können, kann man sich an den drei **Leitformen** (Stammformen) orientieren: **Infinitiv** – **Präteritum** (1./3. Person Singular) – **Partizip II**, z. B.: *lesen – las – gelesen.* An den Leitformen erkennt man starke und schwache Verben. Bei **starken Verben** ändert sich der Stammvokal, die 1./3. Person Singular im Präteritum ist endungslos und das Partizip II endet auf *-en*, z. B.: *schwimmen – schwamm – geschwommen.* Bei **schwachen Verben** ändert sich der Stammvokal nicht, die 1./3. Person Singular im Präteritum endet auf *-te* und das Partizip II endet auf *-t*, z. B.: *lachen – lachte – gelacht.* Von den meisten Verben kann man eine **Aktivform** (Betonung des Handelnden) und eine **Passivform** (Unwichtigkeit des Handelnden) bilden. Passivformen bildet man mit dem Hilfsverb *werden* + Partizip II eines anderen Verbs, z. B.: *(ich) werde getragen, (du) wirst begleitet.*
Wortart	Man kann Wörter verschiedenen Wortarten zuordnen. Die wichtigsten Wortarten sind: Nomen/Substantiv, Verb, Adjektiv, Pronomen, Präposition, Artikel, Numerale, Adverb, Konjunktion.

Satzbau und Zeichensetzung

Adverbial-bestimmung	Adverbialbestimmungen sind **Satzglieder**, die Prädikate näher bestimmen. Man unterscheidet u. a.: • **Temporalbestimmung** (Adverbialbestimmung der Zeit, Fragen: *Wann? Wie lange? Bis wann? Seit wann?*), z. B.: *Morgen wird von morgens bis mittags gelernt, ab 12 Uhr gibt es Mittagessen.* • **Lokalbestimmung** (Adverbialbestimmung des Ortes, Fragen: *Wo? Woher? Wohin?*), z. B.: *Wir kommen aus Plauen, verbringen die Ferien in Binz und gehen jeden Tag zum Strand.* • **Modalbestimmung** (Adverbialbestimmung der Art und Weise, Fragen: *Wie? Auf welche Art und Weise?*), z. B.: *Sie arbeiteten schnell. Mit viel Vergnügen planschten sie im Wasser.* • **Kausalbestimmung** (Adverbialbestimmung des Grundes, Fragen: *Warum? Weshalb? Weswegen? Aus welchem Grund?*), z. B.: *Wegen des Wetters bleiben wir hier. Wir kamen zu spät, weil wir verschlafen hatten.*
Attribut	Ein Attribut (Beifügung) ist ein **Satzgliedteil**, das Nomen/Substantive näher bestimmt (Fragen: *Welche(-r, -s)? Was für ein(e)?*). Attribute können nicht allein umgestellt werden. Sie bleiben immer bei dem Nomen, zu dem sie gehören, und sind ein Teil dieses Satzgliedes, z. B.: *Wir sahen / im Zimmer seines Bruders / einen lustigen Film.*
Aufzählung	Manche Sätze enthalten Aufzählungen in Form von Wörtern oder Wortgruppen. Zwischen den einzelnen Gliedern einer Aufzählung **muss** ein **Komma** gesetzt werden, wenn diese nicht durch eine **aufzählende Konjunktion** (*und, oder, sowie, sowohl … als auch …*) verbunden sind, z. B.: *Wir sahen dichte Wälder, grüne Wiesen und hohe Berge.* Steht jedoch zwischen den Gliedern einer Aufzählung eine **entgegenstellende Konjunktion** (*aber, doch, jedoch, nicht nur …, sondern (auch) …*) **muss** auch vor der Konjunktion ein **Komma** gesetzt werden, z. B.: *Sie kamen, sahen, aber blieben nicht. Wir sahen nicht nur Wälder, Wiesen und Berge, sondern auch seltene Pflanzen.*
direkte (wörtliche) Rede	Die direkte (wörtliche) Rede dient der wörtlichen Wiedergabe von Gesagtem oder Gedachtem. Sie wird am Anfang und Ende durch **Anführungszeichen** gekennzeichnet. Oft steht vor, zwischen oder nach der direkten Rede ein **Begleitsatz**, der durch Doppelpunkt oder Komma(s) abgegrenzt wird, z. B.: *Nils flüstert mir zu: »Bestimmt ist alles bald wieder in Ordnung.« »Das hoffe ich«, ruft Randi, »schließlich müssen wir heim!« »Dann lasst uns doch einfach gehen«, denke ich.*

Hauptsatz	Ein Hauptsatz ist ein **Teilsatz eines zusammengesetzten Satzes**. Hauptsätze erkennt man daran, dass die finite (gebeugte) Verbform an zweiter Stelle steht, z. B.: *Tim und Tom lächelten glücklich, als sie uns sahen.*
Nebensatz	Ein Nebensatz ist ein **Teilsatz eines zusammengesetzten Satzes**. Der Nebensatz ist allein meist nicht verständlich. Er wird durch **Komma** vom **Hauptsatz** getrennt, z. B.: *Wir packten gleich aus, als wir angekommen waren. Nachdem wir ausgepackt hatten, liefen wir zum See.* Die meisten Nebensätze erkennt man an folgenden **Merkmalen**: ▪ die **finite** (gebeugte) **Verbform** steht an letzter Stelle, ▪ am Anfang steht ein **Einleitewort**, z. B. eine **Konjunktion** *(weil, nachdem, aber, obwohl)* oder ein **Relativpronomen** *(der, die, das, welcher, welche, welches).*
Objekt	Ein Objekt ist ein **Satzglied**, das das Prädikat ergänzt. Der Fall des Objekts ist vom Verb abhängig. Man unterscheidet: ▪ **Dativobjekt** (Frage: *Wem?*), z. B.: *Sie hilft ihrer Oma.* ▪ **Akkusativobjekt** (Fragen: *Wen? Was?*), z. B.: *Er liest ein Buch.* ▪ **Genitivobjekt** (Frage: *Wessen?*), z. B.: *Sie erfreut sich bester Gesundheit.* Genitivobjekte werden selten, meist in der Schriftsprache gebraucht. ▪ **Präpositionalobjekt** (Objekt, dessen Fall von einer **Präposition** bestimmt wird), z. B.: *Sie wartet auf ihn. Über das Buch freute sie sich.*
Prädikat	Ein Prädikat (Satzaussage) ist ein **Satzglied**, das etwas über das Subjekt aussagt (Frage: *Was wird ausgesagt?*). **Subjekt** und **Prädikat** bilden den **Satzkern**. Wenn das Prädikat nur aus dem finiten (gebeugten) Verb besteht, nennt man es **einteiliges Prädikat**, z. B.: *(er) liest*. Das **mehrteilige Prädikat** besteht aus der finiten (gebeugten) Verbform und anderen, infiniten (ungebeugten) Verbformen (Partizip II, Infinitiv) oder weiteren Wörtern. Das mehrteilige Prädikat kann andere Satzglieder einrahmen. Dann bildet es einen **prädikativen Rahmen**, z. B.: *Er hat ein Buch gelesen. Trotz der Kälte ging sie ohne Mütze los.*
Relativsatz	Ein Relativsatz ist ein **Nebensatz**, der durch ein **Relativpronomen** *(der, die, das, welcher, welche, welches)* **eingeleitet** wird. Das Relativpronomen bezieht sich auf ein Nomen im vorangehenden Hauptsatz (Bezugswort). Relativsätze werden durch **Komma** vom Hauptsatz abgegrenzt, z. B.: *Die Suppe, die wir morgens gekocht hatten, aßen wir zu Mittag. Dazu gab es Brot, welches wir selbst gebacken hatten.*

Satzart	Man unterscheidet drei Satzarten: ■ **Aussagesatz**: Man stellt etwas fest, informiert über etwas. Merkmale: finite (gebeugte) Verbform in der Regel an zweiter Stelle, Satzschlusszeichen: Punkt, z. B.: *Am Montag <u>kommt</u> eine neue Lehrerin.* ■ **Fragesatz**: Man fragt, erkundigt sich nach etwas. Merkmale: oft durch ein Fragewort eingeleitet (z. B.: *wer, was, wie, wann, wo, warum*) oder finite (gebeugte) Verbform an erster Stelle, Satzschlusszeichen: Fragezeichen, z. B.: *<u>Wann</u> beginnen wir? <u>Kommst</u> du mit?* ■ **Aufforderungssatz**: Man fordert jemanden zum Handeln auf oder drückt Bitten, Wünsche, Hoffnungen aus. Merkmale: finite (gebeugte) Verbform an erster Stelle, Satzschlusszeichen: Ausrufezeichen oder Punkt, z. B.: *<u>Holt</u> bitte frisches Wasser! <u>Sei</u> einfach etwas freundlicher.*
Satzglied	Es gibt folgende Satzglieder: **Subjekt**, **Prädikat**, **Objekt** und **Adverbialbestimmung**. Satzglieder kann man mithilfe der **Umstellprobe** ermitteln. Durch Umstellung von Satzgliedern lassen sich auch verschiedene Aussageabsichten verwirklichen, z. B.: *Die Kinder / warten / am Morgen / auf den Bus. Am Morgen / warten / … Auf den Bus / warten …*
Subjekt	Das Subjekt (Satzgegenstand) ist ein **Satzglied**, über das im Satz etwas ausgesagt wird. Es steht in der Regel im **Nominativ** und kann mithilfe der Fragen *Wer?* oder *Was?* ermittelt werden, z. B.: *Am Abend trafen <u>die Großeltern und mein Bruder</u> ein. <u>Der Schnee</u> begann langsam zu tauen.* **Subjekt** und **Prädikat** bilden den **Satzkern**.
Umstellprobe	Die Umstellprobe ist ein Verfahren zur Ermittlung der **Satzglieder** eines Satzes. Alle Wörter, die nur zusammenhängend umgestellt werden können, bilden ein Satzglied. Im Aussagesatz kann jedes Satzglied, außer dem Prädikat, die erste Stelle (vor der finiten Verbform) einnehmen. Die finite (gebeugte) Verbform nimmt immer die zweite Stelle ein. An der ersten Stelle, also vor der finiten Verbform, kann immer nur *ein* Satzglied stehen, z. B.: *Max und Moritz / spielten / den Erwachsenen häufig / böse Streiche. Den Erwachsenen / spielten / … Häufig / spielten / …*

zusammen-gesetzter Satz	Ein zusammengesetzter Satz ist ein Satz, der aus zwei oder mehreren inhaltlich eng miteinander verbundenen **Teilsätzen** besteht. Die Teilsätze werden in der Regel durch **Komma** voneinander getrennt. Jeder Teilsatz enthält mindestens ein **Subjekt** und ein **Prädikat** (finite Verbform). Man unterscheidet: • **Satzgefüge** (Haupt- und Nebensatz), z. B.: *Alle waren begeistert, als die Clowns auftraten.* • **Satzreihe/Satzverbindung** (mindestens zwei Hauptsätze), z. B.: *Clown Tilo stand auf dem Kopf und Clown Marek spielte Trompete.* • **mehrfach zusammengesetzte Sätze** (drei oder mehrere Haupt- und Nebensätze), z. B.: *Clown Tilo, der auf dem Kopf stand, konnte sich nicht wehren, als Clown Marek ihn umstieß.*

Wortbedeutung und Wortbildung

Ableitung	Bei der Ableitung werden aus vorhandenen Wörtern neue Wörter gebildet. Ableitungen entstehen durch: • das Anfügen von **Präfixen** (Vorsilben) und **Suffixen** (Nachsilben) an einen Wortstamm, z. B.: <u>be</u>achten, acht<u>sam</u>, Acht<u>ung</u>, <u>Ver</u>acht<u>ung</u>. • **Änderung des Stammvokals**, z. B.: *fliegen – Flug, wählen – Wahl.*
Ersatzprobe	Die Ersatzprobe ist ein Verfahren, das sich u. a. zur Unterscheidung von *das* und *dass* nutzen lässt: • Kann man *da*■ durch *dieses* ersetzen, handelt es sich um den **Artikel** *das*. • Kann *da*■ durch *welches* ersetzt werden, ist es das **Relativpronomen** *das*. • Ergibt der Satz bei dieser Probe keinen Sinn, so handelt es sich um die **Konjunktion** *dass*.
fester Vergleich	Feste Vergleiche sind Wortgruppen mit dem Vergleichswort *wie*, z. B.: *arm wie eine Kirchenmaus.*
mehrdeutiges Wort	Mehrdeutige Wörter sind Wörter, die mehrere Bedeutungen haben, z. B.: *Hahn* (Tier, Wasserhahn), *Flügel* (Teil eines Vogels oder Flugzeugs, Musikinstrument). Welche der Bedeutungen gemeint ist, wird erst aus dem Textzusammenhang klar.
Präfix	Präfixe (Vorsilben) sind dem Wortstamm vorangestellte Wortbausteine, die nicht selbstständig stehen können. Wichtige Präfixe sind *be-, er-, ent-, ge-, miss-, ver-, zer-*. Durch das Anfügen von Präfixen entstehen neue Wörter (**Ableitung**) oft mit veränderter Bedeutung, z. B.: *fallen* → *gefallen, verfallen, zerfallen, befallen, entfallen.*

Redewendung	Redewendungen (Wortgruppen) sind feste sprachliche Wendungen, mit denen man etwas besonders anschaulich und einprägsam ausdrücken kann, z. B.: *auf die Nase fallen, sich den Kopf zerbrechen*.
Sprichwort	Sprichwörter (in der Form eines Satzes) geben Erfahrungen, Beobachtungen und Einsichten der Menschen anschaulich und einprägsam wieder, z. B.: *Wer andern eine Grube gräbt, fällt selbst hinein*.
Suffix	Suffixe (Nachsilben) sind an den Wortstamm angehängte Wortbausteine, die in der Regel nicht selbstständig stehen können. Durch das Anfügen von Suffixen entstehen Wortformen und neue Wörter (**Ableitung**), z. B.: *Schreibung, Schreiber, Kindheit, kindlich, kindisch*. Typische Suffixe für Nomen/Substantive sind *-heit, -keit, -ung, -nis*, z. B.: *Dunkelheit, Hindernis*. Typische Suffixe für Adjektive sind *-ig, -lich, -isch*, z. B.: *himmlisch, windig, heimlich*.
Synonyme	Synonyme sind Wörter mit **sinngleicher** oder **-ähnlicher Bedeutung**, z. B.: *sprechen – reden – sagen – rufen*. Sie bilden ein **Wortfeld**.
Wortfamilie	Wörter, die einen **gemeinsamen Wortstamm** haben, bilden eine Wortfamilie. Wortfamilien entstehen durch **Ableitung** und **Zusammensetzung**, z. B.: *lehren – Lehrer – Lehrbuch – Lehrling – gelehrig …* Die Zuordnung eines Wortes zu einer Wortfamilie kann bei der Rechtschreibung helfen, weil der Wortstamm immer gleich oder ähnlich geschrieben wird und die Wortbausteine (Präfix, Suffix, Grund- und Bestimmungswort) gut erkennbar sind.
Wortfeld	Bedeutungsgleiche oder -ähnliche Wörter (**Synonyme**) bilden ein Wortfeld. Wörter eines Wortfeldes lassen sich in **Oberbegriffe** (mit allgemeiner Bedeutung) und **Unterbegriffe** (mit spezieller Bedeutung) einteilen, z. B.: *Pflanze: Baum – Birke, Buche, Fichte, …*
Wortschatzerweiterung	Unser Wortschatz erweitert sich ständig, u. a. durch • **Wortbildung** mithilfe von **Zusammensetzung** und **Ableitung**, z. B.: *Hörbuch, wässrig*. • **Übernahme** von Wörtern aus anderen Sprachen, z. B.: *Pizza, scannen*.
Zusammensetzung	Eine Zusammensetzung besteht aus einem **Bestimmungswort** und einem **Grundwort**. Manchmal ist ein **Fugenelement** eingefügt. Das Grundwort bestimmt, zu welcher Wortart das zusammengesetzte Wort gehört und welches Geschlecht es hat, z. B.: *wunder|schön, die Mittag|s|zeit*.

Die Geschichte unserer Sprache

Erbwort	Als Erbwörter bezeichnet man die ältesten Wörter unserer Sprache. Sie entstanden vor ungefähr 5 000 Jahren und geben uns heute noch Auskunft über die Lebensweise der germanischen Stämme; z. B.: *Rind, Hund, Beil, weben*.
Fremdwort	Als Fremdwörter bezeichnet man Wörter, die aus anderen Sprachen übernommen werden, sich aber in Aussprache, Schreibung und Betonung **nicht oder nur zum Teil dem Deutschen angepasst** haben, z. B.: *Sweatshirt, Ragout*. Für die richtige Schreibung von Fremdwörtern ist wichtig, dass sie oft typische Wortbauteile (Suffixe) enthalten, die man sich einprägen sollte, z. B.: *reparieren, Energie, Musik, positiv, Aktion, Aktivität*.
Lehnwort	Als Lehnwörter bezeichnet man Wörter, die aus anderen Sprachen »entliehen« wurden. Sie haben sich im Laufe der Zeit in Aussprache, Schreibung und Beugung **der deutschen Sprache angepasst**, z. B.: *Fenster* (von lateinisch *fenestra*).

Richtig schreiben

Anredepronomen	Die **persönlichen Anredepronomen** *du/dein, ihr/euer* können in Briefen und E-Mails **klein- oder großgeschrieben** werden. Die **höflichen Anredepronomen** *Sie* und *Ihr* und alle ihre Formen muss man **immer großschreiben**.
Artikelprobe	Mithilfe der Artikelprobe kann man feststellen, ob ein Wort ein Nomen/Substantiv ist oder nicht, ob es groß- oder kleingeschrieben werden muss: Steht bei dem Wort ein Artikel oder lässt sich das Wort mit einem Artikel verwenden? Wenn ja, dann ist das Wort ein Nomen und wird großgeschrieben.
Erweiterungsprobe	Mithilfe der Erweiterungsprobe kann man (zusätzlich zur **Artikelprobe**) feststellen, welches Wort ein Nomen/Substantiv ist. Dazu erweitert man eine **nominale Wortgruppe** (Nomen + Begleiter) durch Attribute, z. B.: *das Laufen, das schnelle Laufen, das anstrengende schnelle Laufen*. Das Nomen steht ganz rechts und wird großgeschrieben.
nominale Wortgruppe	Als nominale Wortgruppe bezeichnet man ein **Nomen/Substantiv mit seinen Begleitern**. Das Wort am Ende einer nominalen Wortgruppe ist ein Nomen und wird großgeschrieben, z. B.: *das schöne hell leuchtende Blau*.

nominalisierte/ substantivierte Verben und Adjektive	Verben und Adjektive können **zu Nomen/Substantiven werden** und werden dann **großgeschrieben**, z. B.: *auf das richtige Schreiben achten, unser Bestes.* Wie Nomen können sie dann von Artikeln, Adjektiven, Pronomen, Präpositionen begleitet werden.
Verlängerungsprobe	Die Verlängerungsprobe hilft dabei, die richtige Schreibung eines einsilbigen Wortes zu ermitteln. Man verlängert das Wort, an dessen Schreibung man zweifelt. Dazu bildet man z. B.: ▪ die Pluralform (z. B.: *Flu■ – Flüsse, Sta■ – Stäbe*), ▪ ein Verb (z. B.: *Ba■ – baden*), ▪ ein Adjektiv (z. B.: *Gol■ – golden, goldig*).
Verwandtschaftsprobe	Die Verwandtschaftsprobe hilft dabei, die richtige Schreibung eines Wortes zu ermitteln. Ist man nicht sicher, wie ein Wort geschrieben wird, sucht man nach einem stammverwandten Wort aus der Wortfamilie, z. B.: *mahlen – Mehl – Mühle; Biss – bissig.*
Worttrennung	Die wichtigsten Regeln der Worttrennung am Zeilenende sind: ▪ Mehrsilbige einfache Wörter trennt man nach Sprechsilben, z. B.: *be-ra-ten.* ▪ Einzelne Vokale am Wortanfang oder -ende trennt man nicht ab. ▪ Die Buchstabenverbindungen *ch, ck, sch, ph, th* trennt man nicht, z. B.: *la-chen, Zu-cker.* ▪ Zusammengesetzte Wörter und Ableitungen mit Präfixen (Vorsilben) trennt man zwischen den einzelnen Wortbausteinen, z. B.: *ver-laufen, Fern-seh-turm.*
Zerlegeprobe	Die Zerlegeprobe hilft dabei, die richtige Schreibung eines Wortes zu ermitteln. Beim Zerlegen in **Sprechsilben** erkennt man, ob ein Wort mit zwei gleichen oder zwei verschiedenen Konsonanten geschrieben wird, z. B.: *es-sen, lis-tig.* Man kann Wörter auch in ihre **Bauteile** zerlegen, um Sicherheit über deren Schreibung zu bekommen, z. B.: *Ver-kauf, du nasch-st.*

Methoden und Arbeitstechniken

Aktiv zuhören	Aktives Zuhören heißt, aufmerksam und genau zuzuhören, um Gesprächspartner zu verstehen und sich an einem Gespräch beteiligen zu können. Dazu sollte man: • den Gesprächspartner ansehen und Rückmeldungen geben (z. B. mit dem Kopf nicken), • das Gesagte ggf. wiederholen, eventuell nachfragen.
Artikelprobe	s. Richtig schreiben
Brainstorming	Brainstorming (engl. *brain* – Gehirn, engl. *storm* – Sturm) ist eine **Methode zur Ideenfindung**. Ausgehend von einem Bild, einem Begriff, einer Fragestellung oder einem Problem werden möglichst schnell, ohne nachzudenken, damit verbundene Gedanken, Gefühle oder Erlebnisse geäußert und notiert.
Cluster, Clustering	Ein Cluster (engl. *cluster* – Haufen, Schwarm) ist eine Sammlung von Begriffen, die mit einem Thema in Zusammenhang stehen. Das Clustering ist eine **Methode zum Sammeln von Ideen**. Dazu schreibt man einen zentralen Begriff des Themas in die Mitte und ordnet ringsherum weitere Begriffe an. Dann verdeutlicht man die Beziehungen zwischen den Begriffen durch Verbindungslinien, sodass ein Netz (**Ideennetz**) entsteht.
Ersatzprobe	s. Wortbedeutung und Wortbildung
Erweiterungsprobe	s. Richtig schreiben
fehlerhaft geschriebene Wörter üben	So kannst du fehlerhaft geschriebene Wörter üben: • Wort richtig aufschreiben, Fehlerstellen markieren, z. B.: *Familie*, • Wort in Silben sprechen (Robotersprache), z. B.: *Fa-mi-li-e*, • verwandte Wörter suchen, z. B.: *Familientreffen, familiär*, • Wortgruppen bilden, z. B.: *die Familie einladen*, • Merkhilfen (z. B. Eselsbrücken) suchen. Man kann auch mit einer **Fehlerkartei** arbeiten.
Fehlerkartei	Mithilfe einer Fehlerkartei kann man **fehlerhaft geschriebene Wörter üben**. Dazu geht man so vor: • Fehlerwort in die Mitte einer Karteikarte schreiben, • Fehlerstelle farbig kennzeichnen, • verwandte Wörter auf die Karte schreiben, Fehlerstelle markieren, • Wörter einprägen und aus dem Gedächtnis aufschreiben. Wenn ein Übungswort mehrmals fehlerfrei geschrieben wurde, kann die Karte aus der Kartei entfernt werden.

Gesprächsregeln beachten	In Gesprächen sollte man einige Regeln beachten: • sachlich und freundlich bleiben, andere zu Wort kommen lassen, • aktiv zuhören und auf andere eingehen, • Meinungen begründen, ggf. einen Kompromiss suchen.
Grafiken auswerten	s. Methoden und Arbeitstechniken: Sachtexte erschließen
Gruppenarbeit	Bei Gruppenarbeit sollte man einige **Regeln** beachten: • Gruppen von 4–6 Schülerinnen/Schülern bilden, • geeignete Arbeitsplätze einrichten, • Aufgaben planen und verteilen, Gruppensprecher/-leiter festlegen, • Zeit einteilen, Zeitplanung beachten, • alle einbeziehen und sich aktiv beteiligen, • Arbeitsergebnisse festhalten.
Informationen suchen	Um nach bestimmten Informationen zu suchen, kann man: • in einer **Bibliothek** nach Büchern und anderen Medien suchen. Dazu nutzt man den **alphabetischen**, den **systematischen** oder einen **Onlinekatalog im Internet**. • **in Zeitschriften** nach Beiträgen suchen. Mithilfe des **Titelbildes** und des **Inhaltsverzeichnisses** verschafft man sich einen Überblick über den Inhalt. • in einem **Lexikon** (einem **alphabetisch geordneten Nachschlagewerk**) nachschlagen. Auch Wörterbücher gehören zu Lexika. • in **Sachbüchern** nachlesen. **Inhaltsverzeichnis**, **Klappentext** und **Register** helfen, sich einen Überblick über den Inhalt zu verschaffen. • im **Internet** suchen. **Suchmaschinen**, in die geeignete **Suchwörter** einzugeben sind, erleichtern die Suche. Viele von ihnen enthalten **Web-Kataloge** (nach Themen geordnete Sammlungen von Internetadressen). Entnimmt man Büchern oder Internetseiten Informationen und Textstellen, muss man die **Quellenangabe** notieren.
Mitschreiben	Das Mitschreiben dient dem schriftlichen Festhalten von Gehörtem. Dabei kommt es darauf an, dass man: • genau und konzentriert zuhört, • Wesentliches von Unwesentlichem unterscheidet, • Aussagen schnell und genau zusammenfasst. Um schnell mitschreiben zu können, sollte man **Stichpunkte** formulieren und **Abkürzungen** benutzen, z. B.: *u., ca., usw.*

Sachtexte erschließen	Um Sachtexte zu erschließen, kann man die **5-Gang-Lesetechnik** nutzen: 1. Text überfliegen 2. Fragen an den Text stellen 3. Text gründlich lesen 4. Das Wichtigste zusammenfassen 5. Text noch einmal lesen In Sachtexten sind häufig grafische Schaubilder, z. B. **Tabellen** oder **Grafiken**, enthalten. Um sie auszuwerten, beantwortet man folgende Fragen: ▪ Welches Thema wird behandelt? ▪ Was wird auf den Achsen des Diagramms bzw. in den Spalten und Zeilen der Tabelle angegeben? ▪ Welche konkreten Werte sind angegeben? ▪ Was ergibt sich bei einem Vergleich der Werte? ▪ Welche Schlussfolgerungen kann man aus dem Vergleich ziehen?
Schreibkonferenz	In einer Schreibkonferenz werden **Texte gemeinsam** (in Gruppen) **überarbeitet**. Dazu kann man so vorgehen: 1. Arbeitsschritte festlegen (Karteikarten) 2. Reihenfolge besprechen (Karteikarten ordnen) 3. Texte mehrfach laut vorlesen, aufmerksam zuhören und Notizen machen 4. Notizen vergleichen, Hinweise und Vorschläge für die Schreiber formulieren 5. den eigenen Text überarbeiten (entscheiden, welche Vorschläge man aufnimmt)
Tabellen auswerten	s. Methoden und Arbeitstechniken: Sachtexte erschließen
Texte verfassen	s. Zuhören – Sprechen – Schreiben
Umstellprobe	s. Satzbau und Zeichensetzung
Verlängerungsprobe	s. Richtig schreiben
Verwandtschaftsprobe	s. Richtig schreiben
Zerlegeprobe	s. Richtig schreiben

Lösungen zu den Tests

Texte erschließen (S. 36–37)

1

a Thema des Textes: Taschengeld deutscher Kinder und Jugendlicher

b Deutsche Kinder und Jugendliche verfügen über viel Geld
Taschengeld richtig ausgeben

2

a 1 Da Kinder und Jugendliche ihr Geld investieren, wird die Wirtschaft am Laufen gehalten.
2 Die Autorin beabsichtigt, Kinder und Jugendliche zum sinnvollen Geldausgeben zu bewegen.

b Bitte überlegt also, wofür und warum ihr euer Geld ausgebt!

c Mit den Angaben im ersten Abschnitt belegt die Autorin, dass Kinder und Jugendliche in Deutschland über viel Geld verfügen, mit dem sie, wie ab dem 2. Abschnitt beschrieben, die Wirtschaft am Laufen halten.

3

a 1 deutsche Kinder und Jugendliche – viel Geld
2 wenn alle sparen – schlecht für Wirtschaft
3 nicht so einfach, sein Geld richtig/ sinnvoll auszugeben
4 überlegen, wofür und warum man sein Geld ausgibt

4

a 1. Abschnitt

b Deutsche Kinder und Jugendliche verfügen über 6,4 Milliarden Euro. (Davon liegen 3,8 Milliarden Euro auf Sparkonten, die restlichen 2,6 Milliarden Euro geben sie aus.)

5

a x-Achse: Antworten von 100 Befragten;
y-Achse: unterschiedliche Antworten

b 1 falsch 2 falsch 3 richtig

Über Sprache nachdenken (S. 186–187)

2 Nebensatz: unterstrichen, finite Verbform: doppelt unterstrichen, Konjunktion: rot unterstrichen, Relativpronomen: blau unterstrichen

1 Elfie Donnelly ist die Tochter eines Engländers und einer Österreicherin. Sie wurde 1950 in London geboren, aber ihre Kindheit und Jugend verbrachte sie in Wien. Schon als junges Mädchen arbeitete sie dort als Journalistin. Sie begann in Wien als Texterin in einer Presseagentur.
2 Mit 26 Jahren veröffentlichte sie ihr erstes Buch »Servus Opa, sagte ich leise«. Diese Geschichte, die von einem kleinen Jungen und dem Tod seines Großvaters erzählt, hat viele Leser berührt. Für dieses Buch bekam Elfie Donnelly 1978 den deutschen Jugendbuchpreis. Für das Drehbuch zum gleichnamigen

Fernsehspiel wurde sie 1979 mit dem Adolf-Grimme-Preis ausgezeichnet.
3 Ab 1977 schrieb sie 65 Folgen »Benjamin Blümchen« und 40 Folgen »Bibi Blocksberg«. Benjamin Blümchen, den viele Kinder lieben, feierte 2007 schon seinen 30. Geburtstag.
4 Bibi Blocksberg hat Elfie Donnelly erfunden, weil sie nach ihren zwei Söhnen endlich ein Mädchen haben wollte. Der Erfolg der kleinen Hexe liegt wohl darin, dass sie in einer Umgebung lebt, die sich alle Leserinnen und Leser gut vorstellen können.
5 Im Jahr 2001 verfasste Elfie Donnelly das Drehbuch zum Film »Bibi Blocksberg«. 2002 war dieser Film mit fast 2,5 Millionen Zuschauern der erfolgreichste Kinofilm.
6 Nicht nur die Kleinen mögen ihre Bücher und Filme, sondern auch die Erwachsenen. Für diese Leser hat Elfie D. jetzt mit dem Schreiben von Kriminalromanen begonnen.
7 Ein Journalist fragte einmal Elfie Donnelly: »Angenommen, Sie selbst könnten hexen. Was würden Sie mit dieser Fähigkeit anfangen?« »Ich *kann* hexen. Ich tu's nur nicht«, antwortete die Schriftstellerin.

3

a **1** den Kindern (DO), viele lustige Geschichten (AO)
2 ihren ersten Sohn Christoph (AO)
3 Peter Lustig (AO)

b Modalbestimmung: gut;
Kausalbestimmung: weil sie nach ihren zwei Söhnen endlich ein Mädchen haben wollte

4

a **Nomen**: z. B. Tochter, Engländers, Österreicherin, London, Kindheit, Jugend, Wien, Mädchen, Journalistin, Texterin, Presseagentur, Jahren, Buch, Opa, Geschichte, Jungen, Tod, Großvater, Leser, Jugendbuchpreis, Drehbuch, Fernsehspiel, Adolf-Grimme-Preis

Verb: z. B. ist, wurde geboren, verbrachte, arbeitete, begann, veröffentlichte, sagte, erzählt, hat berührt, bekam, wurde ausgezeichnet

Adjektiv: junges, leise, kleinen, deutschen, gleichnamigen, erfolgreichste

Adverb: schon, dort, endlich, wohl, gut, fast, einmal

Numerale: 1950, 26, erstes, viele, 1978, 1979, 1977, 65, 40, 2007, 30., zwei, alle, 2001, 2002, 2,5 Millionen

Konjunktion: und, aber, weil, dass, nicht nur …, sondern auch

b nominalisiertes Verb: mit dem Schreiben
nominalisiertes Adjektiv: die Kleinen

5

Infinitiv	Partizip I	Partizip II
gebären	gebärend	geboren
berühren	berührend	berührt
auszeichnen	–	ausgezeichnet
erfinden	–	erfunden
vorstellen	–	vorgestellt
beginnen	beginnend	begonnen
hexen	hexend	gehext
anfangen	–	angefangen

6 **1** Elfie D. wurde 1979 ausgezeichnet.
2 Ihr wird ein Preis verliehen.
3 Ihr Drehbuch wurde verfilmt.

(7) bestimmte Numeralien: 1950, 26, erstes, 1978, 1979, 1977, 65, 40, 2007, 30., zwei, 2001, 2002, 2,5 Millionen
unbestimmte Numeralien: viele, alle

(8) Ableitung: veröffentlichte, erzählt, berührt, bekam, erfunden, endlich, Umgebung, Leserinnen
Zusammensetzung: Großvaters, Jugendbuchpreis, Drehbuch, gleichnamigen, Fernsehspiel, Adolf-Grimme-Preis, ausgezeichnet

Richtig schreiben (S. 218–219)

(1) Siebenschläfer
Am 27. Juni achten viele auf Erscheinungen am Himmel. Wird es Niederschlag geben, braucht man vielleicht sogar einen Schal oder bleibt es klar? Denn nach alter Bauernregel entscheidet sich an diesem Tag das Sommerwetter. Der kleine Siebenschläfer aber, der einem Eichhörnchen sehr ähnlich ist und Rinden von den Bäumen schält, hat damit gar nichts zu tun. Der Name leitet sich von einer Sage ab. Sieben schlafende Brüder sollen im alten Rom, eingemauert in einer schmalen Höhle, fast 200 Jahre geschlafen haben. Aber das ist nicht die einzige Verwirrung um diesen Tag. Offensichtlich ist auch ein Rechenfehler im Zusammenhang mit einer Reform des Kalenders für diesen Tag verantwortlich. Eigentlich hätte man zehn Tage dazuzählen müssen. Aber das wurde offensichtlich vergessen.

(2) Das kostbare Nass
An vielen Stellen unserer Erde gibt es Wasser in großen Massen. Dennoch ist Wasser sehr kostbar, auch wenn wir riesige Mengen davon besitzen. Der größte Teil des Wassers ist nämlich Salzwasser. Das ist für Menschen, Tiere und die meisten Pflanzen ungenießbar. Bloß das Süßwasser können wir trinken. Das meiste Süßwasser kommt als Eis und Schnee an den Polen vor. Es befindet sich auch in den Flüssen und Seen oder im Grundwasser. Jeder von uns benötigt täglich fast 100 Liter Wasser.

(3) Das – dass – das – meiste

(4) Über das Wohnen in Japan
In den Häusern ist das Tragen von Schuhen nicht erwünscht. Meist ist mindestens ein Raum mit Strohmatten ausgestattet. Die Schuhe werden beim Betreten der Wohnung ausgezogen. Dadurch wird das Beschmutzen des Fußbodens vermieden. Das Aufbewahren der Schuhe erfolgt im Eingangsbereich. Das Benutzen von Hausschuhen ist erwünscht. Seit ungefähr 600 Jahren ist in Japan das Verwenden von Strohmatten für den Fußboden üblich. Im Winter verbreiten sie eine angenehme Wärme und im Sommer eine erfrischende Kühle.

(6) 1 Optik 2 Motiv 3 Fabrik 4 Chronik 5 Mathematik 6 Stativ 7 Kritik

Quellenverzeichnis

Textquellen

6 Warum wird an der Uhr gedreht? Nach: Beckmann, Katharina: Warum wird an der Uhr gedreht? Aus: GEOlino 3/2006, S. 44 ff.   **19** Ländersteckbrief Peru. Aus: Bertelsmann Jugendlexikon. Gütersloh: Wissen Media Verlag, 2008, S. 496.   **20** *Klappentext* Aus: Janßen, Ulrich und Steuernagel, Ulla: Die Kinder-Uni 2: Forscher erklären die Rätsel der Welt. München: Deutsche Verlagsanstalt, 2004.   **21** *Inhaltsverzeichnis* Aus: Janßen, Ulrich und Steuernagel, Ulla: Die Kinder-Uni 2: Forscher erklären die Rätsel der Welt. München: Deutsche Verlagsanstalt, 2004, S. 5.   **25** Die Feste feiern, wie sie fallen? Nach: Linder, Leo G. und Mendlewitsch, Doris: Geburtstag. Aus: Christiansen, Sabine und Janosch (Hg.): Gibt es Hitzefrei in Afrika? So leben die Kinder dieser Welt. München: Wilhelm Heyne Verlag, 2006, S. 109 f.   **27** Laffon, Martine und Laffon, Caroline: Menu à la carte. Aus: Laffon, Martine und Laffon, Caroline: Kinder in den Kulturen der Welt. Übersetzt von Eva Plorin. Hildesheim: Gerstenberg Verlag, 2003², S. 13.   **28 f.** Für eine Inuit-Mutter … Aus: Laffon, Martine und Laffon, Caroline: Kinder in den Kulturen der Welt. Übersetzt von Eva Plorin. Hildesheim: Gerstenberg Verlag, 2003², S. 73.   **30 f.** In Deutschland wird Fußball … Aus: Linder, Leo G. und Mendlewitsch, Doris: Fußball. Aus: Christiansen, Sabine und Janosch (Hg.): Gibt es Hitzefrei in Afrika? So leben die Kinder dieser Welt. München: Wilhelm Heyne Verlag, 2006, S. 103 f.   **32** Kathleen Wermke und ihre … Nach: http://www.geo.de/GEO/mensch/62680.html [23. 04. 2010].   **33** *Tabelle* Nach: Medienpädagogischer Forschungsverbund Südwest (Hg.): KIM-Studie 2008. Kinder und Medien. Computer und Internet. Basisuntersuchung zum Medienumgang 6- bis 13-Jähriger in Deutschland, 2009, S. 11.   **34** *Diagramm* Aus: http://de.statista.com [10. 06. 2009].   **35** *Diagramm* Aus: http://de.statista.com [10. 06. 2009].   **36** Einmal Milliardär sein … Aus: http://www.focus.de/schule [10. 06. 2009] (Autorin: Beatrix Boutonnet).   **37** *Diagramm* Aus: http://de.statista.com [10. 06. 2009].   **39** Greschik, Stefan: Peru: Leben auf dem See. Aus: GEOlino 11/2008, S. 8 f.   **41** Gefährliche Arbeit auf Müllkippen. Aus: http://www.unicef.de/5744.html (Autor: UNICEF Deutschland) [20. 11. 2009].   **42** *Diagramm* Zahlen aus: http://www.aktiv-gegen-Kinderarbeit.de/welt/weltkarte [20. 11. 2009].   **47** Telek, Nazif: Sesamring-Verkäufer. Aus: Gelberg, Hans-Joachim (Hg.): Oder die Entdeckung der Welt. 10. Jahrbuch der Kinderliteratur. Weinheim, Basel: Beltz & Gelberg, 1997, S. 15.   **48** Schöne, Gerhard: Lass uns eine Welt erträumen. Aus der CD: Gerhard Schöne: Kinder-Lieder-Galerie, Sony Music, 2004 © Lied der Zeit GmbH, Hamburg.   **49** Frank, Karlhans: Du und ich. Aus: Bartholl, Silvia (Hg.): Texte dagegen. Autorinnen und Autoren schreiben gegen Fremdenhass und Rassismus. Weinheim, Basel: Beltz & Gelberg, 1993, S. 174.   **50 ff.** Siege, Nasrin: Juma. Ein Straßenkind aus Tansania (Auszug). Weinheim, Basel: Beltz & Gelberg, 1998, S. 79 – 87.   **56 f.** Pludra, Benno: Jakob heimatlos. Berlin: Kinderbuch Verlag, 1999, S. 31 – 33.   **58** *Lexikoneintrag* »Held«. Aus: Zwahr, Anette, u. a. (Hg.): Brockhaus Enzyklopädie Bd. 12. Mannheim: Brockhaus, 2006, S. 266. *Grafik* Aus: Medienpädagogischer Forschungsverbund Südwest / KIM-Studie 2008 / www.mpfs.de [26. 04. 2010].   **59** Eine UNICEF-Juniorbotschafterin berichtet. Nach: Linder, Leo G. und Mendlewitsch, Doris: Juniorbotschafter. Aus: Christiansen, Sabine und Janosch (Hg.): Gibt es Hitzefrei in Afrika? So leben die Kinder dieser Welt. München: Wilhelm Heyne Verlag, 2006, S. 138 f.   **66** Tomaten, Basilikum, Zucker … Nach: Loren, Sophia: Rezepte und Erinnerungen. Ins Deutsche übertragen von Lexa Katrin von Nostitz. München: Wilhelm Heyne Verlag, 2004, S. 75.   **67** Zuerst reinigst du … Nach: Bull, Jane: 100 Ideen für dein Zimmer. Aus dem Englischen von Wiebke Krabbe. Starnberg: Dorling Kindersley Verlag GmbH, 2004, S. 56.   **69** Bleistift – Sportstars … Nach: Bull, Jane: 100 Ideen für dein Zimmer. Aus dem Englischen von Wiebke Krabbe. Starnberg: Dorling Kindersley Verlag GmbH, 2004, S. 66 f.   **70 f.** Inkiow, Dimiter: Das trojanische Pferd. Nach: Inkiow, Dimiter: Die Abenteuer des Odysseus. München: Hase und Igel Verlag, 2002.   **76 ff.** Hüttner, Hannes: Herakles befreit Prometheus. Aus: Hannes Hüttner: Herakles. Die zwölf Abenteuer. Nach Apollodores, Hesiod, Homer, Euripides und anderen Quellen. Berlin: Der Kinderbuchverlag, 1979, S. 129 – 132.   **79 ff.** Hecht, Gretel und Wolfgang: Die Heldentaten des jungen Siegfried. Aus: Deutsche Heldensagen. Leipzig, Weimar: Gustav Kiepenheuer Verlag, 1969, S. 99 – 102.   **82 ff.** Held, Kurt: Die rote Zora und ihre Bande. Aus: Kurt Held: Die rote Zora und ihre Bande: Sonderausgabe mit dem Originaltext anlässlich der Neuverfilmung »Die rote Zora«. Düsseldorf: Sauerländer, 2008, S. 53 – 55, 62 – 63.   **85** Wusstest du schon … Nach: http://www.buecher-wiki.de/index.php/Buecher-

Wiki/Buchrekorde [20. 11. 2009]. © by buecherwiki.de.
86 f. Andreas Steinhöfel wurde … Nach: Eckmann-Schmechta, Stefanie und Hahn, Karin: http://www.kinderbuch-couch.de/interview-andreas-steinhoefel.html [03. 05. 2010]. **89** Es fiel Regen … Aus: Funke, Cornelia: Tintenherz. Hamburg: Dressler, 2003, S. 9 f. **91** *Kurzbeschreibung* Aus: Ani, Friedrich: Meine total wahren und überhaupt nicht peinlichen Memoiren mit genau elfeinhalb. München: Carl Hanser Verlag, 2008. **93** Ich ging nach Hause … Aus: Ani, Friedrich: Meine total wahren und überhaupt nicht peinlichen Memoiren mit genau elfeinhalb. München: Carl Hanser Verlag, 2008, S. 42 f. **96 ff.** Steinhöfel, Andreas: Rico, Oskar und die Tieferschatten. Hamburg: Carlsen Verlag, 2008, S. 64 ff. **102 ff.** Thor, Annika: Ich hätte Nein sagen können. Aus dem Schwedischen von Angelika Kutsch. Weinheim, Basel: Beltz & Gelberg, 2000, S. 39 – 48. **108** Heine, Heinrich: Der Wind zieht seine Hosen an. Aus: Kaufmann, Hans (Hg.): Heinrich Heine: Werke und Briefe in zehn Bänden. Band 1. Berlin und Weimar: Aufbau, 1972, S. 109 f. **109** Eichendorff, Joseph von: Mondnacht. Aus: Nationale Forschungs- und Gedenkstätten der klassischen deutschen Literatur in Weimar (Hg.): Eichendorffs Werke in einem Band. Berlin, Weimar: Aufbau, 1986, S. 97. **111 ff.** Bydlinski, Georg: Das duschende Gespenst. Aus: Gelberg, Hans-Joachim (Hg.): Die Erde ist mein Haus. Weinheim, Basel: Beltz & Gelberg, 1988, S. 42 f. **115 f.** Thiele, Marianne: Spuk in der Mittsommernacht. Aus: Thiele, Marianne: Geschichtenschatztruhe. Kückenshagen: Bülten Verlag, 2009, S. 47 ff. **120** Morgenstern, Christian: Die Trichter. Aus: Christian Morgenstern: Galgenlieder. Palmström. Palma. Kunkel. Der Gingganz. Stuttgart: Reclam, 1978, S. 15. Morgenstern, Christian: Gruselett. Aus: ebd S. 137. **121** Weinert, Erich: Gespensterballade. Aus: Erich Weinert: Gedichte 1919 – 1925. Berlin: Aufbau, 1970, S. 108. **122 f.** Goethe, Johann Wolfgang von: Erlkönig. Aus: Johann Wolfgang von Goethe: Werke. Hamburger Ausgabe. Bd. 1 Gedichte und Epen I. München: dtv, 1998. © C. H. Beck'sche Verlagsbuchhandlung GmbH & Co. KG, S. 154 f. **124 ff.** Twain, Mark: Die Abenteuer von Tom Sawyer. Aus: Mark Twain: Tom Sawyer und Huckleberry Finn. Im Auftrag hergestellte Sonderausgabe. Für die Jugend neu bearbeitet. Übersetzt von Lore Krüger. Wien: Tosa Verlag, o. J., S. 15 – 19. **128 ff.** Funke, Cornelia: Herr der Diebe. Hamburg: Dressler, 2000, S. 49 – 52. **148** In Afghanistan … Nach: Münch, Peter: Die Freiheit ist rund. Aus: Süddeutsche Zeitung, Nr. 26, 31. 01. 2008, S. 3. **149** Im Nordosten Chinas … Nach: Lenz, Angelika: Yongtai – Kung-Fu-Fighting nur für Mädchen. Aus: Jugendbuch SUPER 2008, Reader's Digest, Deutschland, Schweiz, Österreich. Stuttgart: Verlag Das Beste, 2007, S. 78 ff. Kung-Fu heißt … Nach: ebd. **151** Extremsportler springen … Nach: GEOlino Extra 15/2008, S. 28 f. Er wird tiefer fallen … Nach: ebd. **153** Jorit ist der Kleinste … Nach: Löschke, Sina: Zu fünft in einem Boot – Das Ziel verbindet. Aus: GEOlino Extra 15/2008, S. 11. **167** Donnelly, Elfie: Tine durch zwei geht nicht. Hamburg: Dressler, 1982, S. 10-11. **188** *Speisekarte* Frei nach: Fühmann, Franz: Die dampfenden Hälse der Pferde im Turm von Babel. Darmstadt und Neuwied: Luchterhand, 1984, S. 28. **189** schulz-immer, … Nach: Gloor, Beat: 81 Sprachbeobachtungen. Zürich: Kontrast, 1999, S. 23. **195** Wo tut es weh? (Volksgut) Aus: http://www.gedichte-fuer-alle-faelle.de [20. 11. 2009]. **199** Seid gegrüßt … Aus: Busch, Wilhelm: Historisch-kritische Gesamtausgabe. Bde. I – IV. Band 2. Wiesbaden: Vollmer Verlag, 1959, S. 6. **202** Es wachsen … Aus: http://www.meinpoesiealbum.de/kindheit.htm (Autor: Gottfried Herold) [20. 11. 2009]. **208** Blumento-pferde, … Nach: Gloor, Beat: 81 Sprachbeobachtungen. Zürich: Kontrast, 1999, S. 23 f. **219** Das ist doch sonderbar … Nach: Es ist doch sonderbar bestellt. Aus: Gotthold Ephraim Lessings sämtliche Schriften: Neue rechtmäßige Ausgabe. Erster Band. Berlin: Voßsche Buchhandlung, 1838, S. 13. **221 ff.** Spejbl und Hurvínek Aus: Spejbl und Hurvínek. Texte. Ausgew. und hrsg. v. Miloš Kirschner und Pavel Grym. Übersetzt von Vera Labská. Berlin: Henschelverlag Kunst und Gesellschaft, 1975, zit. n. der Lizenzausgabe für die DDR, 2. Auflage 1976, S. 41 – 43. **224 ff.** Der kleine Prinz. Theaterstück nach Antoine de Saint-Exupéry. Fassung des carrousel Theaters (heute: Theater an der Parkaue), Berlin, 1994, S. 19 – 22. **230 f.** Packard, Edward: Die Insel der 1000 Gefahren. Aus d. Engl. übers. von Maja Thewalt. Ravensburg: Ravensburger Buchverlag, 2007, S. 8 ff. **236** Bemmchen … Aus: Ruschitzka, Gudrun: Sächsisch kochen. München: Gräfe und Unzer Verlag GmbH, 1995, S. 18. Kleines sächsisches … Nach: ebd., S. 6. »Eechndiehmlichgeden«. Aus: ebd. **238** Hering, Karl Gottlieb: Morgen Kinder wird's was geben. Nach: Sieber, Helmut (Hg.): Morgen Kinder wird's was geben. Ein sächsisches Weihnachtsbuch. Frankfurt a. M.: Verlag Weidlich, 1966, S. 41.

Wir danken den Rechteinhabern für die Abdruckgenehmigung. Da es uns leider nicht möglich war, alle Rechteinhaber zu ermitteln, bitten wir, sich gegebenenfalls an den Verlag zu wenden.

Bildquellen

6 picture-alliance/imagestate/HIP, Frankfurt a. M.
13 Thomas Schulz, Teupitz   **17** *Cover und Inhaltsverzeichnis*: GEOlino 11/2008 (S. 5), Gruner + Jahr, Hamburg   **18** *links Cover*: Was ist was? Egmont Ehapa Verlag, Berlin *mitte Cover*: GEOlino extra 18/2009, Gruner + Jahr, Hamburg *rechts Cover*: Treff Nr. 5/2009, Family Media GmbH & Co.KG, Freiburg   **20** *Buchcover*: Ulla Jannsen. Die Kinder-Uni 2. Deutscher Taschenbuch Verlag, München 2006   **21** *Buchcover*: Die Rechte der Kinder von logo! einfach erklärt: Bundesministerium für Familie, Senioren, Frauen und Jugend, Berlin 2008
22 *Screenshot*: http://www.spielstrasse.de/fs_search.htm [11. 06. 2009].   **25** picture-alliance, Frankfurt a. M.
27 Wolfgang Peinelt/fotolia.com   **31** picture-alliance/dpa, Frankfurt a. M.   **36** Gerd Gropp/fotolia.com
39 Franck Renoir, Paris   **41** picture-alliance/dpa, Frankfurt a. M.   **43** picture-alliance/ZB, Frankfurt a. M.
47 laif, Köln   **48** Franz Pflügl/fotolia.com   **49** Thomas Schulz, Teupitz   **50** *Buchcover*: Nasrin Siege. Juma. Ein Straßenkind aus Tansania. Beltz & Gelberg, Weinheim 2002   **53** epd, Frankfurt a. M.   **55** picture-alliance/dpa, Frankfurt a. M.   **57** Michalowski Dominik/fotolia.com   **59** ullstein-bild   **65** *links*: picture-alliance/dpa, Frankfurt a. M. *rechts*: picture-alliance/Jazz Archiv, Frankfurt a. M. *mitte*: picture-alliance/ Newscom, Frankfurt a. M.   **66** Cinetext/Sammlung Beyl   **79, 81** *Illustrationen*: Karoline Grunske, Berlin   **82** *Buchcover*: Kurt Held. Die rote Zora. Sauerländer, Düsseldorf 2007
85 picture-alliance/akg-imges/Florian Profitlich
86 picture-alliance/dpa, Frankfurt a. M.   **89** *oben Buchcover*: Cornelia Funke. Tintenherz. Dressler, Hamburg 2003 *unten*: dfd-images, Hamburg   **91** *links Buchcover*: Hanna Jansen. Gretha auf der Treppe. Thienemann Verlag, Stuttgart 2004 *mitte Buchcover*: Friedrich Ani. Meine total wahren und überhaupt nicht peinlichen Memoiren mit genau elfeinhalb. Carl Hanser Verlag, München 2008 *rechts/*   **96** *Buchcover*: Andreas Steinhöfel. Rico, Oskar und die Tieferschatten. Carlsen Verlag, München 2008   **102** *Buchcover*: Annika Thor. Ich hätte Nein sagen können. Beltz & Gelberg, Weinheim 2002
124 *Buchcover*: Mark Twain. Die Abenteuer von Tom Sawyer. Fischer Verlag, Frankfurt a. M. 2008   **127** Cinetext, Frankfurt a. M.   **128** *Buchcover*: Cornelia Funke. Herr der Diebe. Dressler, Hamburg 2000   **131** Getty-Images, München   **132** Bea/fotolia.com   **133** Carina Hansen/fotolia.com   **134** sport-shot/fotolia.com
136 picture-alliance/dpa, Frankfurt a. M.   **138** picture-alliance/dpa, Frankfurt a. M.   **139** F1 ONLINE, Frankfurt a. M.   **140** picture-alliance/KPA/Chris, Frankfurt a. M.
141, 142, 145, 146, 148 picture-alliance/dpa, Frankfurt a. M.
149 picture-alliance/© epa-Bildfunk, Frankfurt a. M.
151 Vladimir Popovic/fotolia.com   **153** F1 ONLINE, Frankfurt a. M.   **154** picture-alliance/© epa-Bildfunk, Frankfurt a. M.   **155** picture-alliance/dpa, Frankfurt a. M.   **180** © Frank Speth, Quickborn   **186** Cinetext/Constantin Film, Frankfurt a. M.   **215** © Harm Bengen, Neu-Ulm   **220** Franz Pflügl/fotolia.com   **221** picture-alliance/dpa/Perry, Frankfurt a. M.   **223** picture-alliance/ZB, Frankfurt a. M.   **228** Angelika Wagener, Berlin
229 Guido Frebel/Lichtblick, Bochum   **230** *Buchcover*: Edward Packard. Die Insel der 1000 Gefahren. Umschlagillustration von Stefani Kampmann © by Ravensburger Bucherverlag Otto Maier GmbH, Ravensburg 2007
235 *links*, *unten*: G. Friebe   **236** Angelika Wagener, Berlin   **237** picture-alliance/ZB, Frankfurt a. M.

Sachregister

A

Abenteuer- und
   Gruselgeschichten **114**
Abkürzung **16**
Ablehnung **11, 14**
Ableitung **178, 179**
Adjektiv **145**
Adverb **147**
Adverbialbestimmung
   der Art und Weise **165**
   der Zeit **164**
   des Grundes **166**
   des Ortes **164**
Aktiv **142**
Anführungszeichen **175**
Artikel **131, 154**
Attribut **167**
Aufzählung **168**
Ausdrucksweise
   persönliche **68**
   unpersönliche **44, 68**

B

Begleiter von Nomen **131, 135**
Begleitsatz **175**
Berichten **38, 42, 43, 44**
   Überarbeiten eines Berichts **40**
Beschreiben
   Person **64**
   Vorgang **66, 68**
Bestimmungswort **177**
Beugung → Deklination,
   Konjugation
Bindewort → Konjunktionen
Buchvorstellung **90, 94, 95**

C

Cluster **233**

D

Dehnungs-*h* **196**
Deklination **133, 135, 145**
Demonstrativpronomen **135**
Diphthong **202**
direkte Rede → wörtliche Rede
Diskussion **12, 14**

E

Entschuldigung **9, 14**
Erweiterungsprobe **214**
Erzählen
   Erzähler **73**
   Erzählkern **118, 119**
   Erzählplan **117**
   Gestaltungsmittel **116**
   Hypertext **232**
   Nacherzählen **72**

F

Fall **131**
fehlerhafte Wörter üben **192**
fester Vergleich **184**
finite Verbformen **137**
Fremdwort **215, 216**
Fugenelement **177**
5-Gang-Lesetechnik **24**
Futur **139**

G

Gedicht **108**
   Gedichte vergleichen **110**
Genitivobjekt **162**
Genus →
   grammatisches Geschlecht
Grafik **33, 35**
grammatisches Geschlecht **131**
Grundwort **177**
Gruselgeschichten erfinden **116, 117**

H
Hauptsatz **170, 173, 174**
Heldensagen **71**
Hypertext **231**

I
infinite Verbformen **137**
Infinitiv **137**
Informationen herausschreiben **30**
Informationen suchen **23**
Internet **22, 23**

J
Jokerdiktat **191**

K
Kasus → Fall
Kausalbestimmung **166**
Komma **168, 169, 170, 172, 173, 174, 175**
Komparation **145**
Komparativ **145**
Kompromiss **10, 14**
Konjugation **137**
Konjunktion **149, 154, 168**
Konsonantenverdopplung **200, 201**

L
Lesehilfen **74**
Lesetechnik **24**
Lexikon **19**
Lokalbestimmung **164**

M
mehrdeutige Wörter **180**
Meinung begründen **13**
Mitschreiben **16**
Modalbestimmung **165**

N
Nacherzählen einer Sage **72, 73**
Nachsilbe → Suffix
Nebensatz **170, 172, 174**
Nomen **131**
nominale Wortgruppe **214**
Nominalisierung **133, 211, 213**
Numerale **148**
Numerus → Zahl

O
Objekt **161, 162**

P
Partizip **137, 143**
Passiv **142, 143**
Perfekt **139, 140**
Personalpronomen **135**
Perspektivwechsel **73**
Plusquamperfekt **139, 140**
Positiv **145**
Possessivpronomen **131, 135**
Prädikat **159, 160**
prädikativer Rahmen **160**
Präfix **178**
Präpositionalobjekt **163**
Präpositionen **151, 152**
Präsens **139, 140**
Präteritum **139, 140**
Pronomen
    Demonstrativpronomen **135**
    Personalpronomen **135**
    Possessivpronomen **131, 135**
    Relativpronomen **135, 154, 172**
Puppenspiel **228, 229**

Q
Quellenangabe **21, 22**

R
Randnotiz **28**
Redewendung **184**
Reim **108**
Relativpronomen **135, 154, 172**
Relativsatz **172**

S
Sachbuch **20**
Sagen vorlesen **74**
Satzart **155**
Satzgefüge **170**
Satzglied **157**
    Adverbialbestimmung **164, 165, 166**
    Genitivobjekt **162**
    Objekt **161, 162**
    Prädikat **159, 160**
    Präpositionalobjekt **163**
    Subjekt **158**
Satzgliedteil **167**
Satzreihe (Satzverbindung) **173**
Schreibkonferenz **45, 46**
Silbengelenk **200**
silbenöffnendes *h* **196**
silbenschließendes *h* **196**
Sprichwort **184**
Stammvokal **194, 202**
Steigerung (Komparation) der
    Adjektive **145**
Stellvertreter von Nomen **135**
Subjekt **158**
Substantiv → Nomen
Substantivierung
    → Nominalisierung
Suffix **178, 215, 216**
Superlativ **145**
Synonym **182**

T
Tabelle **33, 35**
Temporalbestimmung **164**
Texte erschließen **24, 28, 30, 32**

U
Überarbeiten eines Berichts **40**
Umstellprobe **157**

V
Verb
    Aktiv **142**
    finite Verbformen **137**
    infinite Verbformen **137**
    Passiv **142, 143**
    Vorzeitigkeit **140**
    Zeitformen **139, 140**
Vorsilbe → Präfix

W
Wortart **148**
Wortfamilie **179**
Wortfeld **182**
wörtliche Rede **175**
Worttrennung **208**

Z
Zahl **131**
Zahlwort **148**
Zeitformen
    Futur **139**
    Perfekt **139, 140**
    Plusquamperfekt **139, 140**
    Präsens **139, 140**
    Präteritum **139, 140**
Zeitschrift **18**
zusammengesetzter Satz **169, 170, 174**
Zusammensetzung **177, 179**
Zustimmung **14**
Zwielaut → Diphthong

Zu diesem Buch gibt es ein passendes **Arbeitsheft** (ISBN 978-3-06-062752-3).

Autoren und Redaktion danken Veronika Amm, Simone Fischer, Viola Oehme und Katrin Paape für wertvolle Anregungen und praktische Hinweise bei der Entwicklung des Manuskripts.

Redaktion: Kristina Weidemann
Bildrecherche: Angelika Wagener
Illustration: Annette von Bodecker-Büttner, Dresden: S. 70, 72, 77, 98, 100, 101, 102, 103, 105, 106, 112, 120, 121, 122, 123, 129, 130, 225
Christa Unzner, Den Haag: S. 7, 8, 9, 10, 11, 12, 15, 38, 40, 64, 67, 68, 69, 88, 93, 109, 115, 116, 118, 119, 144, 156, 157, 159, 160, 161, 163, 165, 166, 167, 169, 170, 171, 173, 174, 175, 176, 179, 181, 182, 183, 184, 185, 188, 191, 193, 195, 197, 198, 199, 202, 203, 204, 205, 209, 210, 211, 212, 213, 217, 218, 219, 238
Umschlaggestaltung: werkstatt für gebrauchsgrafik, Berlin
Umschlagillustration: Dorothee Mahnkopf, Diez a. d. Lahn
Layout und technische Umsetzung: Klein & Halm Grafikdesign, Berlin, nach Entwürfen von Farnschläder & Mahlstedt, Hamburg

www.cornelsen.de

Die Webseiten Dritter, deren Internetadressen in diesem Lehrwerk angegeben sind, wurden vor Drucklegung sorgfältig geprüft. Der Verlag übernimmt keine Gewähr für die Aktualität und den Inhalt dieser Seiten oder solcher, die mit ihnen verlinkt sind.

Dieses Werk berücksichtigt die Regeln der reformierten Rechtschreibung und Zeichensetzung. Bei den mit R gekennzeichneten Texten haben die Rechteinhaber einer Anpassung widersprochen.

1. Auflage, 6. Druck 2022

Alle Drucke dieser Auflage sind inhaltlich unverändert und können im Unterricht nebeneinander verwendet werden.

© 2011 Cornelsen Verlag / Volk und Wissen Verlag, Berlin
© 2017 Cornelsen Verlag GmbH, Berlin

Das Werk und seine Teile sind urheberrechtlich geschützt. Jede Nutzung in anderen als den gesetzlich zugelassenen Fällen bedarf der vorherigen schriftlichen Einwilligung des Verlages. Hinweis zu §§ 60 a, 60 b UrhG: Weder das Werk noch seine Teile dürfen ohne eine solche Einwilligung an Schulen oder in Unterrichts- und Lehrmedien (§ 60 b Abs. 3 UrhG) vervielfältigt, insbesondere kopiert oder eingescannt, verbreitet oder in ein Netzwerk eingestellt oder sonst öffentlich zugänglich gemacht oder wiedergegeben werden. Dies gilt auch für Intranets von Schulen.

Druck: AZ Druck und Datentechnik GmbH, Kempten

ISBN 978-3-06-062746-2

PEFC zertifiziert
Dieses Produkt stammt aus nachhaltig bewirtschafteten Wäldern und kontrollierten Quellen.

www.pefc.de

PEFC/04-31-2260